2011年福建省社科联重点项目（批准号：2011A024）

集美大学出版基金资助

体育在海峡两岸关系演进中的多功能研究

陈少坚 著

厦门大学出版社
XIAMEN UNIVERSITY PRESS
国家一级出版社
全国百佳图书出版单位

自　序

本书内容出自 2011 年福建省社科联重点项目"闽台体育在海峡两岸关系演进中的多功能研究",该项目于 2014 年完成并通过福建省社科联验收。同时也是福建省高校人文社会科学研究基地——闽台体育研究中心和集美大学海西文化研究项目——闽台体育交融研究的阶段性成果。

闽台两地具有地缘相近、血缘相亲、文缘相承、商缘相连、法缘相循等特点,就当今两岸关系而言,是不可或缺的晴雨表。研究闽台体育在两岸关系演进中的多功能,意在透过史料和诸多案例来揭示闽台区域体育在两岸交往中先行先试的先导作用,透析和挖掘其特定的功效,为两岸政策的制定部门提供理论和实务上的参考,为海峡两岸体育史料的填补提供依据。

主要观点:通过系统研究体育在海峡两岸关系演进中的功能呈现,对体育功能的类属、特殊与一般功能关系进行分析,对功能的驾驭等进行梳理,以便能有目的地、有创见性地发挥体育的特有功能,遏制"文化台独"的传教、流毒及分裂活动,争取国际社会对我国政府关于台湾体育问题方针政策的理解和支持,准确把握两岸关系发展的规律性。

主要内容:从实务的角度对两岸体育交流的相关方针、基本政策元素进行详细的介绍、对比和分析研究;以史为鉴,运用实证研究、个案研究系统总结新时期对台体育的经验和问题;两岸体育互动,彰显体育在促进两岸关系和平发展之作用;从中华文化的高度对台湾民间信仰与体育进行纵向的历史考察,重新认识当代闽台民俗体育在传承中华体育文化、参与社会教化、凝聚民族精神等方面的文化价值;体育产业对地方经济贡献的实证分析;体育"先行先试":厦金横渡方案成功实施的社会价值、新闻价值分析;体育在两岸关系演进中的一般功能、特殊功能、潜在功能和可拓展性功能研究;管理层面对闽台体育诸多功能驾驭的理论与实务。具体章节:绪论;闽台社会特征;闽台文化特征;闽台体育文化;体育功能;闽台体育功能;闽台关系与两岸体育;研究结论与建议。

学术研究:通过对特定区域的一般与特殊案例的深度分析,回顾和展望两岸体育交往的复杂关系，透视在两岸社会互动中体育已产生和潜在的特定的功能作用；论述体育在两岸互动中功能拓展的必要性、可行性。

应用研究：通过指导若干两岸体育交流活动，两岸体育事务处理的研讨，为两岸管理层的有关部门制定两岸体育交流的管理政策提供理论和实务上的参考。

研究结论：体育是海峡两岸文化发展与繁荣的重要内容；体育在海峡两岸关系演进所发挥的作用是基于体育的多功能性；闽台体育社团的发展彰显"聚族而居"的历史印记；尚武是闽台移民社会心理的一种普遍的精神现象；兼容并蓄是闽台文化发展的主题；体育的本体（本源）与非本体（非本源）领域功能是体育功能开发利用的源头；闽台体育功能具有一般、特殊、潜稳、可拓展等四类功能特征；闽台在两岸关系发展中地位特殊，作用突出；体育的功能特征贯穿于两岸关系发展的各个阶段。

研究建议：要注意到体育与相关学科相互渗透所产生的功能价值；要注意到闽台体育多功能性在两岸时局变化中角色的变化；要注意到对若干学科领域功能的驾驭；要注意到在海峡两岸关系的阶段推进过程中体育功能作用的规律性变化。

作者
2014 年 9 月 1 日

目 录

第一章 绪 论 (1)
    第一节 导 言 (1)
    第二节 研究主题的设定 (3)
    第三节 研究现状述评 (6)
    第四节 研究的意义、价值与架构 (10)
    第五节 研究的范围、方法与限制 (13)
    第六节 特殊用语规定 (18)

第二章 闽台社会特征 (19)
    第一节 闽台社会聚落特征 (19)
    第二节 闽台社会关系特征 (20)
    第三节 闽台社会与体育 (21)

第三章 闽台文化特征 (26)
    第一节 闽台文化特征分析 (26)
    第二节 闽台文化与中华传统体育 (27)

第四章 闽台体育文化 (29)
    第一节 体育文化 (29)
    第二节 闽台体育文化源流 (35)
    第三节 闽台体育文化区 (38)
    第四节 闽台体育文化的特性 (42)

第五章 体育功能 (49)
    第一节 "功能"诠释 (49)
    第二节 体育诸论 (50)

第三节　体育在相关领域的功能显露 …………………………（60）
　　第四节　体育基础功能的分类 ……………………………………（98）

第六章　闽台体育功能 ………………………………………………（104）
　　第一节　闽台体育的一般功能 …………………………………（105）
　　第二节　闽台体育的特殊功能 …………………………………（148）
　　第三节　闽台体育的潜稳功能 …………………………………（159）
　　第四节　闽台体育的可拓展功能 ………………………………（163）

第七章　闽台关系与两岸体育 ………………………………………（173）
　　第一节　闽台在两岸中的特殊地位 ……………………………（173）
　　第二节　体育功能与两岸关系的发展 …………………………（186）

第八章　研究结论与建议 ……………………………………………（209）
　　第一节　研究结论 ………………………………………………（209）
　　第二节　研究建议 ………………………………………………（213）

附　两岸体育交流与合作理论与实践图片

第一章 绪 论

第一节 导 言

《中共中央关于深化文化体制改革推动社会主义文化大发展大繁荣若干重大问题的决定》中指出:"文化是民族的血脉,是人民的精神家园。在我国五千多年文明发展历程中,各族人民紧密团结、自强不息,共同创造出源远流长、博大精深的中华文化,为中华民族发展壮大提供了强大精神力量,为人类文明进步作出了不可磨灭的重大贡献。""文化越来越成为民族凝聚力和创造力的重要源泉。""加强民族团结进步教育,增进对伟大祖国和中华民族的认同,促进各民族共同团结奋斗、共同繁荣发展。"[①]中央的决定明确阐述了当前文化建设的必要性、紧迫性。体育是文化的集中表现形式之一,体育文化内涵丰厚,外延宽泛,涉及人的思想意识、道德规范、心理品质、精神面貌、行为准则、世界观、价值观等社会意识形态及反映这一形态的体育人文、体育教育、体育方式、体育活动、体育比赛、体育交流、体育科研、民族体育、民俗宗教等等。"体育文化是广义文化的一个组成部分,是人类在社会发展过程中,积淀形成的与体育活动有关的生活、生产方式,并由此所创造的物质财富、精神财富的总和。"[②]体育文化的特别之处在于它是以体育活动有关的生活、生产方式为支撑来创造的物质财富、精神财富。体育文化是中华文化的组成部分,中华传统文化是中华文化的根基,中华传统体育文化是中华传统文化的重要组成部

---

① 《中共中央关于深化文化体制改革推动社会主义文化大发展大繁荣若干重大问题的决定》[R]. 人民日报,2011-10-26.01 版。
② 陈少坚等. 闽台两地体育文化及其交流现状和发展前瞻[J]. 体育科学,2006,26(7):25。

分,发挥着传承中华文化、教化子孙后代、培养中华民族认同感和弘扬中华民族精神的重要作用。中央的决定中特别指出:"加强同香港、澳门的文化交流合作,加强同台湾的各种形式文化交流,共同弘扬中华优秀传统文化。"[①]研究海峡两岸体育文化的交流、发展,弘扬中华优秀传统文化成为当前海峡两岸体育同仁研究的主要议题之一。

有关海峡两岸体育交流合作的研究见于海峡两岸的各种报道,有的学者通过回顾、总结海峡两岸体育交流的沿革来推测将来的发展趋势;有的从海峡两岸交流的大事记来陈述其变化;有的从海峡两岸体育交流的递进来揭示两岸政策的制定;有的对体育某一领域(如竞技体育、民俗体育、体育教育、体育产业等)进行研讨来指导海峡两岸开创互惠共赢的局面;有的则从海峡两岸体育交流合作的社会效益来探讨体育在祖国和平统一中的地位与作用等等。纵观以上研究,都是基于体育这一社会活动形式所积蓄的特有效能在海峡两岸社会交往中发挥其应有的作用,即"对人或事物产生影响"。[②] 欲对人或事物施予影响,首先,本体必须具有区别于其他事物的特质,我们在此称其为"功能"。那么,海峡两岸体育之所以能对本身的发展和对两岸社会发展产生影响,其根本所在是,体育的功能随着海峡两岸关系的演进呈现动态发展变化且起着能动作用。对体育在海峡两岸关系演进中的功能研究还不多见,也就是说,目前对海峡两岸社会或因体育交往而产生的良性互动的成因研究还不够深入,还较少从"功能"这一视角加以概括、提炼,未能系统揭示其特定功能及各种影响因素,阐述其规律。基于如上考虑,有必要对体育的特有功能和这些功能在特定环境条件下所产生的变化和可能产生的变化以及对海峡两岸社会发展的影响的预测进行针对性研究。本书拟通过汲取学界对功能研究的成果,剖析体育在海峡两岸关系发展中的影响要素,博览海峡两岸体育同仁对两岸体育的评论,回顾海峡两岸体育交流合作的进程等,力求能较系统地论述体育的特有功能和体育功能在海峡两岸关系演进中的发展、变化,探索体育在海峡两岸社会关系演进中的功能价值。

---

① 《中共中央关于深化文化体制改革推动社会主义文化大发展大繁荣若干重大问题的决定》[R]. 人民日报,2011-10-26.01 版。

② 李行健. 现代汉语规范词典[M]. 北京:外语教学与研究出版社,2004:1751。

第二节 研究主题的设定

一、研究问题的背景

自1979年元旦全国人大常委会发表《告台湾同胞书》后,两岸关系的发展就一直引起海内外各界的密切关注。从1981年叶剑英提出"关于国共合作的九条建议",到1984年邓小平提出"和平统一、一国两制"政策;从1987年台湾当局宣布解除"戒严",开放台湾民众赴大陆探亲,到1990年11月台湾成立"海峡交流基金会";从1991年12月祖国大陆方面成立"海峡两岸关系协会",到1993年"海协会"会长汪道涵与"海基会"董事长辜振甫在新加坡举行历史性会谈;从1994年的"千岛湖事件",到1995年春江泽民提出《为促进祖国统一大业的完成而继续奋斗》的"八点讲话";从1995年夏至1996年春的"台海危机",到1996年秋李登辉抛出"戒急用忍"政策;从1999年李登辉提出"两国论",到2000年3月18日民进党在台湾的"总统选举"中获胜;从2004年3月陈水扁继续执政,再到2005年3月全国人大通过《反分裂国家法》;两岸关系在风风雨雨中走过了27个年头。两岸关系的每一次缓和与进展,都给两岸人民带来发自内心的欣慰;两岸关系的每一次挫折与倒退,都给两岸乃至国际社会带来不安的气氛,从而出现紧张和对立的局面。对于如此起伏不定的两岸关系,需要各界学者,尤其是研究两岸关系的学者,从历史的、辩证的、发展的眼光来观察与分析。在两岸社会"统"与"独"矛盾日渐激化的时刻,2003年3月18日,国家主席胡锦涛在第十届全国人大第一次会议上表示:"实现祖国完全统一是海内外中华儿女的共同心愿。我们要继续坚持'一国两制'方针,保持香港、澳门繁荣稳定,大力推动海峡两岸经济文化交流和人员往来,为早日解决台湾问题、实现祖国的完全统一而继续奋斗。"中华人民共和国国民经济和社会发展第十一个五年规划纲要(2006年3月14日),第十四篇第四十八章(健全规划管理体制)中指出:"台湾是中华人民共和国不可分割的神圣领土。推进两岸关系发展和祖国统一大业,扩大海峡两岸经济、文化、科技、教育交流与人员往来,维护台湾同胞的正当权益,推动全面、直接、双向'三通',促进建立稳定的两岸经贸合作机制,促进两岸关系发展,维护台海和平稳定。"福建省政府工作报告(2005年1月18日)要求进一步落实"闽台经贸、文化交流进一步密切,利用台资和对台贸易稳步增长,农业合作成效明显,两岸海上试点直航和福建沿海与金、马、澎地区人员、货物直接往来继续推进。闽港澳合作领域和渠道不断拓宽。","以闽南文化、客家文化、妈祖文化、民俗文化等为纽带,吸引台湾民众来闽寻根谒祖、联谊交流、投资兴业,促进多领域的合作"以及"海峡西岸建设要和平发展"。

2008年5月20日,台湾政党轮替后,新的执政团队重申"九二共识"理念,两岸关系翻开了新的一页。其一,两岸行政管理层积极呼应,建立互信。祖国大陆中央总书记胡锦涛先后会见中国国民党荣誉主席连战、国民党主席吴伯雄,表示:"以两岸关系和平发展大局为重,建立互信、搁置争议、求同存异、共创双赢。"[①]其二,重启"两会",签订"通途"。2008年6月11日至14日,大陆海协会和台湾海基会签署《海峡两岸包机会谈纪要》和《海峡两岸关于大陆居民赴台湾旅游协议》两份重要文件。两岸关系迅速升温的最新突破,标志着两岸人民密切互动的巨大进步。其三,"三通"启动,往来频繁。2008年12月15日,两岸"大三通"正式启动,天堑变通途,"两岸一日生活圈"的概念成为现实。

综上所述,国家最高领导人、全国人大、国家"十二五"规划和福建省政府法规等,均对台湾问题有明确表态,特别是对加强两岸的文化交流给予期望。在这深刻的历史时代背景下,对两岸文化的产生、交融、发展的研究更显得特别重要,闽台体育文化交流研究自然嵌入其中,是体育学研究的重点所在。在这一特殊时期,就体育界而言,必须积极参与。

二、研究动机与目的

近十几年来,台湾分裂分子倾巢而出地在岛内甚至在海外大搞"文化台独",淡化中华文化,这种人为的反历史行为比政治"台独"具有更大的欺骗性,图谋拦腰斩断中华各族儿女共同创造的五千年灿烂文化这一维系两岸全体中国人的精神纽带,搞乱台湾社会的思想,是最为卑鄙恶劣的"台独"行为。加强祖国大陆与台湾体育文化界之间的联系,为统一大业尽一点绵薄之力,是中国体育界不可推卸的历史责任。

解决台湾问题,实现祖国完全统一,是包括台湾同胞在内的全国人民的崇

---

① 王晓.胡锦涛与吴伯雄举行会谈[N].2008-05-28.来源:人民网。

高意愿,是中华民族极其重要的历史使命。新的世纪已经来临,有着五千年灿烂文化的中国人,肯定会用自己的智能和胆略去解决自己的问题。

　　坚决制止"台独"分裂图谋,要靠两岸同胞的共同努力。为达此目的,既要直接打击"台独"分裂活动,也要加强两岸同胞的交流,加深共同反对"台独"的共识。通过大力促进经济交流,推动两岸直接"三通",培育和发展两岸同胞共同的经济利益。通过大力开展文化交流,共同弘扬中华文化的优秀传统,两岸同胞一起来构建更多的平台,拓展更多的渠道,创造更多往来的机会,开展更密切、更丰富的经济、文化交流活动,加强了解,增加互信,扩大共识。通过交流,使两岸人民真正感受到,中华民族具有悠久的历史、灿烂的文化,作为中华民族的子孙,应不忘祖宗之根、血脉之源;真正感受到,当今中国充满生机,具有巨大的发展潜力和美好前景,应以身为中国人为荣为耀;真正感受到,两岸同胞是一家人,中国是两岸同胞的共同家园,共同维护、建设这个家园是维护自己的福祉,放弃一个中国原则等于自毁家园;真正感受到,"台独"是中华民族的祸害、台湾的灾难,人人应共讨之;真正感受到,要为两岸和平统一早日变为现实不屈不挠地奋斗。在中国漫长的历史进程中,虽然历经改朝换代、地方割据和外国入侵,但统一始终是主流,每次分裂之后都复归统一。在维护国家统一的奋斗中,中华民族形成了崇尚统一的价值观念和民族意识。"台独"分裂势力即使得势于一时,但在中华民族发展的历史进程中,在两岸统一的进程中,只是短暂的现象,最终必将遭致彻底的失败。共同的未来源于共同的历史,以及实现两岸和平的美好愿景。

　　本研究将从体育功能视角上,从体育对经济、政治、历史、文化、社会等领域的渗透和影响探讨福建与台湾之间数百年、特别是20世纪和世纪交替时期交往的历史;追溯以闽南籍为主的福建先民早年迁徙台湾、开发台湾、建设台湾的历史过程以及当今闽台两地体育文化交流在沟通两岸社会中的作用;阐述两岸文化是中华文化的重要组成部分,台湾文化是闽南文化的延伸,特别是闽台共同的民俗文化及所含民俗体育文化在福建和台湾的形成、发展、繁荣并至今深受两地人民喜爱的过程;从历史到现实,发微探幽,细数源流,展现两岸人民热爱自己的民族、追求祖国统一富强的群体形象;勾勒出闽台体育文化交流的总体面貌,结合史论,以史实为依据,概括出两岸各类体育文化交流与合作的特点,找出共性和规律;充分反映两岸体育功能的特色和研究成果,从历史角度全面、系统、深入地考察两岸体育文化的产生和发展、演变以及对民众、社会的渗透和影响,阐明福建在对外传播中华文化及对台交流中,在制止"文化台独"中和两岸体育及交流功能在祖国的统一大业中所起的重要作用。总之,要发挥体育学科既有社会属性和自然属性的特点,从体育学和相关学科视角上,客观地、全面地分析两岸体育交流及合作对两岸社会相互关系的影响;把握两岸体育文化的交流合作过程与结果的功能呈现,继续推进两岸社会的交流;凸显两岸共同的中华文化以及隶属的中华体育文化、中华民俗体育文化以及所特有的功能在沟通两岸社会、构建和谐氛围、促进祖国和平统一大业中的地位、作用和贡献。

第三节 研究现状述评

关于体育交流合作对海峡两岸社会的影响,涉及两岸体育、闽台体育研究的文章论著,且时间是在20世纪80年代以前的,并不多见。在当时的政治形势下,各项调查成果以记录性、描述性为主,大多辅以若干政策性解读报道,并不太重视学理上的深入探讨,更不存在两岸学术界的对话;而且,当时少量资料在"文革"前大多未能正式出版,只是存留在调查者手中或归入调查者所属单位的档案内,束之高阁,并不为社会所了解。

两岸体育、闽台体育研究真正引起政界、学界重视并进入全面发展,是中国大陆改革开放,台湾"解严",两岸交流初露端倪时期在体育学术界结出的硕果之一。改革开放后,中国大陆积极吸引台资的政策,凸显了具有地缘、史缘、血缘、文缘、语缘、神缘、俗缘和商缘纽带作用的闽南文化地位,台胞祖籍地人的优越感失而复归。台胞亲情乡情在新形势下的积极、多层次互动,直接促进了闽台民俗体育的发展。正是社会现实如此种种变迁,赋予闽台体育文化研究前所未有的推动力。自20世纪90年代以来,涉及两岸体育、闽台体育的研究在不同层面上相继展开,相关著述接踵问世,在社会上引起广泛关注,在学术界形成了研究热潮,迄今方兴未艾。

有代表性的专题研究成果,大陆方面有《熊斗演体育文献》[①]、《华侨华人与体育》[②]、《体育文化交流对两岸关系发展影响的研究》[③]、《闽台体育交流合

---

① 熊斗演.熊斗演体育文献[M].贵州:贵州人民出版社,1996:21。
② 国家体委体育文史工作委员会等编.华侨华人与体育[M].北京:中国社会科学出版社,1996:46。
③ 兰自力等.体育文化交流对两岸关系发展影响的研究[J].西安体育学院学报,2004(1):6~8。

作的前景与对策》[1]、《海峡两岸体育交流的回顾与展望》[2]、《海峡两岸体育交流合作现状及障碍与因素》[3]等等,以及八闽各地、市、县的《体育志》都相继记载对台体育文化交流与合作的大事记。台湾省同行也有《两岸体育交流的破冰之旅》[4]、《海峡两岸体育交流协议签订之考察(1979—1989)》[5];还有如《两岸体育交流的回顾与展望》[6]、《两岸政治互动与体育交流——非开放期》[7]、《两岸体育改革与发展之研究》[8]的成果发表。这无疑对体育在两岸交流中的地位的宣扬起到很好的作用,弥补了学术上某些空白。

然而,我们也看到了研究的局限和可拓展的空间。

第一,研究切入点浅尝辄止。与全国各地展开对台体育交流活动的实际情况相比较,体育学术研究是相对滞后的,缺乏从体育历史与文化的研究视角分析,在理论层面的研究广度和深度都不够,难以与研究闽台历史学、文化学等学者产生更强的共鸣,如关于两岸体育关系的历史渊源、传统体育的地域呈现、促进交流形成的历史、文化背景等尚未充分体现;在研究的切入点方面过于疏散,也就是说较少考虑地区体育史和民族体育史的研究;延伸拓展两岸体育交流对现今政治、社会、经济、新闻、传播、种族等问题涉及的较少。

第二,为社会现实服务有差距。有人认为学术研究应远离现实,这样才能经得起历史的考验,这种看法是片面的,关键看研究者研究的对象与现实是否有关系。如台湾省派队成功地参加中华人民共和国少数民族运动会,民俗学、考古学、宗教学等发挥了不可替代的重要作用。再如龙舟竞渡为什么能成为两岸民众的体育赛事活动,在对台体育工作中,有的体育活动为什么能保持长

---

[1] 陈如桦等.闽台体育交流合作的前景与对策[J].体育科学,1999(4):41~44。
[2] 谢军.海峡两岸体育交流合作现状及障碍与因素[J].体育科学研究,2001(1):4~7。
[3] 陈少坚.闽台体育文化及其交流现状和发展前瞻[J].体育科学,2006,26(7):25~32。
[4] 吴演洋.两岸体育交流的破冰之旅[J].中国台湾:交流,1996(26):54~58。
[5] 李俊杰.海峡两岸体育交流协议签订之考察(1979—1989)[J].中国台湾:台中技术学院学报,2004(5):257~259。
[6] 萧真美.两岸体育交流的回顾与展望[J].中国台湾:中国大陆研究,1996(9):74~80。
[7] 苏瑞阳.两岸政治互动与体育交流——非开放期[J].中国台湾:大专体育学刊,2004(2):15~29。
[8] 郑励君.两岸体育改革与发展之研究[J].中国台湾:中华体育,1997(2):29~38。

期性,甚至实现互动交流。这种活动的途径是如何实现的,有何历史、文化、地域及人物背景等因素的影响与作用,以及在开展活动过程中,出现了哪些问题是我们要引以为戒的等等。已有的研究没有给予很好的总结。因此,在新的历史形势下,认真归纳总结已有的成功经验,认清对台体育工作中存在的不足之处,揭示闽台体育文化及交流在当前祖国统一大业中的地位与作用,并进行超前研究,分析未来闽台体育交流发展趋势,构建闽台体育文化交流发展模式,提供决策依据等,显得尤为重要和迫切。

第三,研究方法单一。根据查询分析,有关对台体育问题的研究,在研究方法上,主要采用文献资料法、观察法和调查法,而较少采用必须有行政机构、社会团体支撑的,需要经费支持的实验法,且研究分析表层化;揭示由于体育交流、文化传承而激发两岸关系互动的研究资料也显得不足。在田野调查、史料的运用上缺失较大。如各区域的民俗民风与体育、宗教信仰与体育、古闽体育文化遗址遗物的分析,以及闽人的性格特征与体育等方面的研究是空白的;在研究过程中,过于局限于体育学领域,缺乏涉及并综合运用多学科知识,特别是运用宗教学、民俗学、考古学、人类学、艺术学、历史学、社会学、心理学等方面知识,多层次、多视野、多角度地对闽台体育文化进行分析。

第四,个人感性成分过重。在两岸体育界同仁的努力下,两岸体育交流的研究成果是显而易见的。但由于受社会体制、信息不畅、交通阻隔、观测出发点等因素影响,使得两岸体育学者在研究中存在一定的局限性。不论是祖国大陆方面或是台湾方面的研究结果,能大篇幅地、纪实地、充分客观地引用对岸同行的对同类研究成果的观点、看法的报告和文章则比较少。难于同时从双方视角上,真实地呈现两岸同行对两岸体育文化交流结果的认知程度;难于真实地展示双方对两岸体育文化交流的热切期望和发现亟需改良的地方;难于真实地从双方的反馈来推断、设计两岸体育文化交流的未来;难于揭示双方体育文化交流对两岸社会互动,特别对台湾当局政策适应性调整的突出影响。

第五,研究课题过于集中重复。如研究内容过于偏重对两岸竞技体育交流的研究,而对在闽台两地特别是在台湾社会族群中广为流传的更能体现同根同宗的民俗体育交流的研究甚少。对正影响着年青一代成长的两岸学校体育和对社会发展有积极作用的两岸社会体育的研究更是不够。对富有时代商机的运动休闲业的研究停滞在个人的设计之中,而没有对其文化内涵的前期工程研究。比如某体育产业领域是否有合作的空间,应进行体育文化学研究,从该地区居民的性格特点、民俗风情、信仰习惯等入手进行分析预测,这样可取得市场主动权。显然,这说明福建对台湾的人文地理优势未进行相应的挖掘。

为弥补以上研究的局限与不足,本研究着重调研了台湾同类研究概况,把突破台湾方面研究资料缺乏的瓶颈作为本研究的重中之重。因此,本课题通过多渠道、多方式,依托福建对台的多重优势,利用福建厦门与台湾学术界专家、学者、报界人士、媒体记者和金门"小三通"等各种交流之便,常年保持和相当数量的台湾专家、学者、相关人士的联系交往并随时交换体育文化交流对事态或具体事件的看法;在访谈中,有意识地大量运用闽南语系对话、沟通,减少语言和心理上的隔阂。经过不懈的努力,汇集了大量相关研究、项目、论著、报纸、杂志和管理层的相关政策、规划、报告、意见。本书在撰写过程中,采用纪实引用和综合筛选两种方式,把有代表性的台湾学者、民众对两岸体育文化交流的主张,已发生的和将发生的体育交流事件,已完成的和正进行的体育交流成果,已产生的和可预见的体育交流的社会效益,已实现的和可前瞻的建设性意见等等,映衬到报告中,使报告能真实反映闽台,特别是来自台湾体育学界、民众对体育文化交流合作的心声,对促进祖国和平统一大业的憧憬,从而使研究更具有真实性、可比性、跨越性、指导性和前瞻性。研究源于实践并指导实践,研究的路径在反馈中不断得到修正,研究往纵深渐进,逼近研究的目标,达到研究的目的。

由于闽台体育被视为一个共同的文化区的特殊关系,因此,研究闽台体育社会与文化,首先是要研究中原汉族体育是如何播迁入闽,并与当地的土著接触和融合,形成福建地方特色的体育文化过程,由此观察这个过程中福建早期体育文化的形成与发展;其次是要研究福建地方特色的体育文化形成之后,在人口、环境、战乱等各种社会因素的作用下,向台湾迁移的情形,由此来观察闽台两地的体育文化亲缘性及闽台尚武性格的文化背景等问题;再次要研究中华体育文化在台湾的传承、发展和演变,由此来观察台湾闽籍移民由移民社会向定居社会转化时的体育社会与文化变迁。在这三方面的研究中,尤其是第三点具有重要的借鉴意义。我们可以把研究昔日闽人由移民社会向定居社会转化时的体育文化变迁作为观照面,从中观察许多我们想要知道的东西。我们特别致力于中华体育文化在福建、台湾的传承与发展的探讨,我们相信这将大大有利于促进中华民族的团结与发展。

第四节 研究的意义、价值与架构

一、研究的意义与应用价值

(一)发挥两岸传统体育文化亲缘性,促进祖国统一大业的实现

从学术研究层次上贯彻落实国家最高领导人、全国人大、国家"十二五"规划和福建省政府法规等,对建设海峡西岸,增进两岸人民的交往,增进两岸文化的交流和发挥闽台近在咫尺、水陆相连、习俗文化相同的特殊区位作用;展现台湾是闽籍后代的传承地,台湾人口大部分根在福建,闽台两地亲朋至友遍及两岸的现实;构建闽台极为密切的地缘、血缘、史缘和文缘及传统体育缘的直接承继关系的纽带。闽南体育文化作为中华文化的重要组成部分,有着独特的内涵。通过拓展闽台体育文化交流的渠道,大力弘扬中华体育文化,增强中国的认同感。

(二)发现、保存和展示两岸体育文化,推动两岸的交流与发展

通过探索和发现两岸体育文化早期和现今的基本情况和特点,以阐明闽台大众体育的发展面貌,进而探讨以闽台为主的体育文化发展的运动轨迹,揭示两地体育文化发生、发展的规律与功能特征,从而为两岸关系的考察拓展一个体育文化的观察面,也为扩大两岸文化交流与合作提供体育文化因素的参照;同时论证闽台传统体育文化的亲缘性,都是中华文化一脉传承的。针对目前台湾当局和少数"台独"分子在台湾岛阴谋策划所谓的"文化台独"的局势下,我们理应予以回击,通过这项课题研究,将从体育文化层面上有力地驳斥台湾一小撮"台独"分子搞分裂主义的种种文化谬论。

(三)为中国体育史、福建和台湾地方体育史的研究与理论建设提供必要的史料与依据

客观地讲,我国现使用的体育院校通用教材《体育史》,在有关台湾地方体

育史的章节编写方面存在着文献史料的不足。再从《福建体育志》《台湾体育年鉴》中考察，也发现富有闽南特色的体育项目，在研究其产生与发展方面比较薄弱。因此，这项研究将能有效地弥补文献史料的不足和缺失，丰富历史学的研究视野。

（四）为两岸体育文化交流与实践提供必要的借鉴与决策依据

这项课题还担负着研究我国部分省市对台体育工作的经验与教训的重要任务。通过研究近20年来闽、粤、浙等对台体育工作的情况，包括实现对台体育文化交流的内容、方式与途径、人物、历史文化背景以及交流中所存在的问题等进行研究，探索出能适应于当前和未来一段时期内对台体育交流的具体模式或可供选择的方案，从而为两岸体育文化交流与实践提供必要的借鉴与决策依据。

（五）揭示体育在海峡两岸关系演进中的多元功能

海峡两岸社会交流诸多历史事实说明体育在推进海峡两岸社会的相互了解、消除隔阂中有着特别的功能，有比喻成"桥梁"、"润滑剂"、"催化剂"、"平台"的，这主要是针对体育在某一事态或某一时局中的作用而言，感知素材颇丰，但缺乏理性的认知，其结果是难以驾驭体育的功能并使其在海峡两岸关系的发展中发挥特有作用。研究大多数停留在对海峡两岸已发生的事态的分析，缺乏对事态过程的预测、设计和控制。本研究其一是揭示体育在海峡两岸关系演进中的多元功能；其二是如何恰如其分地驾驭体育的功能推进祖国和平统一大业。

二、研究架构

本课题的研究结构分为功能的基本理论和海峡两岸体育功能的理论与实证。功能的基本理论部分分别从社会学、历史社会学、社会人类学、政治学、经济学、文化地理学等角度对功能及体育功能进行学理性探讨；海峡两岸体育功能的理论与实证部分选择两岸民俗体育、民族传统体育、竞技体育、学校体育、体育产业、体育学术研究的交流与合作等进行案例实证。

我们在共同研究中认识到，两岸体育功能的研究不能龟缩在体育学领域内，不能局限于某一事态，不能仅从大陆学者的视角去考虑问题。研究必须有历史性的眼光和辨证的方法,有"动"的意识,"变"的思维,建立两岸相通的大视野。既能与大陆的台湾问题研究的学者们产生共鸣,同时也能与台湾的同行撞出火花。以下三点是我们在研究中达成的共识,也是我们在方法论上的追求。

第一,立足于从扎实的田野调查中探讨问题,寻求理论上的创新突破,是我们进行相关研究的共同准则,也是我们孜孜以求的目标。中国历代经史子集保存信息之丰富,在世界上可谓首屈一指。但是,由于两岸体育文化属于社会底层文化范畴,在相当长的历史时期内,闽人迁徙入台是不为正统官府所认可的,迁徙入台的多为底层民众,并且是冒死越海入台,因此,中国传统史学文本传递的移民信息不多,在传统精英文化、主流文化中,关于早期去台移民只有一鳞片爪的碎片,带去的是祖籍地的民俗神祇,以口传或身体行为动作相传递,而族谱记载因其极其简约而难以有生动鲜活的记述。我们从多年的研究实践中深深地体会到,闽台体育文化研究决不能仅仅满足于在地方体育志记载或现成历史文件中查寻资料,不应在概念中兜圈子,而应当从实地调查中去探索活生生的现实案例,力求在对各类闽台民俗体育项目考察中形成并深化我们的认知。因此,本课题研究所囊括的篇章,都建立在研究者本人反复进行实践调查的基础之上,我们力图以宏观考察和个案研究相结合,自下而上,条分缕析,层层剖析底层群体的构成与动态,从解读闽台民间体育文化入手,勾勒出两岸体育社会历史沿革的全景画。我们知道,没有经过认真理清史实,没有经过扎实的实地调查就急急构筑研究大厦,只能是沙上筑楼,岌岌可危。对历史的认知永远不会与历史本身完全重合,而且差距越大,研究成熟度越低,就越具有深入拓展的领域。我们的追求是:摒弃人云亦云、想当然之流弊,通过做足闽台体育社会调查的基本功,使现实田野中的闽台民间体育能够在我们的笔下真实再现,进而通过理论上的探讨,深化对两岸体育文化的真切认知。

第二,我们的研究以个案的定性分析为主要方法,并且力图通过各具不同代表性的个案的关联与比较去获取比较全面的认知。我们更多的是通过认真细致的参与观察及深入访谈、体验去获取相关知识。不过我们也注意到,单个个案毕竟存在诸多局限性,局限于个案的研究,可能在对宏观问题的把握上失之偏颇。鉴于此,本课题在研究策划时采用分工合作的方式,研究者分别通过对闽台民俗体育、学校体育、体育学术研究、竞技体育及体育产业五种类型的个案调研,从历史、经济、法律、功能、社会文化等不同层面探讨闽台体育文化交流的方案与对策,能为决策层、操作层提供切实可行的实施依据。

第三，我们的研究所体现的是考察两岸体育文化之切入点的民间性和乡土性。特别是福建、台湾两省都是由移民根植形成的社会,福建先由中原移民来闽形成定居社会之后,再由福建迁徙去台。早期冒死渡海去台湾者,多为乡里民间的底层劳动者。当移民们越过台湾海峡时,伴随着他们的社会记忆,是流传于其乡间故里、他们自小就耳濡目染的传统民俗或曰民间文化。当他们在异域因现实及心理需求而回首故土,并祭起故土文化之标识时,记忆中的民间文化就自然而然地被诠释为"正宗",并发展为当地移民文化的主流。中国的民间文化是深深扎根于中华土地的,被连根拔起的乡俗文化在异域却因移民们的生存所需而被精心栽培,殷勤呵护,并在与当地社情民意相互整合的过程中步步"再建"。因为量变必然带来质变,当人口的迁移到一定数量、迁移定居达到一定年限之后,其在演化中进一步生成的文化,必然具有既不完全等同于其祖籍地,同时也不完全等同于其移入地文化自身的独立性;而且随着人口在远居住地与移入地之间的来往交流,闽台两地的种种边缘文化在自觉或不自觉之间地聚合、交流、发酵,就派生出了闽台及闽台人身上若隐若现的闽台体育文化,甚而孕育出自己的价值观。乡情民俗所具有的普遍的社会性和特殊性的整合功能,原本是中国民间文化的重要特征之一,如此民间文化由移民们传播到早期福建和台湾的蛮荒之地后,在中国本土的正统精英文化缺失的背景下,民间文化的社会性及由此派生的整合功能被强化到了极致。因此,切入民间、乡土体育的研究,做好这一块牌子,至关重要。在透视深究海峡两岸体育交融史的基础上,研究的重点时段体现在1979—2012年期间。

第五节　研究的范围、方法与限制

一、研究范围

(一)主题范围

以马克思列宁主义、毛泽东思想、邓小平理论和"三个代表"重要思想为指导,全面贯彻党的十六大以来的精神,坚持党的基本理论、基本路线、基本纲领和基本经验,坚持解放思想,实事求是,与时俱进。发挥哲学社会科学认识客观世界、传承中华文化、剖析体育功效、揭示闽台特性的作用。以近年来在对台工作中,国家最高领导人的讲话及思路,全国人大文献精神,国家"十一五"规划,国台办对台工作指导文献和福建省政府对台工作法规为本研究政策依据和研究建构支撑。

学科上,本研究以海峡两岸的体育文化及交流为基点,以两岸体育文化及交流的功能效应为中心,以两岸体育文化及交流在祖国统一大业中的作用与地位及功能拓展对策研究为最终成果。研究涉及与之有关的两岸的政治、经济、文化、教育、宗教和民俗的制度、政策、方针、观念、渊源。涉及民俗体育、民族传统体育、竞技体育、社会体育、学校体育的体育功能的基本表现形式。

(二)对象范围

体育在海峡两岸交流合作中的多元功能呈现及其社会效益和体育功能的拓展,与之相关的学科领域所涉及的人、事、物。

(三)时间范围

截至2012年,有关台湾社会形成的历史、民俗、文化、体育因素。重点区间是1979年至2012年的海峡两岸,且以两岸体育交往为主的体育功能呈现及体育交流、合作时段的历史与时代背景、演变发展等。

(四)地域范围

福建省独具对台地缘近、血缘亲、文缘深、商缘广、法缘久的"五缘"优势,是对台交流合作先行先试的窗口,闽台的社会交往进展是海峡两岸关系演进的一个缩影,闽台体育是海峡两岸体育的重要组成部分。因此,闽台地域的社会发展、体育文化交融及功能研究是本书的重点。

二、研究方法

根据研究的需要,确定研究方法时需注意方法的可控制性、可操作性、可重复性和可争辩性。主要在于发现、搜集、整理、辨识和研究闽台体育历史材料,包括文字、文物、考古、图片、声像材料等,以作为闽台同根、同族、同源体育文化同一性的历史研究的依据和基础;深入闽、台地区的乡村、社区、宗族、氏族、寺庙及体育社团,观察和考查闽台传统体育项目,了解福建传统体育项目传播至台湾的途径、背景,以及在台湾发展演变的过程,取得第一手的调查材料和有关资料,从而来研究和展示闽台具有的历史传统和鲜明个性的体育文化亲缘性,以及这种体育文化的相互交流、影响和融合的过程;运用体育人类学的跨文化研究和人种学的研究方法,探索闽南人"尚武"、"爱拼"的性格。

(一)文献资料研究法

祖国大陆方面,课题组成员分赴国家体育总局港澳台办公室、福建省体育文史机构,福州、厦门、漳州、泉州等地方文史机构,大学与地方图书馆,对台研究所,北京体育大学图书馆等,和多人次利用闽台体育交流活动亲赴台、赴金门查阅、收集相关资料,并以坐落在集美大学的"福建高校人文研究基地——闽台体育研究中心"为依托展开各项工作。

台湾方面,委托台湾长荣大学王××教授,台湾长荣大学学务长黄××教授,台湾嘉义大学蔡××教授,台湾体育学院邱××教授,台湾体育大学体育研究所黄××教授,台东大学吴××教授,台湾台南大学副教授蔡××教授,台湾金门技术学院运动休闲学系学务长董××教授,台湾体育大学张××博士和台湾长荣大学硕士、博士研究生 7 名,从台湾相应研究机构及图书馆收集和购入相关资料并寄至本课题组。

课题组对收集到的有关两岸体育文化及交流史料、文献加以整理、归类、归纳、比较、分析、综合、提炼与考察,了解两岸体育文化及交流的历史渊源、结构、内涵;了解双方专家、学者、民众对闽台体育交流合作的观点、见解和愿景;了解闽台体育文化的交流合作对闽台乃至两岸政治、经济、教育、文化、军事、宗教的关系;了解可能涉及的各类体育交流活动的文化现象,从中筛选出尚须进一步调研的议题,以此作为访谈、考察的基础背景。

(二)现场调查研究法

课题前期初步调研显示,两岸军事对峙,口岸封闭,两岸均禁止人员往来。但台湾方面仍有不少人员不顾生命危险,通过闽台水陆相连之便返乡谒祖,或直接登陆,或在海上与亲友交往,进行思想与物品的交流。在交流过程中,民俗礼仪及民俗体育活动均贯穿在全过程中。但此类事件,因历史原因,两岸都慎于记载,因而并无丰富的文献资料,且了解事发当时的人,现今年纪最小的人也已 55 岁,若不进行现场调研,此空白将永远无法弥补。因此,本课题组采用现场调查研究法,选取当时与台湾交往甚密的福建泉州、晋江和台湾的金门为现场调查研究地点,分别派人调研,获取相关原始资料。现场调查法也应用到与本课题有关的其他研究中去。

(三)问卷研究法

对近期两岸体育交流的基本情况进行的调研,大陆方面主要通过地市体育局群体机构,结合访谈,填写问卷。问卷内容体现对台体育交往的目的、内容、方式、方法、途径,对两岸体育文化交流的认识,闽南特色体育与台湾的联系,交流涉及的地域和群体范围,等等。台湾方面主要通过委托调研进行。

(四)实验研究法

根据研究的主题,联系课题组成员所在体育事业机构、高等院校、对台工作机构、对台研究机构和社会团体等一切可运筹的资源,亲自参与、策划、主持和组织了多项闽台体育文化的交流合作,见证了两岸体育文化交流容颜的转变、历史的翻新,事件的发生等各种情况的变化。

实验涉及项目如下。

在台举办的有:日月潭万人泳渡,世界钓鱼运动大会,全台武艺大会师,金门第 3 届抢滩料罗湾海上长泳活动,金门抢滩料罗湾海上长泳活动,台湾西式划艇锦标赛,2009 年台湾高雄第 8 届世界运动会,2009 年台湾台北第 21 届夏季听障奥林匹克运动会,2011 年台湾亚洲龙狮艺阵比赛,台湾南鲲鯓盐祭大型民俗庆典(2009—2012)等。

在闽举办的有:闽台水上体育活动交流合作研讨,每年"迎新春,盼统一"冬泳活动,集美大学—台湾屏东教育大学学校体育文化交流研讨,厦门—台湾游泳同行联谊(比赛),厦门运动会,福建莆田第 7 届中国•湄洲妈祖文化旅游节妈祖祭祀大典,集美大学—金门篮委会篮球赛,厦金海峡救生指挥中心奠基仪式,第 8 届"迎新春,盼统一"大型冬泳活动,厦门建发国际马拉松赛,闽台中华武术技艺的交流,"海峡两岸中华武术论坛",海峡巾帼健身大赛(8 个项目),"嘉庚杯"、"敬贤杯"海峡两岸龙舟邀请赛,"海峡杯"高校羽毛球邀请赛,海峡两岸"宏泰杯"网球队邀请赛(台湾嘉义大学集美大学联队),"闽台首届体育学术交流研讨会",2012 年厦门集美海峡两岸端午节三龙合一邀请赛等。

两岸一起举办的有：厦门—金门横渡(2009—2012)，2012年厦门—台湾帆船赛，海峡两岸高校帆船赛，台南海峡两岸龙狮艺阵大赛等。

(五)个案研究法

研究中发现，两岸现阶段体育文化的交流有两个显著特点：其一是民俗体育文化的交流长盛不衰，基本不受政局变化的影响；其二是两岸群众体育的交流，主要以"水"为媒开展各种水上交流活动，如海上长泳、冬泳活动，龙舟竞渡、帆船、赛艇比赛，漂流，乘船水上、环岛、环湖、环海域游览和在游泳池分年龄段的团体、个人比赛等等。水上活动群体涉及面广，活动场面壮观，发展前景看好。因此，本研究把民俗体育和水上体育活动均列为个案，对其成因、发展趋向的分析，及其对两岸社会交流合作中的功能开发应用问题，均在书中给予论述。

三、研究限制

(一)时间因素

本课题开始于2011年，截至2012年12月，因受限于与台湾方面专家、学者的交流周期较长，所以，在本课题截止日期时，虽可完成课题计划内的实验，但计划外追加的实验仍在继续。因两岸时局呈动态变化，实验随时可能会被调整，该部分实验虽然不影响课题的结题，但时间的限制在一定程度上钳制了理论与实践的互动效应。

(二)地域因素

研究主要限于福建、台湾两地的体育文化及其交流合作，阐述体育的功能所在。对有指导性的国家机构、国家部委与台湾的体育文化交流合作案例及文献，均作为闽台两地体育文化交流合作的背景材料酌情收录于本报告。

(三)文献因素

其一，受两岸社会阻隔现状的限制，虽经多方努力，但台湾方面的文字参考资料，在研究内容的深度、广度以及数量上与祖国大陆方面仍有一定差距；

其二,所引用的台湾方面的文字资料,均是公开发表的;其三,本书对有必要引用的台湾未公开发表的文献未加以标注。

(四)时局因素

两岸体育的交流合作受两岸时局的影响,如突发的大事件、国际势力介入、国际政局波动变化和台湾当局对两岸政策的定位等等。时局的影响一般体现在两岸体育文化交流量的大与小,不可阻断两岸的体育文化交流。

第六节 特殊用语规定

- 海峡两岸:祖国大陆和祖国台湾省。
- 闽:中国福建省。
- 台:中国台湾省。
- 闽台:代表海峡两岸的一个窗口。
- 两岸:即海峡两岸,也表示闽台两地。
- 台湾当局:指台湾管理层。
- 台湾管理层:指中国台湾省行政领导层。
- 两岸管理层:分别指海峡两岸行政领导层。
- 金门行政负责人:指台湾"金门县县长"(其余类推)。
- 中华文化:中华各族人民在几千年的人类社会发展中所创造的物质和精神财富的总和。
- 中华体育文化(或中国传统体育文化):是中华各族人民在几千年的人类社会发展过程中,积淀形成的与体育活动有关的生活、生产方式,和因此所创造的物质财富、精神财富的总和。
- 对祖国大陆未承认的台湾行政机构的标识,用引号""或'',如台湾"行政院"、台湾"体委会"等。

第二章 闽台社会特征

福建与台湾隔海相望,山水相连,两地在远古时曾有福建的东山至台湾台南的"东山陆桥"相连,"东山陆桥"成为远古时期台湾联系祖国大陆特别是福建的通途和纽带。[①] 福建移居至台湾的人口及其后裔一直保持占台湾人口的三分之二以上,闽台先民的血缘关系和文化渊源早已密不可分。由此可见,台湾是中国历史文化的延伸和发展。

第一节 闽台社会聚落特征

聚落是人类聚居和生活的场所。聚落环境是人类有意识开发利用和改造自然而创造出来的生存环境,是人类各种形式的聚居地的总称。据文献记载,从距今160万年前起的第四纪期间,特别是第四纪末次冰期,由于冰河的消长变化,台湾岛与祖国大陆数次连在一起,祖国大陆华南的哺乳动物群沿着"东山陆桥"源源不断地进入台湾,且以采集和渔猎为生的旧石器时代人等也随之而至。近半个世纪以来,华南地区更新世地层和洞穴堆积中,人类化石和旧石器时代遗物频频被发现,以信台湾左镇人与福建山东人、甘棠人、清流人等智人化石的发现,均为台湾与福建大陆特别是福建的远古时代人类联系提供了重要物证。[②] 台湾社会得到了与外界相适应的发展,聚落规模逐步扩大,是随着福建族群蜂拥而至,福建社会聚落在台湾传承、重构的结果。

台湾社会的发展经历了旧石器时代和新石器时代的原始社会时期,早期人类"聚族而居",有"大事集众议之",相当于军事民主制的父系氏族社会时期。[③] 到明清时期,台湾社会主导群体发生历史性变化,福建移民在数量上占了绝对优势,且又大力推行"汉化",传承中华文化与生活方式,台湾才与福建

---

① 林观得.台湾海峡海底地貌的探讨[J].台湾海峡,1982,1(2):58~63。
② 卢美松,陈龙.闽台先民文化探源[M].福州:福建人民出版社,2003:12。
③ 卢美松,陈龙.闽台先民文化探源[M].福州:福建人民出版社,2003:234。

一样,开始其社会组织与社会生活的现代化进程。

台湾是一个多族群共同生活的群居聚落社会,以族群为聚落的社会环境决定了其族群意涵的各种政治、社会运动的色彩。目前在台湾社会中人口族群结构,有所谓"四大族群"——"原住民"、福佬人、客家人、外省人等,其分类是以族群来台的先后及所载负的各自历史、文化作为划分基础。因各族群的生产与生活方式不尽相同,各自政治经济利益与文化信仰的表达与冲突等问题,使台湾族群存在着本省人与外省人、"原住民"与汉人、闽南人与客家人三对台湾族群的主要矛盾。台湾的历史一直是族群冲突对立、共存的历史。台湾族群的形成既受来自政治、经济、社会文化各层面的影响,反过来,它也直接或间接地影响着台湾的政治、文化、经济的发展,而且这一影响还将随着族群关系的改变而不断变化①。相比之下,福建省虽然在历史上也有着大量中原人口的涌入,有着本地人和外地人之分,但其因族群间的利益冲突而泾渭分明的抱团聚集的现象并没有像台湾社会如此明显。

台湾社会聚落的发展无时不受福建祖地原始观念的影响,在政治、社会文化和经济层面上有如下鲜明的特征:政治上政党的结合、政治分歧和选举诉求一直受族群分歧的影响;社会文化上劣势族群自我认同低(台客家人、"原住民"),不同民族群的人之间、团体之间人际关系疏离、紧张成为台湾难以根治的社会问题;学校教育、课程知识的选择和社会权力结构有关,隶属不同族群之间的文化差异难于拟合,社会体育团体也有着浓厚的族群意识,族群身份的差异带来了教育成就、职业地位和向上流动机会的差异,以族群利益为诉求的社会运动此起彼伏,推动着台湾社会逐渐进入一个多元化的新时代;经济上强势族群外省人的操控造成族群经济地位的不平等。族群社会阶层化也体现在市场上和经济资源的分配上。

第二节 闽台社会关系特征

闽台社会关系集中体现在两岸历史沉积下来的五缘关系。五缘以亲缘、地缘、神缘、业缘和物缘为基本内涵,始于1989年②。五缘中,亲缘就是宗亲

---

① 刘登翰主编.文化亲缘与两岸关系[M].北京:九州出版社,2003:100。
② 林其锬,吕良弼.五缘文化概论[M].福州:福建人民出版社,2003:1。

关系,地缘是邻里、乡党等关系,神缘是共同的宗教信仰的关系,业缘是同行共同的利益的业务之间的关系,物缘就是因而发生的关系。这些关系促使闽台之间组合而成的人群、团体,其组织形式是村社会馆、族群各种团体,校友会、同学会、行会、协会、学会、研究会,这些组织形式的团队是闽台两岸对口交流长盛不衰的社会基本元素。闽台的五缘关系决定了闽台社会密不可分,无论是在日据时代或两岸政体的分离时期,"闽台一家亲"是永恒的主题,闽台社会难于割舍是客观的存在。

第三节 闽台社会与体育

尚武是闽台移民社会心理的一种普遍的精神现象。闽台移民的尚武性格是指拼搏开拓与冒险犯难的性格。福建和台湾都是中原汉族先后南徙而建构起来的社会。移民和移民社会,是闽台特殊社会心理——尚武性格形成的重要历史背景。尽管由于岁月的迁延和环境的变化,闽台尚武精神的社会心理存在着本质上的同一性和形态上的差异性,但它们的背后所寓蕴的基本的历史文化原因,仍是我们剖析闽台历史、文化关系,深入认识闽台现实社会的一种重要依据和渠道。

武术是中国各民族所熟悉和喜爱的一种传统体育项目。它以中国传统文化为理论基础,以内外兼修、术道并重为鲜明特点。中国武术承载着体育文化呈现的独特的地域特色。习武在闽台有浓厚的群众基础,并成为闽台移民社会形成的性格写照,是闽台社会心理的一种普遍的精神现象。

一、习武是闽台社会形成的内部动力

闽台都是以中原汉族移民为人口主体而建构起来的社会。福建的移民主要来自中原。在古代社会,从中原到福建,是一条艰难的路,其间要先从江北到江南,再转徙南下,几千里路的山重水复,无论是举族南移,还是单家独户的长途跋涉,都极为不易。瘴疠疾病,猛兽盗贼,随时都可能让许多移民瘐死途中。而台湾的移民,主要以来自中原而定居闽、粤的移民为主。从闽粤到台湾,虽只隔海相望,但水路不同于陆途,风波险恶,危象丛生。加之某些时期,长时间处于限制入台的政策,使正常的移渡无法进行,大多以偷渡的方式渗

透。这样的冒死偷渡,较之长途跋涉,若非出于万不得已,决不采取此下策,其所需的克难精神和坚韧意志,也倍于陆途移民。在漫长的迁徙中,需要闽台移民砥砺坚韧的意志和强健的体魄,以应对各种恶劣的自然环境和人为的因素。需要移民不断地进行走、跑、跳、投、攀登、爬越等身体技能的学习,以及长辈对下一代进行生存的身体技能训练,利用习武、游戏等进行教育,以此来增强自身的体魄和抵御迁徙中猛兽盗贼的袭击,以适应艰辛的长距离迁徙。闽台移民克服艰难险阻的精神和成效促成了闽台社会的形成和发展。

二、战争是闽台社会形成的外在动力

闽台移民交错在战争移民和经济移民的复杂转换之中。一方面是战争引起的动乱,造成北方移民的南徙,如西晋末年的衣冠南渡和中唐安史之乱与北宋末年的靖康之难所引起的北人南下。另一方面是直接的战争行动,如唐初陈元光父子率军入闽平定"獠蛮啸乱",唐五代王审之兄弟率中州士民入闽征战;明末郑成功率军入台驱荷,建立抗清复明的政治军事基地,也属于这种情况。所表现的特征是:为了政治或经济的需要发动战争,出于军事给养,寓兵于农,从事屯垦,同时在征战初定以后,落籍当地,由政治性的军事移民转变为经济性的开发移民。这种转换,使闽台移民中掺有绝大多数以青壮年为主的战争移民。他们特有的行伍习气、好勇斗狠之风,既敢于舍身克难,也不惜冒死逞强的性格,对闽台移民尚武社会心理的形成,不能不有着正面与负面兼具的影响。

三、民族意识的激扬是闽台社会形成的催化剂

近代以来,在中华民族屡受东西方帝国主义弱肉强食的历史屈辱中,福建和台湾首当其冲。福建和台湾所受的殖民压迫和表现出来的不屈抗争的民族意识也特别突出。早在西方大航海时代,来自大西洋沿岸的葡萄牙和西班牙的殖民者,就把他们海外扩张的目标遥遥指向富饶和神秘的中国。1505年,企图把整个东方都置于自己殖民统治之下的葡萄牙国王委派了第一任"东方总督",以到东方寻找黄金和传播基督福音为借口,开始实施殖民计划。1508年,葡萄牙国王责成葡国东方舰队司令探明中国情况,在占领果阿和马六甲之后,于1513年开始进入闽粤海域,以贸易为名"劫夺财货,掠买子女";继而又

于1522年骚掠福建的浯屿、月港和浙江的双屿,"所到之处,硝磺刃铁,子女玉帛,公然搬运"①。稍后于1553年以晾晒贡物为借口强据澳门,非法取得西方列强进入中国的第一个立足点。在葡、西殖民者之后,荷、英、法、德、俄、美等接踵而来,以鸦片战争一役,打开中国国门,实现西方列强瓜分中国的狼子野心。在鸦片战争失败后签订的《南京条约》中,清政府被迫开设五口通商,福建以厦门、福州居其二,使闽深受西方殖民政治、经济、文化影响,如此循环而日益加剧。较之福建,台湾受到的殖民屈辱尤为深重。"自16世纪直到抗战胜利前的400多年间,台湾岛共遭受外国势力16次之多的侵袭与占领。犯境者包括日、美、英、法、荷、西等国家。"②尤其是在荷据和日据时期,前者历时38载,其殖民的目的重在经济掠夺;后者长达半个世纪。日本的殖民不仅止于经济掠夺,而且在于将整个台湾变成它永远的国土,其推行的是一整套从军事镇压到政治控制,从经济掠夺到文化改造的全盘同化政策。特别注重从根本上灭绝汉民族文化传统,消灭台湾人民的民族意识,代之以日本的文化传统和归顺"天皇"的臣民意识。禁绝中国传统的宗教信仰和民俗活动,禁止台湾民众传承和学习中华武术,取缔已有的台湾民间武术组织、中华民俗团体等。但台湾广大民众并不屈服于严酷的异族殖民统治,这反而激起民众的强烈反抗,使异族统治时期同时也成为民族意识高扬的时期。自16世纪东西方殖民者接踵进入中国以来,闽台人民反抗异族侵扰的斗争从未停歇。其中尤以反抗荷兰殖民统治和反对乙未割台的一系列斗争,最能体现闽台人民同心抗敌的斗争精神。闽台民众为举行各种起义、武装反抗的斗争,习武蔚然成风,"习武被作为各部落、村男壮年保乡卫民的重要手段,即使妇女和儿童也好习之。壮年练习投石、投叉、角抵、五祖拳、永春拳、拍打功,以及刀、戟、剑、飞镖等;男孩练习弹弓、挽弓射箭,使用枪矛等"。郑成功为驱荷复台,在闽台掀起了习武的热潮③。一方面,在闽南民众中广泛发动习武;另一方面,在自己建立的水师中,以习武训练士兵,培养官兵们勇猛的斗志和渡海作战所需的强健体魄。经过数年的海上布阵演练和士兵身体训练,郑成功率其闽南家乡子弟兵,从金门料罗湾挥师出发,所到台湾之处,都受到台湾人民的热烈欢迎,献图引路,内应外合,逼使荷兰殖民者签盟投降。乙未割台,更激起闽台人民习武以奋起抗

---

① 史登.广东府志[M].卷一二三。
② 戴逸.一段不能忘却的历史(载《台湾同胞抗日五十年纪实》)[M].中国妇女出版社,1995年。
③ 厦门郑成功纪念馆资料。

争。台湾民众不顾日本军国主义的严酷管制或镇压,纷纷以社、堂、馆等方式秘密成立习武组织,从明转入夜间传授、学习,即当时台湾称之为"暗馆"。以练武抗敌的性质更加明显。

据史料记载,在荷据时期,台湾民众发生的较大规模的激烈反抗不下二三十起[①]。在日据时期,"从1985年刘永福离台后,至1915的'西来庵'事件,20年间台湾军民同日军发生的血战计达百余次,主要抗日事件99件"[②]。在各次起义中,都有来自八闽的志士参加义军。闽台人民以台湾回归祖国为目标,共同投入驱荷抗日的斗争,表现了大无畏的英勇抗争精神。闽台人民通过习武来反抗异族殖民统治,不仅显示了身体对抗,而且显示了文化的抗争,更体现了在殖民屈辱中高扬的民族精神。

四、"讨海"利诱是闽台社会形成与发展的地域特色

由于闽台移民具有大陆文化和海洋文化的二重性,闽台移民在以土地垦殖为主的同时,一部分人利用海洋优势进行商业活动。在"讨海"中,除了要面对海洋自然环境的恶劣条件,更重要的是还要应对海盗、官府禁令等。例如,明清时期,在闽台海域与官商的朝贡贸易同时崛起的民间私商的商业活动,在明代以来屡遭禁止,但禁而不绝,反倒促使正常的民间贸易发展为私人武装商业集团的走私活动。这种海上贸易的厚利和违禁贸易的风险,这种不惜冒险犯难去追逐最大利润,极大地促使着尚武性格的形成。此外,一部分从事渔业生产的渔民,也要随时面对海上猖獗的海盗的侵扰,以及恶劣的海洋环境,促使许多渔村的男子必须从小就要练就出海生存的身体技能。

上述诸方面的因素,构成了闽台社会形成及其移民尚武性格的特殊经历,赋予了闽台社会人文心态与文化性格的重要特征。首先,闽台社会的形成与发展与移民的素养有着千丝万缕的联系;其次,闽台特定的社会环境使移民在相对恶劣的生存环境中寻找和创造发展的机遇,是一个从无到有、从初级到高级的创造过程,也是移民从自己人生经历和生存经验中形成的性格特征;再次,恶劣的生存环境,要克服艰难险阻,要与异族殖民统治抗争等,这一切都使他们养成了好勇斗狠,为达目的不惜冒险犯难的性格。在福建,尤其是与台湾

---

① 杨彦杰.荷据时代台湾史[M].江西人民出版社,1992:247。
② 姜殿铭.试释台湾社会中的悲情意识[C].全国台联研究室编:第八届台湾民情调研会论文集,1999年。

关系密切的闽南地区,民风的豪爽、尚义、重友、经武,以及敢为人先的开创精神,葆有着先辈移民拼搏开拓的传统性格。如 19 世纪以来,远走海外谋生创业的福建华侨,实际上也是先辈移民这一性格在海外的发扬。两岸广泛长久流行的一首闽南方言歌曲《爱拼才会赢》,正是准确地抓住了移民的这个"拼"的典型性格,成为闽台民众心声的概括与传递。闽台社会"拼"字这一特色与竞技体育的拼搏进取精神极为一致,从体育学视角上看,与脍炙人口的奥运格言"更高、更快、更强"有颇多相似之处。

第三章　闽台文化特征

第一节　闽台文化特征分析

台湾岛中脊梁为海拔数千米的崇山峻岭,四面环海。福建三面环山,东面是弯曲漫长的海岸线。生存的需要和生活的方便,使闽台人口主要都密布在沿海一带,使得"海洋"在闽台文化的构成中扮演着一个重要的角色。再加上闽台地处祖国东南海疆,在古代,它长期被视为未开化的蛮夷之地或开发滞后的地域,甚至被统治者视为可有可无的"化外之地"[①],常成为谪臣罪犯的流放之地,北方移民躲避戡乱之所和改朝换代的被罢黜的帝王遗臣和遗民延续故祚的最后据点。这使得"边缘"在闽台文化的构成中有着鲜明的特点。另外,"博采广取,兼容并蓄"常被视为福建文化的一个标志性特点,同时也是台湾文化的重要特征[②]。就种族、民系而言,闽台两地方言繁多,神明繁多,世界上各大宗教都曾传入,和闽台自创的神灵一起,各自获得大量信众。作为多元包容性的一种特殊表现,山与海、遗民与移民、政治边陲与商贸闽户、蛮夷之地和地理学之乡、传统守旧和纳新求变等众多似乎矛盾的现象,却同时在闽台出现,形成极强烈的反差[③]。"多元反差"同时存在于闽台文化的结构中,是闽台最具特色的文化特征之一。在历史长河中,兼容并蓄是闽台文化发展的主题,"海洋性"、"边缘性"和"多元反差性"是闽台文化的主要特征。

---

① 朱双一.闽台文学的文化亲缘[M].福州:福建人民出版社,2003:10。
② 朱双一.闽台文学的文化亲缘[M].福州:福建人民出版社,2003:14。
③ 朱双一.闽台文学的文化亲缘[M].福州:福建人民出版社,2003:16～17。

第二节 闽台文化与中华传统体育

传统体育是民族体育、民俗体育、民间体育的的总称。闽台文化渊源关系,可追溯到悠远杳渺的远古时代,据考古发现,台湾赫赫有名的距今4 560年至2 050年间的属于新石器时代晚期或金石并用期的圆山文化与风鼻头文化,其代表性的体育文物"有段石锛、有肩石斧与一枚两翼式的青铜箭头"[①]。与中国大陆出土的体育文物石器、青铜器在基本形状、制作技术、质料方面,没有多少差别,显示了圆山文化对中国文化的继承。台湾文化和福建文化一样,都是中华文化的一种区域性体现,这是由台湾移民社会形成的历史所决定的。自17世纪中叶到19世纪末,持续200多年的来自闽粤的大陆汉族移民,构成了台湾社会的人口主体,并以其所传承的以闽南地区和客家地区为特征的汉民族文化,奠定了台湾社会的基本形态和发展基础,与台湾固有的先住民文化(中华文化中的少数民族文化)一起,成为中华民族文化的一个组成部分,这是谁也无法否认的客观事实。

在台湾,无论岁时令节、喜庆婚丧,还有民俗信仰、祭天敬祖,无不处处表现八闽风尚,事事展现中原色彩。台湾地方体育是中华民族传统体育在祖国宝岛台湾的播迁和传衍,与祖国大陆的传统体育是一脉相承的。特别是福建和台湾,由于特殊的地缘、史缘、亲缘、血缘和语缘等,其民间体育更有密不可分的联系。闽台民间体育是中华传统体育的一种地域形态,是中原文化在播迁闽台的过程中,因地理环境的不同、历史发展的差异和与土著文化融合所产生的变异等诸种因素,而形成的一种地域性的特点。一方面,吸收了先民某些生活、生产要素和向海发展的基因,强调个性的张扬,注重身体形态与功能的提高,以及体能的付出;另一方面,又受正统儒家文化性格的限制、规约和引导,具有守成的一面,主张动静结合,素以个人的修身养性为主,不注重体育活动的强度和运动负荷,不强调运动的竞技性。这种既守成又张扬的性格,使传入闽台的中原传统体育呈现出某些本土化的殊异色彩。它具有汉民族普遍的本质属性,又拥有闽台地区自己的特殊品格。虽然,台湾经历过荷兰、日本殖民统治,然而,这些都是外来物,都只是在台湾社会的特殊历史境遇中,侵扰和

---

① 韩起.台湾省原始社会考古概述[J].考古学宝,1979(3):8~11.

冲击以中华民族文化为基础的台湾社会文化的异质文化。它可能一定程度地影响了台湾文化在这一时期的存在形态,并且留下深远的影响,但即使如此,也未能从根本上撼动台湾的中华民族根基,这也是有目共睹的事实。就台湾的情况分析,汉民族文化是台湾文化形成的主体因素,它和先住民文化一道构成台湾社会发展的中华民族文化的基础。毫无疑问,闽台民间体育是中国传统体育的一部分。如传统体育中的一大分支——武术,无处不映射着中华传统体育文化的光芒。

第四章　闽台体育文化

第一节　体育文化

一、体育与文化

在人类文化史中有很长一段时间，人们将体育排斥在文化之外，甚至将体育与文化相对立，偏见地认为体育没有价值或只有很低层次的价值。在文化价值序列中，人们只重视智能、精神的活动，将哲学、文学、艺术、音乐、宗教等视为具有人类精神价值的文化，并将其作为实现民族和国家理想和价值的神圣活动，而把强调身体激烈活动的体育与体力劳动等同起来看待，给予歧视和压抑，使中国长期缺乏人文体育观。这种偏见是欧洲中世纪宗教神学的统治、禁欲主义的肆虐，以及对体育文化的狭隘认识造成的。加之在相当一段时间内，体育学者对体育的研究，习惯于从生物性的角度去理解体育，把注意力集中在体育对人的生物性效果上，在某种程度上忽视了体育的人文精神价值。

我们之所以认为体育是一种文化，原因有三。首先，体育是人类创造出来的一种社会活动，是社会生活的缩影、社会的焦点、社会的折射。初到美国的外国人向美国社会学家请教"什么是美国"，社会学家回答："看看美国社会的体育就知道什么是美国。"这句话深刻地说明了体育与社会的基本关系。不仅各种社会价值观念会渗透到体育中来，而且人们的思维方式、行为方式、社交方式等都可以在体育中留下痕迹。不同的社会，不同的历史时期，社会的价值观念不尽相同，这些价值观念都会不同程度地影响体育的发展。正如一位美国社会学家所说的："体育渗透当今社会的各个层次，它触及并深深影响着各种风马牛不相及的社会因素，如价值观念、种族关系、商业生活、汽车设计、服装款式、英雄主义、语言文字和道德伦理等。"① 可见体育像一面巨大的折射镜,把社会上形形色色的事物,都应有尽有地折射出来,成为人们了解社会、认识社会、度量社会的一种有效工具。体育和家庭、宗教、政治、经济这些传统研究领域一样,也是社会中的一种普遍性的存在方式,是现代社会中最重要的文化领域之一。

其次,体育具备了文化的各种特性,即文化的继承性、时代性、民族性、世界性、阶级性等都能在体育运动中清晰地看到。如体育作为文化形态之一,呈现出文化的民族性。斯大林在《民族问题与列宁主义》中曾经提出一个著名的对"民族"的定义,他认为:"民族是人们在历史上形成的一个有共同语言、共同地域、共同经济生活以及表现于共同文化上的共同心理素质的稳定的共同体。"② 在这里,广义地说,构成民族四大要素中的"共同语言、共同地域、共同经济生活、共同心理素质",都是文化。每一个民族都是一个"世界",其内部由于阶级、阶层、职业、信仰等的种种差异,呈现出复杂的文化心理状态。然而,一个民族总是有共同的历史渊源,承传着一致的文化积淀。中华民族是一个多元一体的民族。中华民族的多元一体格局,使得中华民族在其形成与发展进程中所孕育的中华民族传统体育文化,也是多元一体的体育文化。如傣族的泼水节、苗族的踩花山、侗族的三月三、白族的三月街、朝鲜族的荡秋千、藏历春节、蒙古族的那达慕、宁夏藏族的响浪节、黎族的火把节、高山族的杵乐舞等,都有多姿多彩的民族传统体育。它既是中华各族儿女的共同创造,又是中华民族传统体育形成和发展的重要文化基础。中国传统体育是中华各族儿女创造出来的一种社会活动,并表现出中国文化的多种特质,即统一性、连续性、乡土情谊等。中华民族体育文化在其历史发展的长河中,逐渐形成了一个以华夏文化为中心,同时汇聚了国内各民族文化的统一体。这个统一体发挥了强有力的同化作用,在中国历史上任何时刻都未曾分裂和瓦解过,即使在内忧外患的民族存亡危急的关头,它仍然能够保持完整和统一,这一特质是在世界上其他任何民族的文化中都难以找到的。中国文化的统一性对体育文化的影响是非常深广的。这不仅表现在中国体育活动内容和形式的统一上,而且表现在体育运动中那种强烈的民族情绪和愿望上。这常常是其他文化系统所不能比拟的。中国的体育文化,也具有很好的连续性。几千年来虽有多次朝代

---

① 卢元镇.体育人文社会科学概论高级教程[M].北京:高等教育出版社,2003:39。
② 中共中央马克思恩格斯列宁斯大林著作编译局编译.斯大林全集(第2卷)[M].北京:人民出版社,1953:294。

更迭、经济兴衰,但体育文化始终一如既往,绵延至今。到了近代,虽受西方体育文化传入的影响,但其精髓始终被保持下来,并发扬下去。中国初期以来一直处在典型的农业社会之中,对自己的乡土人物有无限的眷恋之情。这种乡土之情深深地灌注进中国体育文化之中,如龙舟竞渡、舞狮舞龙等中国传统体育伴随着台、港、澳同胞,海外侨胞的中国心永在搏动。

再次,体育运动不仅有它外在的身体活动形式以及设施、器材等物态体系,而且有内在的价值观念、意识形态、行为规范等。如中华武术,不仅从外在的身体活动、器械等表现出物质文化,而且还表现出规范文化、智能文化和精神文化,比如民族精神、民族认同和民族凝聚力、乡土情谊等。有着巨大凝聚力的中国传统体育文化,是全体中国人民的宝贵精神财富,也是中华各族儿女对世界文明的重要贡献!将体育纳入文化的范畴,其意义就在于:能把体育运动当作一种文化现象看待和研究,研究体育活动的文化背景,观察体育运动与文化的关系;考察体育运动的文化意义,确定体育在人类文化大系中的地位;研究如何自觉地塑造具有独立形态价值的体育文化;等等。

同人类通过劳动改造和创造环境一样,体育也改造和创造着环境——知识这一环境并非外在的自然环境,而是人类自我的个体生理、心理环境,乃至社会群体的生理、心理环境,体育在不断地、永恒地创造和赋予新的意义和价值。体育作为一种独立的文化形态,它的作用是其他任何文化形态所不能取代的,甚至其他文化形态的发展,还不得不从体育文化中借鉴、迁延某些具有特质的东西。因此,体育一旦成为当代文化的重要组成部分,它的存在和发展,有助于完善和健全社会的文化,也有利于人类自身的协调和发展。

二、"体育文化"概念的形成

在中国,"体育文化"这一概念的出现,有四方面的原因。一是20世纪80年代中期,中国掀起了文化热的研究高潮,把文化的研究推向广义的范围,从而推动影响了体育理论的研究,进行了体育概念的大探讨,相对地达成共识:体育不仅仅是生物学的研究范畴,而且属于人文社会学的研究范畴。二是人文社会学科的不断发展,如社会学、社会心理学、人类学、行为学等一批学科的再度兴起,许多不被人重视的社会文化现象纳入了研究领域,从而提升了体育人文社会学科的建设,众多的体育学者尝试着借用人文社会学的研究方法和成果开始涉及体育社会问题的研究,并取得了一定的成绩,同时恢复了体育史学、体育心理学等课程。三是中国体育事业的蓬勃发展,对国人的社会生活及世界体坛产生了巨大的影响。由此所产生的体育经济问题,体育管理问题,体育对国家政治、社会制度等问题逐渐凸显出来,这些问题不仅在体育界,而且引起政府及社会各界众多人士、学者的高度关注。四是体育人文社会学科的建立与发展。在20世纪90年代中期,体育学被列入一级学科(学科编号0403),1996年7月,全国哲学社会科学规划领导小组正式批准把体育学科列为国家统一规划管理的社会科学一级学科,体育学科所含二级学科有体育史学、学校体育学、社会体育学、体育经济学、体育社会学、比较体育学、奥林匹克运动学、运动心理学、体育概论、体育信息学、体育人才学、运动竞赛学、体育传播学、体育人类学、民族体育学、体育文化等。作为高校体育学科类人才培养的主要专业有体育教育专业、社会体育专业、运动训练专业、民族传统体育专业和运动人体专业。体育科学体系雏形已初见端倪,标志着体育人文社会学正式确立了自己在科学中的地位。这为体育社会文化的传承和发展,实践其在体育决策,建立和完善我国体育方针、政策、法规和制度等方面发挥了重要的作用。

三、多学科视角下的"体育文化"释义

不同学科研究、不同学者对体育文化的概念有不同的解释,有用物质与精神的二元关系来定义体育文化,如借助被众人普遍接受的对"文化"一词的界定,即"人类在社会发展过程中所创造成的物质和精神财富的总和,特指精神财富,如文学、艺术、教育、科学等"[1],认为体育文化是有关体育运动的物质和精神文明的总和,如"体育文化,是关于人类体育运动的物质、制度、精神文化的总和。大体包括体育认知、体育情感、体育价值、体育理想、体育道德、体育制度和体育的物质条件等";[2]有的学者用物质文化和精神文化两分说来定义体育文化,如"体育文化是介于物质文化和精神文化之间,或介于广义文化和狭义文化之间的文化";[3]有的学者用狭义的文化概论来定义体育文化,主张把体育文化的概念的外延限定在精神领域,认为体育文化就是在以身体活动为基本形式的活动过程中,所体现出的特有的精神生活,如"体育文化是体育

---

[1] 中国社会科学院语言研究所词典编辑室编.现代汉语词典[M].北京:商务印书馆,1987:1204。
[2] 卢元镇.中国体育社会学[M].北京:北京体育大学出版社,2000:239。
[3] 席焕久.体育人类学[M].北京:北京体育大学出版社,2001:164。

人文精神的客观表现"[①],"体育文化的核心内容是作为精神产品的各种知识财富,是关于体育活动中各种规律的认识,包括创造这些知识的各种形式……以及各种体育思想观念,组织管理方法,体育传媒,体育题材文艺作品、体育文物等均可视为体育文化范畴"[②];尼克·阿莱克赛博士1974年给体育文化下的定义是:"广义文化的一个组成部分,它综合各种利用身体锻炼来提高人的生物学和精神潜力的范畴、规律、制度和物质设施。"概览当前国内外学术界对体育文化的阐释,其内涵丰厚、外延宽泛,涉及人的思想意识、道德规范、心理品质、精神面貌、行为准则、世界观、价值观等社会意识形态及反映这一形态的体育人文、体育教育、体育方式、体育活动、体育比赛、体育交流、体育科研、民族体育、民俗宗教等。以上的研究为定义体育文化概念提供了丰富的文献资料。但是,在学者圈中,对体育文化概念至今仍然没有一致的看法,大多是从学者自身研究的领域出发,回答必然未能一致。随着人们对文化和体育的认识不断加深,越来越多的学者试图从文化学的视角来研究这一文化现象。以下是就我国体育人文社会学科研究"体育文化"的视角作的概略。

(一)体育社会学讨论体育文化

主要讨论体育的社会制度、社会意识、价值观念、社会结构、社会控制、社会群体等问题。

(二)体育史学讨论体育文化

研究体育运动发生、发展的历史过程,揭示体育运动发展和演变,主要包括体育起源,体育在各社会形态中的表现形式,体育在社会发展过程中的作用及地位,体育在各个时期的内容及其与人的需要的关系,体育与生产力、经济发展的关系,各时期体育与文化的关系,体育的社会制约性及其目的任务,各时期的体育手段、方法和内容与教育等。在某种意义上,可认为体育文化学是体育史学的一个旁支。可以认为体育文化学是利用文化学的原理探讨体育文化在发生、发展、分层、运行、传播、交流、融合、冲突、选择、变异等方面的种种现象。

---

① 周爱光.对体育文化内涵的思考[J].江苏:体育与科学,2004(4):10.
② 童昭岗,孙麒麟.人文体育[M].北京:中国海关出版社,2002:20~30.

(三)体育人类学讨论体育文化

体育人类学是把体育作为人类创造的一种文化来认识,充分发现体育的价值。民族体育是体育人类学的重要研究对象。它是通过把握单个的风俗或制度背后的无意识结构来获得一种普遍的解释原则。它的内容包括语言的起源与发展,生产力、生产关系,经济基础与上层建筑以及人类社会制度、社会组织、婚姻形态等。从绘画、雕刻艺术、神话传说故事、宗教信仰、舞蹈、风俗习惯等当中剥离出体育的原生状态。体育人类学是把人类的体质和文化综合起来探索。它能够从一种文化内容里观察到其他种族的信仰和风俗。

(四)体育伦理学讨论体育文化

体育伦理学是把体育运动当作一种社会文化活动,研究体育道德意识、体育道德品质、体育道德行为、体育道德教育等。体育伦理学全面考察体育道德体系中各种道德现象的特性,尤其是围绕体育活动中,个人利益和社会整体利益的矛盾这一体育道德的基本问题,依靠舆论、信念及风俗的力量和道德评价的方式来解决。(体育与政治、经济的关系)

(五)体育传播学讨论体育文化

体育传播学是把体育当作人类社会的一种文化,研究和阐释体育运动及其相关信息的传播现象。它认为作为人类文化的组成部分,体育运动无论在纵向的文化传承上,还是在横向的文化交流上,都表现出鲜明的文化传播本质特征,如何把人类创造出的一种文化——体育运动,传播给人类自身;体育运动与传播的关系(传播活动对体育运动的深刻影响与本质作用,体育运动对传播的发展与影响);体育传播对人的心理、社会、经济等的作用与影响。

通过分析,笔者认为从广义文化的角度来研究体育文化,应成为理清体育文化概念的主要思路。文化是描述社会有关的特殊社会现象的学问,并与人的积极活动有联系,由此可以这么认为:体育文化是广义文化的一个组成部分,是人类在社会发展过程中,积淀形成的与体育活动有关的生活、生产方式,和因此所创造的物质财富、精神财富的总和。这一概念圈定物质与精神是体育文化中的不可或缺的因素,强调体育文化的特别之处是以体育活动有关的生活、生产方式为支撑来创造物质财富、精神财富。这一概念力争能客观地反映学术界对体育文化概念表述的共识。

第二节　闽台体育文化源流

　　研究闽台体育社会与文化,首先是要研究中原汉族体育是如何播迁入闽,并与当地的土著接触和融合,形成福建地方特色的体育文化过程,由此观察这个过程中福建早期体育文化的形成与发展;其次是要研究福建地方特色的体育文化形成之后,在人口、环境、战乱等各种社会因素的作用下向台湾迁移的情形,由此来观察闽台两地的体育文化亲缘性及闽台尚武性格的文化背景等问题;最后要研究中华体育文化在台湾传承、发展和演变,由此来观察台湾闽籍移民由移民社会向定居社会转化时的体育社会与文化变迁。在这三方面的研究中,第三点具有尤其重要的借鉴意义,可以作为我们研究昔日闽人由移民社会向定居社会转化时的体育文化变迁的观照面,从中观察到许多我们想要知道的东西。我们特别致力于中华体育文化在福建、台湾的传承与发展的探讨,以有利于促进中华民族的团结与发展。

一、源自悠远杳渺的远古时代

　　从考古学、人类学、历史学到当代 DNA 技术的种种研究,都指向这样一个事实:台湾"原住民"的远祖来自中国大陆,他们是当时生活于南部的百越民族的一个分支。据考古发现,台湾赫赫有名的距今 4 560 年至 2 050 年间的属于新石器时代晚期或金石并用期的圆山文化与凤鼻头文化,其代表性的体育文物"有段石锛、有肩石斧与一枚两翼式的青铜箭头",[①]与中国大陆出土的体育文物石器、青铜器在基本形状、制作技术、质料方面,没有多少差别,暗示圆山文化对中国文化的继承,证实台湾与祖国大陆确有交往。台湾著名的考古学家宋文熏曾以大量的考古发现为佐证,认为"台湾位于中国东南大陆棚上,在最近 300 万年至 1 万年的世冰河期间,曾数次与华南以陆地相连。其间有源源不绝的华南哺乳动物群往台湾迁移。故在这段时期很可能有狩猎与采集为生的旧石器时代人类,跟随动物群移居台湾"。[②] 台湾与福建的这种密切的

---

　　① 韩起.台湾省原始社会考古概述[J].考古学宝,1979(3):8～11.
　　② 宋文熏.由考古学看台湾[M].转自刘登翰.中华文化与闽台社会——闽台文化关系论纲[M].福州:福建人民出版社,2002:54.

地缘关系,为远古时代闽台两地文化亲缘的存在与发展,提供了可靠的地理依据,揭开了福建与台湾的文化亲缘的序幕。

二、闽越是福建最早的先住民族

　　福建是古越族活动的地区之一。所谓古越族,并非一个单一的民族,而是对广泛分布于长江南方之民族的概称。南方的古越族,不仅在血缘上,而且在文化传承("饭稻羹鱼"的水文化)上,都有密切关系。他们因活动范围的不同,形成许多大同小异的"越人集团",故称"百越"。学术界对"百越"的称谓有广义和狭义之分,广义的"百越"指长江中下游以南的许多民族;狭义的"百越"则指于越、扬越、瓯越、闽越、骆越、南越、滇越等,大致包括今江苏、浙江、安徽、江西南部、福建、广东、广西、海南、云南、越南北部和台湾等地。在亚洲大陆的东南部,形成了一条弧形的狭长文化带。据文献记载,古越族之一支(于越)最早于春秋时期立国,建都于会稽(今浙江绍兴),越王勾践灭吴后,迁都琅琊(今山东诸州),传至玄孙翳,国势颇弱,便南迁于吴(今江苏苏州),周显王三十五年(前334年)覆亡于楚,越地从此分裂。越王族四处分散,各居一隅。"越王族中的一部分,大约就在这个时期进入福建。"①《史记》亦有关于越亡后至秦汉之际复建瓯越、闽越两国的记载。汉许慎《说文解字》云:"闽,东南越蛇种也。"所谓"蛇种",即为百越族中以蛇为图腾的一支。由此可见,百越族中的一支——闽越,于秦汉之际入居福建,当无可疑。闽越为福建最早先住民,当也可以成定论。

三、来自祖国大陆的百越族的启示

　　福建先民作为南方海洋部族百越的一支——闽越,承袭越人"以船为车,以楫为马,往若飘风,去则难从,锐兵任死,越之常性也"的文化传统,很早就活跃在海上。根据海外学者有关 DNA 的分析研究,推测大约在 5 000 年到 1 000年前,就有越人从福建出发,进入台湾,成为台湾先住民的族源之一,然后再越过菲律宾向东、向南逐岛迁移,飘过浩瀚的太平洋,经夏威夷群岛、库克群岛、波利尼西亚群岛,向南飘抵新西兰,向东到达复活节岛。② 著名的历史

---

① 朱维干.福建史稿(上册)[M].福州:福建教育出版社,1985:24.
② 史式,黄大受.闽台先住民史[M].北京:九州图书出版社,1999:44～59.

学家翦伯赞在20世纪40年代就曾说过:"台湾的番族,是百越之番的族裔,这种番族之占领台湾,不在宋元之际,而在遥远的太古时代。"①台湾人类学家凌纯声在50年代初期也指出:"台湾土著族至少可以说多数是在远古来自中国大陆。"②而曾经亲自到台湾进行考古的林惠祥也认为:"台湾的新石器人类,便是古越人的一支。"③如今生活在台湾山区的泰雅人、赛夏人、布农人、曹人,被认为是最早由大陆迁入台湾的先住民,他们至今保存着较多的百越文化的特征。大陆学者史式、台湾学者黄大受曾将台湾先住民的文化习俗和祖国大陆南方与古越族有密切渊源关系的少数民族,特别是壮族、侗族进行比较,将他们之间相同或相似的风俗归纳为16项,即断发文身、龙蛇崇拜、缺齿与黑齿、拔毛去须、腰肌纺织与织贝、贯头衣与筒裙、饭稻羹鱼、杆栏式建筑、龙舟与水上竞技、婚前自由交往、女劳男逸、父子连名、老人政治、占卜、猎首、悬棺葬与屈肢葬。这种相同或相似,不会是偶然的,只能证明他们是来自同一族源,近年国内外学者所进行的DNA研究,更有力地证明了台湾先住民很大一部分确系来自祖国大陆的百越族。④ 所有这些论说的依据(一方面来自地下考古的出土文物,另一方面则来自对台湾先住民文化的研究),都指向证明当台湾在数度以陆地和大陆相连接的旧石器时期,就开始有人类越过海峡进入台湾;进入文明史以后,具有丰富航海经验的百越人,在东南沿海的频繁活动中,更有可能在不同时期从不同方向进入台湾。台湾先住民很大一部分确系来自祖国大陆的百越族。

当我们剖析闽台地方体育时,不能忘记它与中华传统体育的整体关系,即渊源、流变和共性。认同并确定共性,是其前提和出发点,而变异则是确认共性之后对现象更深层次的分析,是研究的深入和对认同的进一步肯定。具体地说,就是要注意中华民族传统体育与闽台地方体育一体和多元的关系。《台湾通史》中云:"台湾之人,中国之人也,而又闽粤之族也。"⑤盖台湾世居住民,大多来自闽南与粤东,亦有少数自浙江、江西等其他省份迁徙而来,若再溯其远祖,则皆来自中原——中华民族发祥地之黄河流域。是故,台湾为中原文化

---

① 翦伯赞.台湾番族考[M].转自刘登翰.中华文化与闽台社会——闽台文化关系论纲.福州:福建人民出版社,2002:56。
② 凌纯声.古代闽越人与台湾土著族[J].台湾:学术季刊,1952,1(2):43。
③ 林惠祥.台湾石器时代遗物的研究[M].厦门大学学报(社会科学版),1955(4):35。
④ 史式,黄大受.台湾先住民史[M].北京:九州出版社,1999:61。
⑤ 连雅堂着.台湾通史卷二十三风俗志[M].台湾:时代书局,1975:05。

派生之地,三百余年来,从中国大陆抱着政治理想或经济诉求,移民一波又一波的,陆续地冒险渡海去台。移民们披荆斩棘,拓荒开地,历经千辛万苦,化荒为美壤,在岛上定居下来,中原文化乃随着播植于此,虽历经三世纪有余,其间亦曾为异族所盘踞,亦发生了剧烈的社会变迁,然而中原文化的本质已根深蒂固地于台湾岛有形无形的各个角落里,文化的种子从发芽经发育至茁壮成长,脉脉相承,绵延不息。

第三节 闽台体育文化区

所谓的"海峡文化共同体",主要指以闽台多缘性文化关系为纽带,以闽南语、闽南文化为核心主体,以客家文化、妈祖文化为重要纽带,以现代文化、全球文化为时代内容,以多元文化共存为对话格局的文化共同体。具体说来,应该包括以下几个方面的内容。第一,以闽台多缘性文化关系为纽带。这是构建海峡文化共同体的基石。闽台间的血缘、语缘、俗缘、神缘、艺缘诸缘从古至今牵连着大陆和台湾,它是两岸文化交流融合的最坚实的基础和最有力的推动器。第二,以闽南语、闽南文化为核心主体。在两岸关系中,台湾与闽南可谓是水乳交融,彼此难分。要构建的海峡文化圈应以闽南语、闽南文化为其核心主体,应凸显浓浓的闽南乡音乡情,让台湾人民与大陆人民在一家人的氛围中交流互动、相互信任。第三,以客家文化、妈祖文化为重要纽带。源于福建的客家文化、妈祖文化是闽台文化的两大重要文化体系,也是中华民族文化中不可分割的组成部分,它们在海内外有着广泛、深远的影响。第四,求同存异,以多元文化共存为对话格局。构建的海峡文化共同体,不是文化单一化的文化共同体,而是以多元文化共存为对话格局的文化共同体,两岸民众可以在求同存异的原则下,在更多、更广的文化层面、文化氛围中开展对话,进行交流,这将有助于两岸广大民众因文化背景、文化诉求的相同相近而走到一起,并在情感、心灵上达到默契、交融。

我们的目标是,在一个确定的文化区内来探讨闽台体育文化的亲缘关系,追溯其根源,辨析它们在形成和发展进程中产生的变化与差异。在研究探讨过程中,必将涉及文化地理学所关注的一些基本重要论题,而对这些论题的进一步探究,当然也会蕴涵着文化史研究的某些内容。当我们把福建和台湾作为一个共同文化区来进行考察时,我们面对的不仅是一个文化学的课题,而且是一个文化地理学的课题,同时还是一个文化史学的课题及比较文化学的课题。这些概念和论题摘其要者有以下几个方面。

第一,关于闽台文化区的概念。文化区是指"具有某种文化特征和具有某种文化特征的人在地球表面所占据的空间视为一个文化区"。[①] 福建和台湾作为一个共同的文化区,皆因其文化有着历史形成的密切亲缘关系。台湾与福建隔海相望,两地有着相同的地理和地质条件。史前时期,台湾与福建多次连为一体,远古人类通过横亘台湾海峡中南部的"东山陆桥"频繁往来。[②] 古人类学和考古学的发现证明,早在数万年前,福建与台湾就有着旧石器和古人类,台湾的古人类是从福建经长途跋涉,迁移到台湾的。[③] 在有文字记载的历史上,自三国以前,闽台两地的人员往来和文化交流也一直很密切,而台湾曾长期隶属于福建省,直到清光绪十一年(1885年)才从福建分出,单独设立台湾省。台湾的汉族移民主要来自福建,特别是福建漳、泉、汀三府的闽南人和客家人,移民在迁移中把原乡的经济、文化带到了新居地,所以台湾与福建在经济、文化上有很大的同构性、关联性,学术界一致把福建与台湾划为同一个经济文化区域,称为"闽台文化区"。根据王会昌《中国文化地理》将中国传统农业文化区(二级文化区)划分为12个文化区,由北至南为:①关东文化副区,②燕赵文化副区,③黄土高原文化副区,④中原文化副区,⑤齐鲁文化副区,⑥淮河流域文化副区,⑦巴蜀文化副区,⑧荆湘文化副区,⑨鄱阳文化副区,⑩吴越文化副区,⑪岭南文化副区,⑫台湾海峡两岸文化副区,其中台湾海峡两岸文化副区亦即我们通常所说的闽台文化副区。[④] 闽台体育文化作为闽台文化的一部分,因此,我们认为闽台体育文化无疑属于同一个形式文化区。

第二,从闽台体育文化在整个中华体育文化体系中的地位来看,闽台体育文化是中华体育文化体系的一个特殊部分,它由福建体育和台湾体育两个联系密切而又各具特点的单元组成。福建地方体育文化主要是由汉族(包括中原汉族移民和古代福建越族、安家族、木客等少数民族逐渐汉族化的人)、畲族、回族、满族、高山族等构成。台湾地方体育文化是由汉族(包括"本省人"与"外省人",前者系指福佬人和客家人,后者系指台湾光复后去台湾的人)、高山族(指台湾"原住民",包括泰雅、赛夏、邹、布农、鲁凯、阿美、卑南、雅美和邵人,约占台湾总人口的1.7%)构成。由于台湾福佬人,即闽南人约占台湾总人口

---

① 王会昌.中国文化地理[M].上海:华东师范大学出版社,1992:81.
② 尤玉柱主编.漳州史前文化[M].福州:福建人民出版社,1991:158.
③ 陈国强,叶文程,吴绵吉主编.闽台考古·前言.厦门:厦门大学出版社,1993:78.
④ 王会昌.中国文化地理[M].上海:华东师范大学出版社,1992.

的73%,所以台湾的根在福建。因此,我们认为:闽台体育文化是一种独特的区域文化之一,是闽台文化的一部分。

第三,从文化区的划分标准分析,"文化区依据不同的标准,可以分为形式文化区和功能文化区两类。形式文化区是依照一种或多种文化特征的空间分布来划分,如种族、语言、宗教信仰、民俗等;功能文化区则以不同的政治、经济、社会功能所含摄的地理范围来区分,例如一个国家、一个省、一个县或一个选区、一个教区"。① 因此,我们将把闽台体育文化关系作为形式文化区来探究。因为闽台两地民俗体育无论在体育生活方式、体育习俗、身体活动方式、使用的身体运动设施器械,还是人口族缘关系、社区聚落方式、语言形态及宗教信仰、民俗风情等等,都有着密切的亲缘关系,不仅相似甚至相同。所以,就民俗体育文化内容而言,闽台两地体育文化无疑属于同一个形式文化区。这是我们探讨闽台体育文化关系时立论的基本前提和出发点。

第四,体育文化扩散理论。瑞典著名地理学家哈盖斯特朗对文化扩散作过系统的研究和分类。他认为文化扩散有两种类型:扩展扩散和迁移扩散。扩展扩散指的是某种文化在空间上由中心地通过人群传播逐步扩展到另一些地方。它可能是"传染型"的,即通过已经接受这一文化的人群与其他人群的直接接触,如疾病的传染一样,逐步扩展开去;也可能是"信息型"的,即通过公共信息系统的传接,由中心地向次中心地,再向更周边的地方,等级递进式地扩展开去,因此也称为"等级扩展";还可能是"刺激型"的,即在传播的过程中由于种种原因不可能原封不动地照搬,而是在接受传播刺激之后,按照自身的条件和需要进行改造和更新,从而创造出新的文化。另一种类型的传播叫迁移扩散,即随着人群的迁移而扩散。因为人既是文化的创造者,也是文化的承载者;人群的迁移,实质上也是文化的迁移。由于人群的流动,其跨越的幅度可以很大。文化的传播,便可能随着人群迁移的路线,越过高山、大漠或海洋,形成新的文化分布区,而与其文化原生地并不一定相连接。这种扩散方式与扩展扩散相比较,不仅地域更广,速度也更快。当然,扩展扩散和迁移扩散作为文化传播的两种基本形态,并不互相对立或截然分开,两者往往渗透并存,互为补充。② 闽台体育文化的传播主要是迁移扩散,同时包含着扩展扩散的传播形态。即福建和台湾,都是以中原南徙的移民为主体而建构起来的社会。

---

① 王会昌.中国文化地理[M].上海:华东师范大学出版社,1992.
② 王民等译.H·J·德伯里著.人文地理:文化·社会与空间[M].北京:北京师范大学出版社,1990.

在福建,中原移民南徙入闽,至宋代已基本完成;而在台湾,则是自明末清初开始,才有南徙入闽的中原移民后裔再度大规模迁入台湾。其体育文化的延播,也随同移民一起,从中原经由福建的本土化发展,再度播入台湾。

第五,体育文化景观研究。"景观"作为地理学的一个特殊概念,指的是地球表面各种地理现象的综合体。它有自然景观和文化景观之分,前者是未受人类活动影响的自然综合体,后者则是人类为满足某些实际需要而附加在自然景观之上的各种文化创造物。因此,文化景观是空间意义上的文化特定形态。它如一面镜子,反映出具有不同文化背景的人群集团各自特征鲜明的不同文化创造。它的独特性,便成为指明本地区文化的同一性和区别其他地区文化的差异性的重要标志。文化景观又可分为物质性文化景观和非物质性文化景观两种。物质性文化景观是人类在自然景观的物质条件基础上所进行的文化创造,有着明显的可视性和与自然物的融合性,如建筑、园林、城市、运河等;非物质性文化景观主要是指意识形态方面的文化现象,例如语言、宗教、法律、音乐等,它虽不是一种看得见、摸得着的物质存在,却是通过人类大脑的知识、经验贮存和联想,可以感知的精神文化现象。[①] 体育文化无论是在物质层面,还是在非物质层面,都完全地显现与体现出来。因此,体育文化景观往往包含着闽台体育文化的起源、扩散和发展的各种有价值的信息,它必然要成为闽台体育文化研究中最受关注的中心论题。

第六,辨证认知闽台体育文化的差异性和同一性。文化地理学认为,一种文化因素的空间分布,除受环境中自然因素的影响,还会受到其他文化要素的影响。因此,只有把文化地理的研究对象放在各种自然和文化相互关联的背景中才能辨析清楚。这一理论不仅对文化的空间分布研究至关重要,而且对同一文化区中不同地域的文化差异也极富有启示意义。因为即使在同一文化区中,其自然地理条件和固有的文化存在要素也不是完全均等的。新来的文化处于不同的自然、文化背景中,必然会出现差异。根据文化扩散理论中的"刺激扩散"类型,不同的环境在接受新传入的文化的"刺激"时往往不是原封不动地照搬,而是按照自身的环境条件(自然、文化地理因素)和现实需求,派生出新的变体。这就是文化传播或文化区形成中常常会出现的本土化过程和体现的原因。它与作为文化源头的固有文化有着极为密切的亲缘关系,既是源头文化的延伸,又是源头文化的变异、丰富和发展。[②] 因此,在确认共同文

[①] 王恩涌.文化地理学导论[M].北京:高等教育出版社,1989
[②] 陈正祥.中国文化地理[M].北京:三联书店,1983:53。

化区的文化同一性的同时,也注意到文化的不均衡传播与差异性的存在,是对文化同一性更进一步的研究。它也是比较文化的一个重要话题。闽台体育文化关系的发展,实际上典型地体现了文化传播过程中同一性与差异性同时存在的辩证两面。关键的问题是,差异性的存在并不能掩盖同一性作为这一共同文化区的主导和本质。依照文化的构成理论对"闽台之间的体育文化差异性是否根本改变了闽台体育文化的同一性,成为另一种在本质上和形态上完全不同的文化了呢"这一命题来进行探讨分析。狭义的文化,是一个包括有思想传统、民俗习惯和流行观念三个层次的同心圆的概念。其中思想传统是其核心部分,经过思想传统的长期熏陶、影响而外化为民间普遍接受的民俗习惯,即这个同心圆的第二层。处于这个同心圆最外层的是流行观念,其不太稳定的部分随时会被淘汰,而相对稳定的部分则有可能渗入民俗的层面,甚至有可能化为思想传统的有机组成部分。这三个层面相互影响,构成了充满活力的、互动的文化内涵。依照这个文化构成,今日的台湾体育社会所出现的体育文化差异,主要表现在第三层面,即流行观念上,包括其政治制度和意识形态也常常处于变动不居的"流行状态"中;其第二层面的民俗习惯和居于核心地位的思想传统,与福建并无太大的差别,特别是体育思想传统,仍葆有中华体育文化的儒家思想,主张动静结合,素以个人的修身养性为主,不注重体育活动的强度和运动负荷,不强调运动的竞技性等。从近20年来两岸开放以后频繁交往的大量事实考察,我们看不到这种从形态到内质的不同文化的完全分野。相反的是,在不断的文化寻根和认祖归宗活动中,有一种消弥差异、走向新的整合的趋势。所以,闽台之间的体育文化同一性,依然是本质的、主导的,闽台仍然应当被视为一个共同的体育文化区。

综上所述,闽台体育文化区是指闽台两地在各自体现出的地方体育上,表现同样的体育生活方式、体育习俗,具有同样的身体活动形式、运动设施、器材等物质体系,而且具有相同的内在的价值观念、意识形态、行为规范等非物质体系,是同一种体育文化的特征。

第四节 闽台体育文化的特性

闽台体育在从汉文化核心区域——中原的播迁过程中,由于地理生态环境、土著文化的融合和历史发展的差异产生了诸多变异,从而形成一种颇具特色的区域文化特征。闽台体育文化的形成经历了漫长的时期,其过程也极为复杂。闽台体育文化具有中华体育文化的基本属性,又兼具福建与台湾区域自身的特点。中华体育文化与闽台体育文化是一体多元的关系,闽台体育文化在中华体育文化固有特征的基础上,又在不同程度上、以不同方式具体地表现出本地区特有的面貌。总体观之,它作为一种区域文化存在于当地的社会经济基础之上,呈现出鲜明的地域性、坚韧的传承性、诚挚的信仰性、现实中的功利性、多源的兼容性、广阔的辐射性等特征。

一、鲜明的地域性

该特征主要表现出以下两方面。

(一)闽越古风的涵化

闽越族虽然在汉代就融入汉族之中,但作为精神现象的闽越身体活动习俗依然在现实中存在。最典型的是拼搏开拓与冒险犯难、尚武的性格。它一直作为闽台移民主要的性格特征,影响着闽台社会的发展。在福建,尤其是与台湾关系密切的闽南地区,豪爽、尚义、重友、经武的民风,以及敢为人先的开创精神尤为突出。又如闽越好祀鬼神的巫觋文化,使闽台长期具有多神崇拜的信仰习俗,举凡大树、巨石、灵禽、猛兽,或风或雨,或人或鬼,甚至一段枯骨、一处山水,只要能避灾却难、赐福祥瑞,不问其神灵系统,都可作为信仰对象,带有古代闽越图腾崇拜的色彩。在迎神赛会上以各种剧烈的身体活动、歌舞戏剧来酬神,都有受到闽越巫觋遗风的影响。这些闽越古俗涵化在中原民俗之中,赋予了闽台民俗强烈、古朴的地域色彩。

(二)山海环境的熏陶

毫无疑问,闽台传统体育文化是中国传统体育文化的一部分,具有大陆文化和海洋文化的特征,并由此形成了包含两种性格的体育生活方式。一方面,它吸收了先民某些文化要素和向海发展的文化基因,强调个性的张扬,注重身体形态与功能的提高,以及体能的付出;另一方面,又受正统儒家文化性格的限制、规约和引导,具有守成的一面,主张动静结合,素以个人的修身养性为主,不注重体育活动的强度和运动负荷,不强调运动的竞技性。这种既具守成性又具张扬性的文化性格,使播入闽台的中原传统体育文化呈现出某些本土化的殊异色彩。

二、坚韧的传承性

据台湾学者庄嘉仁研究表明,"台湾民俗体育历经荷据时期、明郑时期、清朝时期、日据时期及台湾光复后5个重要时期,即使在日据黑暗的50年里,日本军国主义对台湾实行残酷迫害和人种同化政策,禁止百姓传承和学习中华体育,但台湾百姓并没有屈服,从公开转入夜间传授,即所谓'暗馆'的传承模式,以练武抗敌的性质更明显加强,表现出强烈的抗争性、反弹性及极强的民族精神和民族凝聚力"。① 近年来从大量搜集、挖掘整理、出版的台湾"原住民"广为流传和开展的民俗体育活动内容的考察,并依据1975年6月台湾省教育部门颁布《普遍推行民俗体育活动》的法令所推广开展的民俗体育项目国术(武术)、角力(摔跤)、气功、围棋、棋艺(中国象棋)、角抵、土风舞、跳鼓阵(花鼓)、风筝、龙舟、踢毽子、拔河、高跷、醒狮舞龙、踏青等50多种活动项目的考究,在被台湾省列入推广的传统体育项目无不笼罩在中国传统体育文化灿烂的光环之下,呈现着鲜明的中国传统体育文化的传承性,其主要表现在:①俗语相通;②活动内容和方法相似;③采用的设施、器材相同;④价值观念、意识形态一致。这恰恰是中华各族儿女共同创造的五千年悠久文化在台湾省的传承与发展的佐证,是台湾"原住民"的大陆族源的又一有力证明。

三、诚挚的信仰性

闽台民间体育活动内容大多伴随着各种祭祀、拜谒祖庙、神灵崇拜等活动,这是由于闽台的民间俗神之多,可能居全国之首。仅据《八闽通志》"祠庙"条所列举的民间俗神就多达119个,《福建民间信仰》的作者认为:"实际神灵的数字要多于此数倍甚至数十倍。"② 台湾号称"神明三百,庙宇逾千",其确切数字也难以统计。因此,在闽台民间常常以村落、宗族、祠庙等为单位,组建醒狮舞龙、龙舟、花鼓、武艺等各种社团,以便在各种节日或祭祀活动时演出,如每年的佛祖开光(农历二月十九日)前10天、妈祖朝拜日、保生大帝等等。这些民间体育社团、民俗艺队,全出动在庙宇俗神前,随俗神绕境各村落,做各种

---

① 庄嘉仁.台湾传统武艺之研究[C].成都:东亚体育史论坛论文集,2001:221。
② 林国平.福建民间信仰[M].福州:福建人民出版社,1999:32~33。

阵头的表演或展开激烈的角逐,为庆典、祭祀增添丰富的活动内容,并表现出诚挚的信仰性。

四、现实中的功利性

"义利之辩"是中国古代思想史上一个重要的议题,封建的正统思想受儒家传统观念的影响,主张重义轻利、言义不言利。与此相反,闽台自宋以来海外贸易和商业繁荣,社会普遍存在着重利的价值观。闽台这种重利价值观在两岸民间体育的交往中的影响是很大的,许多民间体育活动带有浓厚的功利性和实用性色彩,如"以体会友"、"以体促商"、"以体经商"等。

五、多源的兼容性

闽台体育文化的构成是多源的,主要有四个方面。

(一)受原始越族形式的仿禽娱乐、祭祀仪式的影响

以各种跳跃、摇身、摆手等身体动作方式来媚神、酬神,是闽台先人祭祀的仪式之一。福建华安仙字潭留下的摩崖壁画,学术界虽有种种解释,比较一致的一种说法是认为描绘古越族祭祀仪式中的身体活动场面,随着社会的发展,这些身体动作逐渐分离出来,形成当今各种健身舞、养身操的动作。如古代越人以鸟为图腾,每有祭祀,则必模仿鸟的动作而翩翩起舞。而今天福建建阳崇雒一带流传着的鸟步求雨舞,便是保留着越人祭祀图腾的身体语言痕迹。它有"高雀跳跃"和"矮雀跳跃"两种跳法,练习者围成一圈,手拉手有节奏地跺脚、跳跃、摇身、摆手,模仿祈雨过程中鸟类的动作。又如闽南流行的拍胸舞,其动作粗犷豪放,袒胸赤足,拍胸跺脚,节奏强烈,模仿动物的各种动作,许多身体动作与仙字潭的岩画图像相似,有学者认为这也是原始宗教祭祀的身体动作的遗存。今天主要用在迎神赛会或节庆踩街之时表演。

台湾先住民的文体活动方式更具有古越人的形态,带有极其浓厚的原始宗教色彩,如杵舞(模仿舂米动作)、车鼓舞、花鼓舞、宋江阵等。乐起跳舞,舞无锦绣披体,或着短衣,或袒胸背,跳跃盘旋如儿戏状。这种身体动作模仿狩猎时的动作,或者表现战斗中的姿态,或者表现围困野兽,或者象征驱赶恶鬼,常在收成、猎归,或者出征前、祭祀中举行,也在日常的婚丧喜庆中表演,既作

为一种仪式,也是一种自娱的身体活动。

(二)受中原汉族文化影响

在闽台区域,无论岁时令节、喜庆婚丧,还有民俗信仰、祭天敬祖,无不处处表现闽粤风尚,事事展现中原色彩,如端午赛龙舟、清明踏青、元宵闹花灯、春节醒狮舞龙、重阳登山望远等。此外,闽台习武之风盛行,除了自身历史原因,更重要的是受中原汉族文化的影响。因为武术和气功一样是中国独具特色的传统体育项目,古代被称为武艺的一种,近现代称国术,现在叫做武术。中国古代的武艺包含的范围较广,除了徒手和器械的擒拿格斗以外,拳搏技击、骑术、射术、兵器的使用,都统统包括在武艺的范围之中,而后来的国术和武术相同,仅指徒手和持器械的擒拿格斗功夫。中国武术在练习中可以健身,在格斗中可以防卫和攻击,因而具有广泛的群众基础。中国武术在长期的历史演变中,形成了许多不同的种类和派别,至今仍受到人们的喜爱。

(三)受少数民族习俗的影响

自古以来,福建是少数民族聚居的地方。历史上曾记载有越族、安家族、木客族等少数民族。早在春秋战国时代,我国南部是"百越"各族活动的地区。秦汉时代,闽越族在福建活动。据林惠祥《中国民族史》等书中的考证,越族的生活文化特征,和当时汉族的前身华夏族不同,主要是:越族使用胶着语(一字多音),不同于华夏族的孤立语(一字一音);越族断发文身,不同于华夏族的束发;越族多食海产蛇肉,多使用石锛,有段石锛和印纹陶,不同于华夏族的多使用石斧、彩陶等。汉武帝征服闽越族后,曾把他们迁移到江淮一带居住,但有一部分仍留居在福建山区和海滨,这些留下来的闽越族后来也逐渐和汉族同化,因而分辨不出。到三国时代,福建还有"安家"族生活着。根据沉莹《临海水土志》记载:安家族分布于福建北部,和当时的"山夷"、"夷州民"(台湾高山族)相处,饮食、衣服、装饰等都极其相似,他们"悉依深山架立屋舍于楼格上",人死后"作四方函以盛尸","悬着高山岩石之间"。这和闽北崇安武夷山发现的架壑船棺相近。他们也是古代越族的一支发展下来的。唐代,在福建汀州西部一带有"木客"、"山都"(又分人都、猪都、鸟都)等少数民族。木客族主要分布在江西、湖南、广西等地。据《越绝书》、《水经注》等记载,木客族也是越王勾践时一部分越族遗留下来的。据《闽都别记》记载,宋代兴化(莆田)韩江一带还有木客族人。木客族人的体格矮小、皮肤黝黑;会砍杉枋,制作木器;有自己的语言;居住石室,有穿衣服,会做交易;有婚姻、丧葬习俗;能饮酒作诗,能歌舞、善乐器。上述这几个少数民族在今天已经绝迹。而在现今闽台区域的少数民族主要有高山族和畲族两大类。通过田野考察,可以发现分布在闽台区域的高山族和畲族至今还保持着浓郁的自身民族习俗的文体活动特色。如高山族的刺球、秋千、斗捷、顶绣球、竹摔、插竿球等,畲族的踏步舞、狮子舞、踩石球、斗牛、爬竹、畲族拳等,都带有古闽越族的痕迹。

(四)受外国体育文化的影响

闽台临海的地理位置,在宋元以后的中国历史发展中,使它成为一个具有大陆文化的"海洋性格",也成为一个广泛接受各种外来文化的海口。无论是阿拉伯文化、东南亚文化、西方文化、东洋文化,也无论是以和平贸易的方式,还是以战争的殖民的方式,或者两者兼具有之,通过坚船利炮的威逼,实现殖民化的贸易,都是从闽台(还有广东)最先跨进,然后北上,进入中国政治、经济、文化的核心地带。闽台作为异质文化进入中国的海口,同时也造就了闽台文化的开放性和兼容性。[①] 在近现代的发展中,闽台出现了一批"开眼看世界"的先进体育人士,在引进西方先进体育文化、推动闽台体育变革中发挥了重要作用。如早期引进开展羽毛球、足球、乒乓球、棒垒球等运动,以及当今体育市场运作与开发等也对中国体育的发展发挥了重要作用。

六、广阔的辐射性

闽台地区受海洋文化的影响,在地狭人众的压力下,对中原传统农业文化中安土重迁、重农轻商的观念有所偏离。他们喜爱到外地,特别是到"海外闯天下",经商致富。据统计,华侨省籍,以广东、福建为最多,"二战"以后,台湾紧随粤、闽,居全国第三位。闽台海外移民的分布甚广,包括亚洲、美洲、欧洲、大洋洲等的100多个国家和地区,其中绝大部分居住在东南亚。历史上,闽台人由于具有特别强烈的宗族和同乡观念,他们在侨居地往往聚居在一起,形成

[①] 刘登翰.中华文化与闽台社会——闽台文化关系论纲[M].福州:福建人民出版社,2002:201。

一个个小规模的华侨华人社会群体。他们纷纷建立同乡社团或宗亲团体，作为移民联谊、互助、祭祀和自治的中心。在闽台华侨华人数量较多、居住较集中的地区，中华体育文化得以在海外传播和保留。因闽台海外移民的第一代绝大多数文化层次较低，他们带到居住国的主要是中华传统体育文化，如武术、醒狮舞龙、象棋、围棋、气功、养身健身术、踩高跷、龙舟竞渡等文体项目。闽台华侨华人不仅自身保留家乡的传统风俗，而且还把其中的一些风俗习惯、中华传统体育文化传播给居住国人民。如当今在世界广为盛行的中国武术和中国养身健身术等就是例证。

第五章 体育功能

第一节 "功能"诠释

辩证唯物主义学者 H.B. 阿列克谢耶夫认为:"功能不是知识体系消极的结果。对知识体系的存在和发展来说,功能不是无关紧要的。由于发挥功能,才产生了科学哲学体系的粗放式和集约式的发展,因而,它的对象才得到越来越具体的阐明。此外,知识体系,以及它所反映的对象,只是由于发挥功能才有了意义。""功能分析可以看作进一步的,更复杂的结构分析,而功能方面成为结构方面的必要补充。"[①]不了解、不阐明事物的功能,就不能得到事物的对象、体系、结构、完整的概念。

社会学研究者彼得·德鲁克提出从功能的角度来理解社会:"除非一个社会可以给予其个体成员以社会地位和功能,而且这个社会的决定性权力是合法的权力,那么,这个社会才能被称之为功能社会。""如果社会没有赋予个体以身份和功能,那么,社会就不是社会而是一群社会原子在这个空间里漫无目的地飞舞。"[②]也就是说,世上每一事物应都有其标签和功能特性,否则,这个社会将只是一盘散沙。

科学研究者 J.D. 贝尔纳从科学发展的视角提出科学的社会功能在于:科学为我们提供了满足我们物质需要的手段,它也向我们提供了种种思想,使我们能够在社会领域里理解、协调并且满足我们的需要。除此之外,科学还能提供一些虽然并不那么具体,然而却同样重要的东西:它使我们对未经探索的未来可能性抱有希望,它给我们一种鼓舞力量。这种力量正慢慢地且稳稳当当

---

① 仓道来等译. H.B. 阿列克谢耶夫著. 辩证唯物主义的对象、结构和功能[M]. 北京:北京大学出版社,1987:192。

② 曾琳译. 彼得·德鲁克著. 功能社会[M]. 北京:机械工业出版社,2009:XV。

地变成左右现代思想和活动的主要力量。① 这就是说社会物质和精神财富的创造,对社会发展前程的预测都得益于科学的社会功能的发挥。

另有不同的学科,从不同的视角对其概念、属性、作用进行阐述。有以帕森斯、墨顿等人为代表的强调社会系统的整合、统一、均衡的结构功能主义学派和以达伦多夫、米尔斯等人为代表的批判结构功能主义的冲突学派;② 有强调社会各部分协同合作的功能主义理论与实践;有对功能分析的研究认为,功能分析乃指"由生物科学的创始,经由社会人类学及社会学的发展,而渐渐影响到整个社会科学的一种理论模式";③ 有"超越功能论";有对"功能论"、"冲突论"、"交换论"的释义;有对"功能域"的研究;有论及"社会科学的功能";有功能主义理论在体育社会学研究、宏观体育社会学和微观体育社会学中的应用尝试等等。研究对功能的效用有较为集中的共识,"功能论者的论述强调了正面功能预期、宏观社会结构、历史文化背景这三个重要因素"。④ 当今社会科学界从功能的客观存在、不同学派对功能以及功能所面临的诸多要素关系的拟合和功能在社会发展中的正面作用中,高度概括了对"功能"的释义:事物或方法所发挥的有利作用。⑤ 不言而喻,功能是事物所具有的或方法所产生的有利作用的一方面。

第二节 体育诸论

体育及隶属体育学科的竞技运动、体质健康、休闲娱乐、文化教育、身体练习、社会管理、体育产业、媒介传播等等,有不同的学科。如哲学、体育学、社会学、历史学、教育学、心理学、人体运动科学、经济学、传播学等领域,根据自身的特点加以阐述,从不同视角展现了体育的内涵与外延。

---

① 陈体芳译.J. D. 贝尔纳著.科学社会的功能[M].桂林:广西师范大学出版社,2003:475。

② 王谦.科塞——功能论与冲突论的调和者[J].牡丹江大学学报,2011,20(7):29。

③ 李智.论功能分析法在公共行政研究中的应用理论与实践[J].理论月刊,2011(8):75。

④ 梁海宏.社会分层的功能论、冲突论、交换论——解释及其综合[J].社会,2001(2):8~10。

⑤ 中国社会科学院语言研究所词典编辑室编.现代汉语词典[M].北京:商务印书馆,1987:382。

——关于体育的起源,历史唯物主义和辩证唯物主义为我们解释这一难题提供了有力的思想武器。"体育经历了漫长的历史进程。在这个过程中,发生了三次质的变化……在促使动物动作转化为人的动作、自然动作转化为身体练习动作的过程中,生产劳动起着决定性作用,人的其他社会实践——社群生活和宗教、艺术、军事生活等,对身体练习和竞技的规范化、系统化也发挥了重要的作用。"[1]

——体育的起源也伴随着竞技运动的发生。"身体练习活动的进一步发展,演化出竞技运动的活动形式。""各种同样性质的活动形式被人类不断加以分类、提炼、总结,并作为特定的身体活动形式而被综合运用。结果,大量多功能、多目的的动作出现了,它们不仅能更加有效地形成劳动过程所必需的种种身体素质,而且能更大限度地展现人的体能,因而为人的相互间的体能比较提供了可能。正是在这种情况下,产生了经分胜负为特点的竞技运动。"[2]

——体育人类学把体育放在人类进化的历史长河中加以考察,研究范围涉及体育的演变过程,体育的社会文化背景,体育对社会的影响,体育与文化变迁,体育与社会变化的关系,体育与人的身心发展和健康的关系,体育的人种、民族、地域、时代特征,体育与人类进化的关系,人类的体育行为,等等。[3]

——生理学认为:运动练习的形式很多,主要有田径、体操、球类、武术、游泳等。所有这些运动练习,无论对儿童少年、成年人和老年人都有积极作用,能促进生长发育,增强体质,增进健康和延年益寿。[4]

——康复医学认为:医疗体育是康复医学的重要手段和方法。医疗体育是一种主动疗法,也是一种全身疗法和自然界疗法。医疗体育能提高中枢神经系统的调节机能,增强生理防御机制,恢复内在平衡,提高防病治病的能力;改善血液循环和新陈代谢,加速疾病痊愈,有助于健康的恢复;维持和恢复机体的正常功能;发展身体代偿功能,增强机体免疫防卫系统。[5]

——心理学从认识过程、情感和意志、注意及分配、个性特征等提出运动竞赛对人能产生高度的紧张性、强烈的竞争性、潜能的开发性、环境的适应性等特点。[6]

---

[1] 郝勤主编.体育史[M].北京:人民体育出版社,2006:12。
[2] 杨振东主编.竞技运动史[M].北京:人民体育出版社,1990:6。
[3] 席焕之.体育人类学[M].北京:北京体育大学出版社,2002:20~21。
[4] 杨静宜,戴红.体疗康复[M].北京:北京体育大学出版社,1996:28~30。
[5] 杨静宜,戴红.体疗康复[M].北京:北京体育大学出版社,1996:28~30。
[6] 体育学院通用教材.运动心理学[M].北京:人民体育出版社,1998:313~314。

——"体适能"推广者定义体能是"以旺盛的精力来执行每天的事务而没有过度的疲劳;以充足的活力去享受闲暇时间的各种休闲,并能适应各种突发情况"。日本以体力表述"体适能",认为:"体力是人体和精神的能力,是人类生存和活动的基础;体力不仅表现在运动能力和工作能力上,也表现在对疾病的抵抗力和环境的适应能力。"①

——体育社会学研究认为:在社会走向现代化的过程中,体育所起的作用越来越为人们重视。它既是社会现代化的组成部分和标志之一,也是社会走向现代化的一个重要的推动力。体育是现代教育的组成部分;体育维护了社会健康;体育参与了企业文化的建设;体育推动了城市建设的现代化;体育推动了高科技的发展。②

——教育学研究认为:"体育是全面发展教育的重要组成部分之一。""广义的体育包括身体锻炼的教育和卫生保健教育两个方面。前者侧重于学生机体的培育,后者侧重学生机体的保护。""狭义的体育是指身体锻炼或体育运动的教育而言。学校必须同时做好体育和卫生保健两方面的工作。其指导思想应该是以增强学生体质为主,以面向全体学生普及为主,以经常锻炼为主和以预防保健为主。"③

——学校教育工作者认为:学校体育是教育的重要组成部分,它与德育、智育、美育等有机统一,相互配合,促进学生的全面发展和健康成长。发展教育、振兴体育,使学校体育走上科学化、规范化的轨道,充分发挥体育在学校教育中的全方位、多功能塑造高素质人才的作用,以适应社会发展和素质教育的需要,是教育界和体育界不断探索的课题。④

——体育管理学的产生,首先,由于体育事业的迅速发展,要求以科学的管理取代过去的传统管理和经验管理;其次,由于现代科学技术的进步为体育的科学管理提供了可能;再次,现代企业管理理论线性方法进展很快,并取得了巨大成效,为体育学者提供了很多借鉴,于是科学管理的理论被引进到体育管理中来,促进了体育管理学的产生与发展。⑤

---

① 邓树勋,王健.高级运动生理学[M].北京:高等教育出版社,2003:219。
② 卢元镇.中国体育社会学[M].北京:体育体育大学出版社,1996:41~42。
③ 王道俊,王汉澜.教育学[M].北京:人民体育出版社,2004:445。
④ 邵伟德.学校体育学——理论与教改探索[M].北京:北京体育大学出版社,2002:18。
⑤ 王德炜主编.体育管理学:原理与方法[M].北京:人民体育出版社,2009:12。

——美学学者为体育运动的美感的呈现给予一点启示,认为:不仅要研究人在体育运动中的美的表现和发展的规律,而且还要研究人对美的观点(美感、审美意识)在体育运动中的反映和表现形式。①

——素质教育研究学者从生物和教育的视野来阐述体育的特点,认为:随着现代社会的发展,体育的多向性功能不断被发掘应用,已在众多的领域中体现本身更多的独到之处。体育的出发点和归宿都以养护人体为宗旨:一是使受教育者掌握体育运动知识,培养运动技能,增强体质的辩证统一过程;二是身体活动与思维活动密切结合的过程;三是培养受教育者良好体育运动习惯的过程。②

——以传播学理论为指导,研究、探索和阐述体育信息在传播过程中的方法、程序、特点和规律,采用先进手段,创造良好环境,提高传播效果,推进体育的不断发展,具有鲜明广泛性、交融性和指导性等特点的新兴边缘学科体育传播学科应运而生。

——体育市场经济研究学者面对如火如荼的体育职业化、商业化、产业化的发展趋势,认为:"体育运动原本的确不是市场。体育运动融入经济并形成市场只是特定社会形态在特殊时期的特别经济和社会现象。""体育是生活方式、体育是生活质量、体育是社会文化等对体育运动更为宽泛的理解已成为大多数民众的共识和选择。"③"体育运动在全世界范围内都是对国民教育、国民素质、国家经济增长和就业、税收等多方面举足轻重的行业。在全球一体化经济的进程中,体育也不可避免地卷入经济圈,在经济发展的进程中扮演着不可或缺的角色。"④

——体育赞助也能最集中、最充分地体现了赞助的所有特点和功能,对企业而言,体育赞助具有十大功能,即扩大企业和品牌的知名度;美化企业和品牌形象;使商品差异化而鹤立鸡群;有针对性地与目标顾客沟通;突显赞助者的实力地位;时间长而又省钱;明星效应,威力无穷;绕过某些沟通障碍;展示产品及先进技术;激励本企业的职工。⑤

---

① 黄建荣.体育美学教程[M].广州:广东人民出版社,1989:4。
② 陈少坚,兰润生.素质教育与体育教育实习[M].厦门:厦门大学出版社,2004:21~22。
③ 耿力中.体育市场——策略与管理[M].北京:人民体育出版社,2003:3~4。
④ 耿力中.体育市场——策略与管理[M].北京:人民体育出版社,2003:19。
⑤ 蔡俊五,赵长杰.体育赞助—双赢之策[M].北京:人民体育出版社,2001:21~34。

——社会学研究认为：体育人文和社会学学科是研究体育运动中各种社会功能、社会现象、发展规律及其与社会的相互关系的学科，包括体育哲学、体育史学、体育人类学、体育社会学、体育法学、体育传播学、体育管理学、体育经济学等。这些学科是把体育作为一种与社会各方面都有着极为密切联系的社会文化现象，研究体育与其他社会现象之间的相互关系，研究体育与人的社会行为、社会观念的关系，以及体育运动的结构、功能、发展动力和制约因素。[①]

——体育学学者总结了各相关领域对体育的产生、发展、嬗变及其在社会发展中的作用的研究和根据体育固有的特点对体育的内涵与外延有着较为系统的考证：从社会根源和体育产生的动因论述了体育的产生与发展；从现代社会的需求论述现代社会与体育；从案例实证体育与其他社会活动之间的关系；提示体育存在着多种功能；辨析体育的基本概念、体育与体育科学的区别与联系；阐述体育的目的、任务、手段，组织机构运行，国际体育与体育发展，等等。[②]

——体育是一项事业，无论是发达国家还是发展中国家，大多数都在政府部门中设立了主管体育的部门或专门机构。就体育在新中国的社会发展而言，中华人民共和国体育法[③]从立法上展现了国家发展体育事业的决心，国家体育组织机构的职能，国家对各族人民、各年龄群体和社会体育、学校体育、竞技体育、国际体育、体育团体等等的体育社会发展的要求，肯定了体育在社会发展中的作用，制定并颁发了持续发展国家体育事业的法律保障。

附：

中华人民共和国体育法

中华人民共和国体育法
全国人民代表大会
中华人民共和国体育法
中华人民共和国主席令（八届第55号）

[①] 陈必滔.社会科学概览[M].北京：社会科学文献出版社，2011：z396
[②] 曹湘君.体育概论[M].北京：北京：人民体育出版社，1997。
[③] 中华人民共和国体育法.http://www.people.com.cn/item/flfgk/rdlf/1995/111603199502.html。

《中华人民共和国体育法》已由中华人民共和国第八届全国人民代表大会常务委员会第十五次会议于 1995 年 8 月 29 日通过，现予公布，自 1995 年 10 月 1 日起施行。

中华人民共和国主席 江泽民

1995 年 8 月 29 日

目　录

第一章　总　则
第二章　社会体育
第三章　学校体育
第四章　竞技体育
第五章　体育社会团体
第六章　保障条件
第七章　法律责任
第八章　附则

第一章　总　则

第一条　为了发展体育事业，增强人民体质，提高体育运动水平，促进社会主义物质文明和精神文明建设，根据宪法，制定本法。

第二条　国家发展体育事业，开展群众性的体育活动，提高全民族身体素质。体育工作坚持以开展全民健身活动为基础，实行普及与提高相结合，促进各类体育协调发展。

第三条　国家坚持体育为经济建设、国防建设和社会发展服务。体育事业应当纳入国民经济和社会发展计划。

国家推进体育管理体制改革。国家鼓励企业事业组织、社会团体和公民兴办和支持体育事业。

第四条　国务院体育行政部门主管全国体育工作。国务院其他有关部门在各自的职权范围内管理体育工作。

县级以上地方各级人民政府体育行政部门或者本级人民政府授权的机构主管本行政区域内的体育工作。

第五条　国家对青年、少年、儿童的体育活动给予特别保障，增进青年、少年、儿童的身心健康。

第六条　国家扶持少数民族地区发展体育事业，培养少数民族体育人才。

第七条　国家发展体育教育和体育科学研究，推广先进、实用的体育科学技术成果，依靠科学技术发展体育事业。

第八条　国家对在体育事业中做出贡献的组织和个人，给予奖励。

第九条　国家鼓励开展对外体育交往。对外体育交往坚持独立自主、平等互利、相互尊重的原则，维护国家主权和尊严，遵守中华人民共和国缔结或者参加的国际条约。

第二章　社会体育

第十条　国家提倡公民参加社会体育活动，增进身心健康。

社会体育活动应当坚持业余、自愿、小型多样，遵循因地制宜和科学文明的原则。

第十一条　国家推行全民健身计划，实施体育锻炼标准，进行体质监测。

国家实行社会体育指导员技术等级制度。社会体育指导员对社会体育活动进行指导。

第十二条　地方各级人民政府应当为公民参加社会体育活动创造必要的条件，支持、扶助群众性体育活动的开展。

城市应当发挥居民委员会等社区基层组织的作用，组织居民开展体育活动。

农村应当发挥村民委员会、基层文化体育组织的作用，开展适合农村特点的体育活动。

第十三条　国家机关、企业事业组织应当开展多种形式的体育活动，举办群众性体育竞赛。

第十四条　工会等社会团体应当根据各自特点，组织体育活动。

第十五条　国家鼓励、支持民族、民间传统体育项目的发掘、整理和提高。

第十六条　全社会应当关心、支持老年人、残疾人参加体育活动。各级人民政府应当采取措施，为老年人、残疾人参加体育活动提供方便。

第三章　学校体育

第十七条　教育行政部门和学校应当将体育作为学校教育的组成部分，培养德、智、体等方面全面发展的人才。

第十八条　学校必须开设体育课，并将体育课列为考核学生学业成绩的科目。

学校应当创造条件为病残学生组织适合其特点的体育活动。

第十九条　学校必须实施国家体育锻炼标准，对学生在校期间每天用于体育活动的时间给予保证。

第二十条　学校应当组织多种形式的课外体育活动，开展课外训练和体育竞赛，并根据条件每学年举行一次全校性的体育运动会。

第二十一条　学校应当按照国家有关规定，配备合格的体育教师，保障体育教师享受与其工作特点有关的待遇。

第二十二条　学校应当按照国务院教育行政部门规定的标准配置体育场地、设施和器材。

学校体育场地必须用于体育活动，不得挪作他用。

第二十三条　学校应当建立学生体格健康检查制度。教育、体育和卫生行政部门应当加强对学生体质的监测。

第四章　竞技体育

第二十四条　国家促进竞技体育发展，鼓励运动员提高体育运动技术水平，在体育竞赛中创造优异成绩，为国家争取荣誉。

第二十五条　国家鼓励、支持开展业余体育训练，培养优秀的体育后备人才。

第二十六条　参加国内、国际重大体育竞赛的运动员和运动队，应当按照公平、择优的原则选拔和组建。具体办法由国务院体育行政部门规定。

第二十七条　培养运动员必须实行严格、科学、文明的训练和管理，对运动员进行爱国主义、集体主义和社会主义教育，以及道德和纪律教育。

第二十八条　国家对优秀运动员在就业或者升学方面给予优待。

第二十九条　全国性的单项体育协会对本项目的运动员实行注册管理。经注册的运动员，可以根据国务院体育行政部门的规定，参加有关的体育竞赛和运动队之间的人员流动。

第三十条　国家实行运动员技术等级、裁判员技术等级和教练员专业技术职务等级制度。

第三十一条　国家对体育竞赛实行分级分类管理。

全国综合性运动会由国务院体育行政部门管理或者由国务院体育行政部门会同有关组织管理。

全国单项体育竞赛由该项运动的全国性协会负责管理。

地方综合性运动会和地方单项体育竞赛的管理办法由地方人民政府制定。

第三十二条　国家实行体育竞赛全国纪录审批制度。全国纪录由国务院体育行政部门确认。

第三十三条　在竞技体育活动中发生纠纷，由体育仲裁机构负责调解、仲裁。

体育仲裁机构的设立办法和仲裁范围由国务院另行规定。

第三十四条　体育竞赛实行公平竞争的原则。体育竞赛的组织者和运动员、教练员、裁判员应当遵守体育道德，不得弄虚作假、营私舞弊。

在体育运动中严禁使用禁用的药物和方法。禁用药物检测机构应当对禁用的药物和方法进行严格检查。

严禁任何组织和个人利用体育竞赛从事赌博活动。

第三十五条　在中国境内举办的重大体育竞赛，其名称、徽记、旗帜及吉祥物等标志按照国家有关规定予以保护。

第五章　体育社会团体

第三十六条　国家鼓励、支持体育社会团体按照其章程，组织和开展体育活动，推动体育事业的发展。

第三十七条　各级体育总会是联系、团结运动员和体育工作者的群众性体育组织，应当在发展体育事业中发挥作用。

第三十八条　中国奥林匹克委员会是以发展和推动奥林匹克运动为主要任务的体育组织，代表中国参与国际奥林匹克事务。

第三十九条　体育科学社会团体是体育科学技术工作者的学术性群众组织，应当在发展体育科技事业中发挥作用。

第四十条　全国性的单项体育协会管理该项运动的普及与提高工作，代表中国参加相应的国际单项体育组织。

第六章　保障条件

第四十一条　县级以上各级人民政府应当将体育事业经费、体育基本建设资金列入本级财政预算和基本建设投资计划，并随着国民经济的发展逐步增加对体育事业的投入。

第四十二条　国家鼓励企业事业组织和社会团体自筹资金发展体育事业，鼓励组织和个人对体育事业的捐赠和赞助。

第四十三条　国家有关部门应当加强对体育资金的管理，任何组织和个人不得挪用、克扣体育资金。

第四十四条　县级以上各级人民政府体育行政部门对以健身、竞技等体育活动为内容的经营活动，应当按照国家有关规定加强管理和监督。

第四十五条　县级以上地方各级人民政府应当按照国家对城市公共体育设施用地定额指标的规定，将城市公共体育设施建设纳入城市建设规划和土地利用总体规划，合理布局，统一安排。

城市在规划企业、学校、街道和居住区时，应当将体育设施纳入建设规划。

乡、民族乡、镇应当随着经济发展，逐步建设和完善体育设施。

第四十六条　公共体育设施应当向社会开放，方便群众开展体育活动，对学生、老年人、残疾人实行优惠办法，提高体育设施的利用率。

任何组织和个人不得侵占、破坏公共体育设施。因特殊情况需要临时占用体育设施的，必须经体育行政部门和建设规划部门批准，并及时归还；按照城市规划改变体育场地用途的，应当按照国家有关规定，先行择地新建偿还。

第四十七条　用于全国性、国际性体育竞赛的体育器材和用品，必须经国务院体育行政部门指定的机构审定。

第四十八条　国家发展体育专业教育，建立各类体育专业院校、系、科，培养运动、训练、教学、科学研究、管理以及从事群众体育等方面的专业人员。

国家鼓励企业事业组织、社会团体和公民依法举办体育专业教育。

第七章　法律责任

第四十九条　在竞技体育中从事弄虚作假等违反纪律和体育规则的行为，由体育社会团体按照章程规定给予处罚；对国家工作人员中的直接责任人员,依法给予行政处分。

第五十条 在体育运动中使用禁用的药物和方法的,由体育社会团体按照章程规定给予处罚;对国家工作人员中的直接责任人员,依法给予行政处分。

第五十一条 利用竞技体育从事赌博活动的,由体育行政部门协助公安机关责令停止违法活动,并由公安机关依照治安管理处罚条例的有关规定给予处罚。

在竞技体育活动中,有贿赂、诈骗、组织赌博行为,构成犯罪的,依法追究刑事责任。

第五十二条 侵占、破坏公共体育设施的,由体育行政部门责令限期改正,并依法承担民事责任。有前款所列行为,违反治安管理的,由公安机关依照治安管理处罚条例的有关规定给予处罚;构成犯罪的,依法追究刑事责任。

第五十三条 在体育活动中,寻衅滋事、扰乱公共秩序的,给予批评、教育并予以制止;违反治安管理的,由公安机关依照治安管理处罚条例的规定给予处罚;构成犯罪的,依法追究刑事责任。

第五十四条 违反国家财政制度、财务制度,挪用、克扣体育资金的,由上级机关责令限期归还被挪用、克扣的资金,并对直接负责的主管人员和其他直接责任人员,依法给予行政处分;构成犯罪的,依法追究刑事责任。

第八章 附则

第五十五条 军队开展体育活动的具体办法由中央军事委员会依照本法制定。

第五十六条 本法自1995年10月1日起施行。

第三节 体育在相关领域的功能显露

体育的领域功能指体育在各相关领域的功能呈现。具体指体育在某一领域里,融合了该领域的特性,呈现对该领域的发展有着积极作用的功能。

体育诸论拓展了我们观察体育内涵与外延的视野,给予体育概念一个宽泛的、跨学科的社会需求评价基础,在此基础上,体育学的研究对体育的概念有了一个更为集中的认同,即体育(广义的,亦称体育运动)指以身体练习为基本手段,以增强体质,促进人的全面发展,丰富社会文化生活和促进精神文明为目的的一种有意识、有组织的社会活动。它是社会文化的一部分,其发展受一定社会的政治、经济的制约,也为一定社会的政治和经济服务。① 广义的体育由竞技体育、狭义体育(也称体育教育或身体教育)、身体锻炼和身体娱乐等三部分组成。有关研究进一步表明体育的本质是:"体育是以身体运动为基本手段,为增强体质、完善人体的教育过程"。②

从以上对体育概念和体育本质的释义中,我们不难发现体育是因身体发展的需要应运而生,我们可以进一步推断体育的发生和发展,其固有的研究领域必然是生物学领域。为了便于区分体育的功能特性,在这里,我们把生物学领域称之为体育的本体(本源)性领域,在该领域所能展现的功能称之为体育的本体(本源)性功能。由此也推出与之相关和体育的非本体(非本源)性领域和体育的非本体(非本源)性功能。

一、本体(本源)与非本体(非本源)

关于本体(本源),哲学研究表明本体(本源)事物是人类哲学思想认识活动的结果和对象,是人类通过哲学思想认识活动产生出来的。"本"的含义是植物的根,其引申义是事物的本源或来源;"体"的含义是事物的身体或形体;"本体"和中国古代哲学家老子在《道德经》中说的"道"具有基本相同的含义,"本体"和"道"都指具有产生能力的事物本源、事物来源、事物根源。③ 显而易见,本体是突出个体的特性,是物体本身的性质,就是最初最原始的属性。

关于非本体(非本源),哲学研究也表明,非本体(非本源)事物是人类思想

---

① 全国体育学院教材委员会审定.体育概论[M].北京:人民体育出版社,2002:18~19。

② 本书编写组.我国体育科学研究与发展趋势[M].北京:人民体育出版社,1998:392。

③ 张建民.人类的思想认识活动是天地万物的本体或本源[J].http://blog.cntv.cn/10868657-3109222.html。

认识活动的对象和结果,是人类通过各种具体形式的思想认识活动产生出来的。[①] 也可以理解为"本体"是受"各种具体形式"的影响的认识活动的对象和结果。从这一点讲,非本体体现了个体在社会中的特性,是从"本体"延伸出来的东西。本体(本源)事物和非本体(非本源)事物都从属于事物,是事物的两种对立统一的具体存在和表现形式,[②] 是自然属性与社会属性的关系。本体(本源)事物和非本体(非本源)事物无时不在,无处不有,已见于多个研究领域所发表的见解。

海德格尔在其著名的《艺术作品的本源》一文里说:"本源一词在这里指的是,一件东西从何而来,通过什么它是其所是并且如其所是……某件东西的本源乃是这东西的本质之源。"(孙周兴译,1997)

"人的本源性主要泛指人本身固有的特征属性。"(余伟,2012)"对身体理论的研究为我们重新发现和认识身体进而重新理解和认识体育的本体功能提供了丰富的理论资源。"(李传奇,2010)

"地球上有了人类,就有了思想,思维的本源是信仰。"(伊光编译,2008)

"'本源性'的教学方法则指以启发式和引导式启发学生的辩证思维与行动方式,以提高学生的语文素质。语文教育的目的在于提高学生的语言文化素质,然而事实上我们往往偏离这一'本源性'的目的。"(林东源,2000)

"中国传统文化作为中国体育文化形成的本源,其丰富的内涵和特质对体育文化产生了深远的影响。"(芦平生,1995)

"面对日益复杂的当代社会生活变化,面对时尚化、娱乐化、媒介化、商品化、技术化、全球化等社会文化现象,我们应该处理好全球境域与本土资源、传统艺术形态与技术文化形态、人文关怀与时尚潮流的关系,营造一种共生互动的文化生态环境。毫无疑问,寻求绘画表达的精神性这一关系到绘画本源性的难题,还有漫长而艰辛的路要走。"(韦尔申,2012)

"从本源上来看,在风险投资行业发展的进程中,风险资本投资阶段后移更主要的原因应该说是来自自身方面的特点。"(陈琰、黄丙志,2010)

"今天中国面临的传播学的学术挑战是一个二元命题:既有技术扩散与社会转型的复杂角色冲突,更有源于研究对象的本土性所提出的本体论意义上

[①] 张建民. 人类的思想认识活动是天地万物的本体或本源[J]. http://blog.cntv.cn/10868657-3109222.html。

[②] 张建民. 人类的思想认识活动是天地万物的本体或本源[J]. http://blog.cntv.cn/10868657-3109222.html。

的挑战,即现代性的挑战。"(陈卫星,2011)

"本体性知识就是学科知识,条件性知识就是教育理论,实践性知识就是教学经验。"(曹培英,2006)

探讨合作学习的本源性表明:"凡是合作学习开展得好的教师,都十分注意以科学的学习方法引领学生,并辅之以深入细致的合作思想渗透。合作学习是叶,合作思想是根。"(张素兰,2008)

"语文教育的'本源性'的目的是提高学生的语言文化素质,而'本源性'的教学方法则指以启发式和引导式启发学生的辩证思维与行动方式,以提高学生的语文素质。"(林东源,2000)

"在社会道德生活中,人性问题,作为道德的一般、必须、本质,先在地预设了道德的具体、个别和可能。这不是唯心主义的主观臆定,而是人类存在的普遍性、一般性对道德问题的本源性规定。它既是一种客观的、现实的先在性条件,又是道德问题的逻辑前提。"(吴沁芳,2002)

"我认为事物就是哲学追问的存在、本体和本源,各种哲学问题都可以还原为'事物是什么?'、'事物是如何发生的?'的这两个元哲学问题,哲学本体论是关于'事物是什么?'这个问题的理论,哲学认识论是关于'事物是如何发生的?'这个问题的理论。"(张建民,2009)

"所谓文学史的本体性,这里是指文学之所以为文学的质的规定性,不只是承认文学的特质是其文学性或审美性,也承认文学的演变有自身的规律性,并形成了独立或特异的审美文学系统;虽然文学的生成和发展离不开外在的系统或背景或语境所提供的条件,但是这些客观条件能否转化为文学生长或演化的内在动力,关键取决于文学本身是不是吸纳它或接受它,所以文学自身的内在机制才是其发生或成长的决定性因素。由此可以说,回到文学本身来评论文学或书写文学史,就是由外部研究转向内部研究,这是对文学本体性和独立系统及其自身规律的尊重,也是对文学史本来面目的洞察。"(朱德发,2011)

"现象学阐释为自己提供了一种阐释的深度标准。这种标准不是外在的某种'根据'或'本质',而是在阐释的过程中,让本源性的现身状态显现为具有内在必然性的本源性在'此'存在,从而昭示了阐释是现象学的自身显现自身的过程。现象学运思方式所开启的'让事情自身显现自身'的本源性之路。"(戴月华,1999)

"正如林崇德先生说:'教师的本体性知识一定要有,但达到一定水平即可,多了对教师的教学并不起作用;实际上本体性知识以外的广博知识和教学

技巧,对其取得最佳的教学效果,具有与本体性知识同等重要的意义。'"(刘文艺引,2001)

纵览以上多学科对本体(本源)、非本体(非本源)的论述,我们可以发现,所谓本体(本源),较为认同的观点是指事物的自然属性,是人类通过哲学思想认识活动产生出来的,系指事物来源、事物根源;所谓非本体(非本源),同样认同的观点是指事物的社会属性,系指本体受各种具体形式的影响的认识活动的对象和结果。本体(本源)事物和非本体(非本源)事物都从属于事物,是事物的两种对立统一的具体存在和表现形式,是自然属性与社会属性的关系。这就清楚地告诉我们,体育的本体(本源)性研究领域是生物学领域;体育的非本体(非本源)性研究领域是体育的本体(本源)性研究领域以外的与体育有关和研究领域,如政治、经济、文化、教育、宗教等等。

二、体育的本源性领域功能

生物学是研究生物的结构、功能、发生和发展规律的科学,包括动物学、植物学、微生物学、古生物学等,[①]它属于自然科学。体育的本体(本源)性研究领域是生物学领域,那么,体育在生物学领域所能展现的功能就是体育的本体(本源)功能。

生物学领域对人体在体育运动的影响下的机能活动变化规律的研究已有完整的体系,对不同对象、视角、层次、维度、条件的实验反馈、实践检验,已有系统翔实的报道。在这些典籍文献的字里行间,我们可以对体育在本体(本源)性生物学领域的功能进行梳理和进一步的推断、提炼,以求对体育的生物学领域功能有一个较为客观的阐述。

(一)完善人体的基本构筑和器官、系统结构的功能

适宜的体力活动,可以影响人体结构,使之朝向健康方面发展。[②] 运动解剖学的研究已涉及骨、肌肉、神经、内脏、心血管等方面。

——长期从事科学的运动训练,可使骨密质增厚,骨径变粗,骨面肌肉附

---

① 中国社会科学院语言研究所词典编辑室编.现代汉语词典[M].北京:商务印书馆.1987:1027。

② 全国体育学院教材委员会审定.运动解剖学[M].北京:人民体育出版社,1996:1。

着处突起明显,骨小梁的排列依张力和压力的变化更加清晰而有规律,[1]有利于骨维持正常的矿物质代谢,提高了骨在坚固、抗折、抗压缩和抗扭转方面的性能。

——体育锻炼能使骨关节面骨密质增厚,从而承受更大的负荷;可以使肌腱和韧带增粗,胶原含量增加,单位体积内细胞增加;使关节周围肌肉力量增强,提高关节的稳固性。通过系统的柔韧性练习则可以增加关节囊周围肌腱、韧带和肌肉的伸展性练习,使力量与柔韧性同时得到相应的发展。[2]

——体育运动能使肌肉体积增大,肌纤维中线粒体数目增多、体积增大,肌纤维周围毛细血管增多,肌肉内肌糖元、肌球蛋白、肌动蛋白、肌红蛋白、水分的含量等均增加,使肌肉的有氧能力得到加强。[3]

——适宜的体育运动对促进消化系统的发展,呼吸系统的肺组织功能和泌尿系统的肾功能有积极的影响。

——长期坚持适宜的体育锻炼或训练,可使心脏的重量和体积增大,心肌纤维增粗,其内所含收缩蛋白和肌红蛋白增多,有利于保证心脏的能量供应,有利于心肌组织的氧气和能源物质的供应,有利于心功能与代谢的增强。体育锻炼可使脉管壁中膜增厚,弹性纤维和平滑肌增厚,血管壁的弹性增强,搏动有力,有利于血液流动。体育运动还可以改良毛细血管在器官内的分布和数量。[4]

——长期坚持体育锻炼可以提高神经系统的调节能力,改善神经过程的灵活性和均衡性,增强神经系统的功能,对增强体质、促进智力发育及预防衰老均有积极意义。[5]

---

[1] 全国体育学院教材委员会审定.运动解剖学[M].北京:人民体育出版社,2000:45。

[2] 全国体育学院教材委员会审定.运动解剖学[M].北京:人民体育出版社,2000:51。

[3] 全国体育学院教材委员会审定.运动解剖学[M].北京:人民体育出版社,2000:106~107。

[4] 全国体育学院教材委员会审定.运动解剖学[M].北京:人民体育出版社,2000:246~247。

[5] 全国体育学院教材委员会审定.运动解剖学[M].北京:人民体育出版社,2000:312~313。

(二)改良机体机能的功能

——长期系统的运动训练对人体各器官、系统的机能水平会产生影响。运动训练对骨骼的影响主要表现在骨密度(BMD)的变化方面。运动可能对受刺激部位的骨骼产生局部影响。运动对肌肉的影响是通过肌肉的物质消耗、结构损伤、修复和再生等过程使肌肉在结构和收缩力量等方面出现超量恢复,从而促进肌肉功能性肥大和肌肉力量增加。[1]

——运动可动员贮存的血液,增加循环血量;可使运输氧和二氧化碳的红细胞增加;使血小板黏附率与聚集率增加,这一变化对血管微细损伤的修复和通透性的调节等具有十分重要的作用;系统长期的运动能使血液纤溶能力保持在正常范围,并不至于因年龄的增长而下降。[2] 运动还能使窦性心动徐缓、运动性心脏增大和改善心血管机能,表现为:心肌收缩和心脏泵血功能得以提高,每搏输出量明显高于普通人,心力贮备也大大提高。运动员在安静状态下其机能系统表现出自身特征,在总体上体现出经济实用的能量节省化。[3]

——有训练者的肺容量的各个成分(主要是深吸气、补吸气)都比无训练者大,这是呼吸功能良好适应运动训练的结果。[4] 呼吸运动的节律和呼吸深度能很快适应运动形式。

——运动员在机能动员、完成定量负荷和最大负荷时的机能变化与一般人相比有明显的区别,表现为:各系统的机能进入工作状态阶段短,极点症状反应较小,能较快地进入稳定状态;参与运动的肌群协调性和节奏感好。完成同样的负荷,运动员肌肉活动的程度较小,主动肌、协同肌和对抗肌能较好地协同工作。[5]

总之,长期系统的运动训练能使运动员机体机能对运动产生适应性变化,

---

[1] 全国体育学院教材委员会审定.运动生理学[M].北京:人民体育出版社,2010:355~356。

[2] 全国体育学院教材委员会审定.运动生理学[M].北京:人民体育出版社,2010:59~69。

[3] 全国体育学院教材委员会审定.运动生理学[M].北京:人民体育出版社,2010:375。

[4] 全国体育学院教材委员会审定.运动生理学[M].北京:人民体育出版社,2010:135。

[5] 全国体育学院教材委员会审定.运动生理学[M].北京:人民体育出版社,2010:357。

与一般人相比,表现在安静状态机能水平较低,开始运动时机能动较快;定量运动负荷时机能变化幅度较小,最大运动负荷时机能水平较高以及运动后机能恢复较快等。[1]

(三)挖掘人体运动潜能,促进各类身体素质的提高的功能

人体对于环境有着很强的适应能力。外部加于人体的负荷,能引起人体功能的改变,使之更好地承受外部的负荷,这就是机体对训练负荷的生物适应现象。负荷的量度越大,对机体的刺激越深,所引起的应激也越强烈,机体产生的相应的变化也就越明显,人体竞技能力提高的也越快[2]。因此,科学的运动训练能最大限度地挖掘机体运动潜能,促进各类身体素质的提高,优化先天遗传基因并结合后天的训练,有效地发展人的综合竞争能力。

(四)预防疾病的医务辅助功能(从体育保健论述)

世界卫生组织(WHO)发表报告,指出适量规律的体育锻炼至少有以下好处。[3]

- 减少过早死亡。
- 减少心血管病的死亡,全世界1/3的死亡是由心血管病引起的。
- 将Ⅱ型糖尿病和直肠癌发病危险减少50%。
- 帮助预防和减少高血压病,世界1/5的人口受该病的影响。
- 帮助预防和减少骨质疏松征的发生,可将妇女骨质疏松症的发病率减少50%。
- 减少背部下部疼痛发生的危险。
- 促进心理健康,减少抑郁症、强迫症和孤独感的发生。
- 帮助预防控制不良习惯,特别是对儿童和年轻人,可帮助他们远离烟草、酒精、药品滥用以及不健康的饮食习惯和暴力。

---

[1] 全国体育学院教材委员会审定.运动生理学[M].北京:人民体育出版社,2010:358。

[2] 全国体育学院教材委员会审定.运动训练学[M].北京:人民体育出版社,2000:15。

[3] 姚鸿恩.体育保健学[M].北京:高等教育出版社,2006:15。

- 帮助控制体重,与久坐少动的人相比,肥胖发生率可降低 50%。
- 帮助强健筋骨、肌肉和关节,使有慢性疾患及残疾的人改善其耐久力。
- 帮助减轻疼痛,如背部疼痛和膝部疼痛。

医疗体育是身体康复的主要手段。医疗体育主要通过对运动器官的体疗康复来使伤病者和残疾者在身体功能上、精神上和职业上得到康复,并回归社会。属于主动疗法的体疗是积极的,是其他方法所不能代替的,是世界卫生组织预防与康复专家委员会提倡的[1]。医疗体育可通过恢复肌肉力量、关节活动幅度对运动器官创伤、运动器官疾病、长期卧床病人和神经系统疾病病人进行康复治疗。

(五)培养心理品质,促进身心合一的功能

心理学的首要任务是研究心理现象对客观环境的依赖关系,探索各种心理现象在客观环境的影响下发生和发展的规律。脑是心理活动的物质本体,心理学的另一个任务是要研究和揭示心理活动的生理机制,主要是脑的机制。体育运动为人们研究心理的现象、过程和心理控制提供了非体育运动所能具备的各种有利场景、各类研究对象和研究方法。有目的、有计划的心理训练,使受训练者心理过程不断完善,学会调节控制自己的心理状态并进而调节和控制自己行为、过程,形成专项运动所需要的良好个性心理特征,获得高水平的心理储备,使训练者的心理状态适应训练和比赛的要求。心理训练追求迁移效果,即不但使训练者对某种情境中的某个问题的心理调节能力得到提高,而且对其他情境中的其他问题的应对能力也得到提高;不但帮助运动员取得更加优异的运动成绩,使自己的运动生涯受益,而且可让运动员以更积极的心态对待人生,使自己在整个人生中终身受益。其最终目标是使运动员勇敢地、从容地、理智地、巧妙地面对一切困难。[2]

(六)聚集人类身体特质,推进人类身体进化的功能

体质人类学研究人类的产生、进化和当代人类生物特征上的差异以及存在这些差异的原因等问题。研究发现,体育与体质人类学关系特别密切,体育

---

[1] 姚鸿恩.体育保健学[M].北京:高等教育出版社,2006:390.
[2] 张力为,毛志雄.运动心理学[M].北京:高等教育出版社,2007:232.

运动可以改变人的体质,体育选材也影响后一代的体质结构。体育运动项目的不同,对人体发展的影响也不同。游泳运动员因训练比赛,有超越常人的最大肺活量,因此,游泳运动员的胸腔相对扩大;而篮球、链球、举重、摔跤运动员有最大的胸围。体质人类学家在生长追踪研究中发现,运动所遇到的很多问题都可以通过人类学家的研究和某些技术得到解决,人的生长发育都受青少年形态机能和体能发展及运动活动的影响。古人类学侧重阐述化石灵长类、人类的起源、人种的起源等,认为:人类的重要特征之一是能制造和使用工具并进行生产劳动。[①] 人类创造了各种工具,同时提高了人的思维和动手能力,促进了人类体质的进化。今人类学侧重阐述现生灵长类、人种的特征及其成因等。科学地利用各体育运动的技能,将对人类体质的进化产生预期的影响效果。

三、体育的非本源性领域功能

马克思主义是科学的世界观和方法论,是反映客观世界特别是人类社会的本质和规律的科学真理。在社会主义中国,马克思主义还是我们立党立国的根本指导思想,是我国哲学社会科学的旗帜和灵魂。[②] 体育学科与其他学科一样,坚持以马克思列宁主义、毛泽东思想、邓小平理论、"三个代表"重要思想为指导,立足本学科的建设,创建和完善中国特色社会主义体育学学科理论体系是时代的重任。在这里,理清体育的非本源性功能领域是当代体育学的重要研究议题之一。

(一)体育在哲学领域的功能显露

哲学是人生智慧和时代精神探索之学,是知识教育体系不可或缺的组成部分,是对事物进行整体把握、对事物意义进行基础追究和对存在现象进行批判省思的学问。体育的竞技、育人、健身哲学、方法从哲学中获得并能动地为哲学的发展服务。体育运动对身体的影响为马克思基于物质与意识关系的问题给予直观性验证:物质是第一性,意识是第二性,意识是物质的产物。竞技体育的运筹帷幄、胜负博弈、攻防对决、快慢骤变、实力制衡、矛盾化解、限制与

---

① 席焕久.体育人类学[M].北京:高等教育出版社,2002:16。
② 陈必滔.社会科学概览[M].北京:社会科学出版社,2011:66。

反限制等等,为唯物辩证法提供了思辨与实证相统一的实验场所。"人"及其文化和宇宙是哲学家思考的基本对象,哲学中的"人学"也应运而生。人学是关于人的存在、本质及其产生、运动、发展、变化规律的新兴科学。人是肉体和精神的物质辩证统一体,正确的宇宙观、人生观、价值观、时空观和发展观的确立,将会推动社会的发展、人类的进步。体育运动创造了一个社会的特定环境,使人在运动中产生的一种横跨社会学、心理学、人类学的表现,是对人类的社会、生理、心理属性和综合特点及其发生、发展变化规律,进行综合研究的科学。体育运动为人学的研究奠定了物质基础,演绎物质与精神的"一个正确的认识,往往需要经过由物质到精神,由精神到物质,即由实践到认识,由认识到实践这样多次的反复,才能够完成。这就是马克思主义的认识论,就是辩证唯物论的认识论"(毛泽东,1963)。另外,哲学的精神在于超越,所谓超越,就是从具体事务中解脱出来,既能进行一番的哲学思维方式的理论抽象又能促使主观逻辑与客观逻辑相一致,从实践中得到检验。奥林匹克格言"更快、更高、更强"所追求的人类的进步和社会的发展与哲学的精神是相一致的,体育运动成为哲学精神与时俱进理论研究与社会发展实践的一个人、宇宙、文化三者相结合的特殊领域。

(二)体育在伦理学领域的功能显露

伦理学是对人类道德生活进行系统思考的科学。伦理学是以研究人类在与自然、社会相互关系中的道德现象为使命,对日渐变化的人类道德生活作出理性的思考和探索。伦理学属哲学的一个分支,称为"道德哲学",哲学的基本问题是物质与精神的问题;伦理学的基本问题则是利益与道德的关系问题。伦理学的具体研究对象是人类的道德生活与道德现象。各类体育竞赛的结果是参与的个人或集体的训练投入、社会支持重视程度的综合体现,高层次的竞技角逐涉及国家(地区、团体、个人)的综合竞争能力。为了达到竞技比赛预期目标,国家(地区、团体、个人)将不遗余力地展开各项工作,竞争是激烈的,甚至是残酷的。当然,绝大多数的团体或个人是循规蹈矩依法并取得了优异的成绩。但也不否定,有些团体或个人,违反体育道德,破坏公平竞争原则,或不择手段,或损人利己,企图获取不公平的、本来不应该得到的竞赛成果,如通过打假球、服违禁药获利;通过裁判非法操纵比赛获利;通过冒名顶替、尔虞我诈获利;等等。伦理学具有"规范的功能、调适的功能和引领的功能"。[①] 与哲学

---

① 陈必滔.社会科学概览[M].北京:社会科学出版社,2011:94~95。

研究领域一样,体育运动也为伦理学的发展提供了广阔的研究空间。一方面,"道德决定经济利益"的伦理学主流思维一直得到世界体坛的推崇,系列竞赛的规则、裁判法日趋完善;扬善罚恶的标准要求人们自愿践行并得到社会各界的监督;个人与社会、个人利益与社会公共利益的矛盾得以展现并进行了符合主流思想的互动;兼具道德品质优秀和竞技成绩斐然的选手得到颂扬;竞赛成绩一般,但不畏艰难、顽强拼搏的选手的精神同样得到赞颂等。2008年的北京奥运会"人文奥运、科技奥运和绿色奥运"的诺言得以呈现,其中,"人文奥运"是核心,因为奥运若失去人文精神,那么其他理想是难以实现的。提倡道德竞技是以"公平竞争"为原则,促进人、竞技、社会三者和谐发展的富有人性的运动,它充分表达了"人文奥运"的基本思想。[①] 另一方面,伦理学在体育运动这一领域里研发的成果,即以研究体育运动中的人与自然、社会相互关系中的道德现象为使命,对日渐社会化的体育运动中的利益与道德关系问题加以揭露、总结,提出新对策,建立新制度,充分展现了伦理学的规范、调适和引领的功能。伦理学在体育运动领域中的这些发现和所取得的突破,反过来又应用在人们的日常生活和日常行为中。如体育运动中的规则、裁判法被广泛应用到社会法规条例上去,形成了"仲裁法"、"竞争聘用法"、"游戏规则"等若干准则,用于裁决个人之间、团体之间、个人与团体之间等等的歧见,以社会推崇的道德规范来进行合理的利益分配。在这里,体育运动引荐推出的"公平、公正、公开"成了判断事物"应当"、"正当"和"失当"的原则。体育竞赛裁判员必须遵守的"严肃、认真、公正、准确"的纪律成了社会执法的信誉保证。再如奥林匹克格言"更快、更高、更强"成了社会进步的推动力。进步的、正面的、对社会发展有利的人、事、物得到肯定,积极向上的"人文精神"传播至世界各个角落并得到发扬。在国内,20世纪80年代的"中国女排精神"影响了一代人的成长,聚集了"团结奋斗、拼搏进取、振兴中华"的坚不可摧的国民意志,为中国的改革开放注入了不可或缺的精神动力。因此,可以认为,体育运动为伦理学的发展提供了特殊的研究领域,在这一领域里,所获所得都是位于人类日常生活和日常行为前列的伦理学研究的超前硕果。

(三)体育在经济学领域的功能显露

经济学是一门研究资源合理配置以实现利益最优化的科学,它的现实性、

---

① 宋继新.竞技教育学[M].北京:人民体育出版社,2003:3.

实用性决定了客观存在成为对策之论、决策之学。体育产业是经济领域里活跃的一员,随着经济全球化的迅速发展和体育运动在各国的普及,体育产业正在成为21世纪最具前景的新兴产业之一。目前,体育产业已成为经济发达国家不可或缺的支柱性产业之一,在体育产业发达的北美、西欧和日本,体育产业的年产值已经进入国内十大支柱产业之列。早在2000年,全球体育产业的总产值就高达4 000亿美元,并以平均每年20%的速度增长。[①] 当前,全球体育产业增加值已超过8 000亿美元,西方主要发达国家体育产业增加值一般都占本国GDP的1%~3%。[②] 体育产业发端于职业体育的发展,在美国和英国,"棒球和足球是第一批成为广受民众欢迎的全国性职业娱乐项目。两项运动都是在作为总体经济现象的结果之时、之地发展和繁荣起来的。研究运动的史学家早已知道工业革命带来的兴旺繁荣和体育事业的发展之间有着联系"[③],"许多城市的官员认为,拥有一支职业化的球队会促进城市的经济增长。他们的这种需求源于拥有一支球队所带来的有形的货币收益以及其他无形的收益,比如说作为一个'大联盟'城市的荣誉"[④]。当然,体育产业不限于球类运动及收益,体育作为一个新兴的产业门类拉动着经济增长。体育产业含有以下四种类型:第一,体育服务业,包括体育组织管理活动、体育培训、体育赛事、体育表演、体育娱乐、体育中介、体育场馆、体育旅游、体育医疗康复、体育健身俱乐部和体育协会等等;第二,体育用品制造业,包括体育用品、器材、设备、服装、鞋帽的制造与销售;第三是体育彩票业;第四是体育建筑业等。体育运动在经济领域上的强大功能已得到国际社会的认同。

(四)体育在政治学领域的功能显露

政治学是一个以人类社会的政治现象、政治关系或政治实践为研究对象的学科领域,它涉及国家(政府)、权力、政策、统治、管理一类的主题,是名副其

---

① 百科名片.体育产业.http://baike.baidu.com/view/231480.htm。
② 鲍明晓.福建省体育产业发展规划研究报告[J].福建省体育产业发展战略研究.海峡书局,2010(12):5。
③ 杨玉明等译.迈克尔·利兹等著.体育经济学[M].北京:清华大学出版社,2003:35。
④ 杨玉明等译.迈克尔·利兹等著.体育经济学[M].北京:清华大学出版社,2003:152。

实的治国安邦之学。① 马克思说:"人们的政治关系同人们在其中相处的一切关系一样,自然也是社会、公共的关系。"②政治关系是人类社会关系的一种基本形式,参与公共生活的个人、团体和组织是政治生活领域中特有的主体,政治是由一系列的行为或活动所构成的过程,含有公共决策、公共管理以及政治参与、政治沟通、政治协调与控制等功能活动,政治活动或政治行为具有特定的目标。个人、团体或组织为了达到各自的目标和利益,之间的矛盾和冲突是不可避免的,斗争是激烈甚至是残酷的。但矛盾和冲突又呈现分阶段性的既冲突、竞争又合作的相互作用,这也是政治现象的突出特征。体育运动作为一种社会现象,其客观存在与其他社会活动都有着密切的关系,与政治的关系是系统互动的关系,即互相影响又互相作用。体育的社会属性"属于社会上层建筑的范畴",③体育的社会发展、理论哲理、政治观点、价值观念、目的任务、方针政策、制度规范、采取的措施受经济基础和社会制度的制约,该部分属于上层建筑范畴,随着社会制度的改变而改变。体育的自然属性不属于上层建筑,不受政治、经济和社会制度制约,如体育的教学、训练、锻炼方式方法,体育的比赛规则、技术、战术,体育运动项目的开展,体育服装、器材、场地的设置等。"体育这种社会现象既具有上层建筑的职能,又具有间接为发展生产力服务的作用,也还有一部分既不属于上层建筑,又不属于生产力的因素。"④基于体育兼具自然和社会属性的学科特点,它与政治的关系是:体育的社会属性受政治、经济的制约并为一定的政治、经济服务;体育的自然属性可以被各种不同的政治所控制,"可以在任何不一致的、甚至是相互冲突的价值观和文化传统之间左右逢源";⑤体育是一种永恒的社会现象,增强人们的体质健康,促进人类的身心进化,提高人类的体能极限,丰富社会的文化生活,它既有一定的独立性,不因阶级的产生而出现,也不因阶级的消亡而消失。体育的特有现象,与政治的互相作用的关系表现得越来越紧密,常见政治对体育的干扰和体育向政治的渗透,体育对政治的能动功能得到扩展。

---

① 陈必滔.社会科学概览[M].北京:社会科学出版社,2011:135。
② 中共中央马克思恩格斯列宁斯大林著作编译局编译.马克思恩格斯选集(第1卷)[M].北京:人民出版社,1995:173。
③ 中等体育学校体育理论讲义[M].北京:人民体育出版社,1963:5。
④ 体育学院通用教材.体育概论[M].北京:人民体育出版社,2002:77。
⑤ 体育学院通用教材.体育概论[M].北京:人民体育出版社,2002:78。

(五)体育在国际政治学领域的功能显露

国际政治学的研究领域涉及国际社会中各种行为体,尤其是主权国家等主要行为体之间的关系、相互作用与影响。国际政治学包括国际关系学和国际问题研究,主要是指国家之间的政治,研究国与国之间的关系,从国际政治、经济、军事、文化和其他各种关系的整体上,探索国际关系运行和演变的规律。体育在政治中的特殊关系决定了其在国际(或地区)的社会制度不同,政治对立,军事对峙,意识形态有别,价值观有异的不同行为体中有着特殊作用。"体育交流可以在不同政见甚至是敌对国家和地区中发挥推迟、缓解、甚至化解双方矛盾的激化"的作用。[①] 体育可以促进不同行为体之间的交流交往,在国际体育事务中,体育受国际政治事件和国际政治气氛的影响,政治渗透到体育之中,体育服从政治的需要,为政治服务。"乒乓外交"叩开中美两国紧闭了20多年的大门;悉尼奥运会开幕式上处于分裂状的朝鲜、韩国选手携手入场;1956年在澳大利亚的墨尔本举行的第16届现代奥运会上,处于分裂状的前东德、西德联合组团参赛等等。事实可以看出,国际体育可以被不同的国家用来实现各种各样的政治目的,显示出不同的功能所在,有的是崇高的,是增进了人民的了解,缓解了国家之间的敌意,促进了国际社会的进步;有的则是低劣的,混淆了是非,破坏了国家之间的友好来往,阻碍了国际社会的发展。

(六)体育在社会学领域的功能显露

关于社会学的研究对象,1951—1971年间由美国出版的16种社会学教科书关于社会学研究对象共有8种提法,分别是:社会互动、社会关系、群体结构、社会行为、社会生活、社会过程、社会现象和社会中的人。我国学者费孝通在其1984年主编的《社会学概念》中对"社会学"概念的界定为:"社会学是一门从社会整体出发,通过社会关系和社会行动来研究社会结构及其功能、社会过程及其原因和规律的社会科学。"[②]社会学学科在发展过程中经历了许多范畴之争,这些范畴之争很大程度上影响了不同社会学家的理论建构,形成了对社会学研究从概念到研究目的、对象、方法等的多元提法,经各方研究整合,《中国大百科全书(社会学卷)》标明:"社会学(Sociology)是现代社会科学中

---

① 陈少坚.闽台体育文化交融与发展[M].北京:人民体育出版社,2007:397。
② 费孝通.社会学概念[M].北京:人民出版社,1984。

从某种特有的角度,或侧重对社会,或侧重对作为社会主体的人,或侧重对社会和人的关系,进行综合性的研究,因而具有自己独特的对象和方法的学科。"[①]这一社会学概念一直被相关社会学学科研究的引用。当前,对社会结构和社会变迁的研究是社会学的研究重点。社会结构系指国家或地区所占有的资源、机会的社会成员的组成方式与关系格局,也意指政治、经济、社会等各个领域多方面的结构状况,更为具体的是指社会阶层结构。社会阶层结构含有人口结构、家庭结构、社会组织结构、社会保障结构、城乡结构、环境结构、族群结构、收入与分配结构、就业与消费结构、贫富差距结构等,一个理想的社会结构应具有开放性、合理性、兼容性、公正性等重要特征。社会变迁系指不带有价值判断的社会结构的演进、变化、转型。人类社会变迁的主要影响因素有生产力、生产关系、自然环境、文化传承、制度变更、意识形态、资源开发及利用、矛盾冲突、政治经济等,这些因素共同促进社会的现代化和人的社会化。体育是社会结构和社会变迁中的重要组成部分,并在现代社会中显示其强大的功能。首先,在人的社会化进程中,体育是传授生活技术、技能的重要手段,是向人们提供规范行为的场所,是引导人们建立和融入社会共同体的价值观念体系,是给成长中的新生一代提供提前进入社会各种角色的实践机会,是促进个体个性的形成和发展的活动体系。其次,体育推动社会发展。体育是独立存在的社会现象且与社会各种活动保持着广泛的联系,这些联系能产生各种社会效益,社会现代化程度越高,体育的这些社会效益越显著。体育的社会效益是通过提供特定的社会服务的方式显现出来的,如强身健体、休闲娱乐、社团运筹、集团意识、产业聚集、公德传颂、时尚风范、传媒议论等等。审视体育社会学领域的功能,可从体育促进社会成员的身体建设、社会生活的改善、劳动力质量的提高、体育场馆的使用效益和体育运动过程的社会示范作用而形成正确的社会价值观、社会和平稳定、文化和制度建设完善等因素加以考察。可见,体育功能在社会互动、社会关系、群体结构、社会行为、社会生活、社会过程、社会现象和社会中的人的多种层面上无所不在。

(七)体育在文化领域的功能显露

文化是"人类在社会历史发展过程中所创造的物质财富和精神财富的总

---

① 中国大百科全书出版社编辑委员会编.中国大百科全书(社会学卷).北京:中国大百科全书出版社,1991:12。

和，特指精神财富，如文学、艺术、教育、科学等"。① "文学、艺术、教育、科学"与体育运动的发展相关密切。文化是一种社会现象，是人们长期创造积累的产物；同时又是一种社会历史的记载，是社会历史演进过程的写照。具体地说，文化是指一个国家或民族的历史、地理、风土人情、传统习俗、生活方式、文学艺术、行为规范、思维方式、价值观念等。文化含有物态文化、制度文化、行为文化、心态文化等结构层次。物态文化层是人类的物质生产活动方式和产品的总和，是可感知的具有物质实体的文化事物。制度文化层是人类在社会实践中组建的各种社会行为规范。行为文化层是人际交往中约定俗成的习俗形态表现出来的行为模式。心态文化是人类在社会意识活动中孕育出来的价值观、审美观、思维方式等主观因素，相当于通常所说的精神文化、社会意识等概念，是文化的核心。"物态、制度、行为、心态"也是体育运动过程结构的主要层次：由物化的知识力量构成可感知的、具有物质实体的体育文化事物；在体育社会实践中建立起来的各种体育社会规范，包括各种体育法规、体育制度、体育组织、体育机构等；在体育活动交际中约定俗成的体育习俗；在体育社会意识活动中产生出来的世界观、人生观、价值观。体育在文化领域显示出多种功能。其一是整合功能。体育文化的整合功能是指它对于协调群体成员的行动所发挥的作用，即整合社会群体中不同的成员加入同一运动团队，使这些均属独特的行动者基于体育运动和自己的需要，根据对体育运动情景的判断和理解采取行动。文化是他们之间沟通的中介，能消除隔阂、促成合作。其二是导向功能。体育文化的导向功能是指文化可以为人们的行动提供方向和可供选择的方式。其三是维持秩序。体育文化是体育团体中人们以往共同生活经验的积累，是人们通过比较和选择认为合理并被普遍接受的东西。某种文化一旦形成和确立，就意味着某种价值观和行为规范被认可和被遵从，这也意味着某种制度的形成；而且只要这种文化在起作用，那么由这种文化所确立的社会秩序就会被维持下去，这就是文化维持社会秩序的功能。其四是传续功能。从世代的角度看，如果文化能向新的世代流传，即下一代也认同、共享上一代的文化，那么，文化就有了传续功能，体育文化也不例外。人类由于共同生活的需要才创造出体育文化，体育文化在它所涵盖的范围内和不同的层面上发挥着重要的功能和作用。

---

① 中国社会科学院语言研究所词典编辑室编.现代汉语词典[M].商务印书馆，1987：1204。

(八)体育在教育学领域的功能显露

教育学最基本的,也是最核心的问题是回答"教育是什么"、"教什么"、"如何教"。教育目标的确定,首先是对道德标准的确定,这是教育担负的教化功能,也是教育学中所说的社会化功能。其次是对人的生活技能标准的确定,教会学生能够适应生活的基本要求,逐步能过一个独立人的生活。脱离劳动的教育不是真正的教育,现代社会的人必须具备从事劳动的技能。再次是对健康生活习惯养成标准的确定。这部分教育是通过体育和美育的教学活动以及校内、校外的社会实践活动来进行,目的在于使人拥有生活的志趣,憧憬未来,形成健康生活心态与良好习惯。最后是对科学文化标准的确定。在这里,教育是按照个人天赋才能分布设计的,通过攻读所学专业,获得学历学分,攻读学位层次来发现个人所长。历史上中外教育家们对体育的全面性都早有论述,马克思强调对青年一代的全面教育:"我们把教育理解为三件事:第一,智育;第二,体育,即体育学校和军事训练所传授的那种东西;第三,技术教育,这种教育要使儿童和少年了解生产各个过程的基本原理,同时使他们获得运用各种生产的最简单的工具的技能。"[①]体育与教育学领域中的主要元素——德育、智育、美育和技术教育都有着密切的关系。

体育是培养高尚品德和塑造完美个性的重要手段。体育以丰富多彩的活动内容吸引青少年。通过体育活动进行思想教育,更符合青少年学生的年龄特征。以班为单位的体育课程,通过严格的组织和纪律,有助于培养学生为人民服务的责任感,团结互助,遵纪守法。学校体育活动中经常采用的竞赛、评比和奖励优胜等方法有助于培养学生的竞争意识、开拓精神和坚强的意志。学校体育对于防止和矫正学生不良品行,教育犯有过失的学生有显著的作用。当然,若对体育活动过程控制不当,也会引发个人主义、锦标主义及损人利己的行为。这也一直是体育教育工作的重点防范区域。体育对智育的发展都有着促进作用。体育能提高大脑皮层反应的灵活性和工作能力;能进行积极休息,消除大脑疲劳。体育的教学过程都体现美育的要求、美的教育。体育活动能提高青少年的灵活性、协调性、柔韧性、力量性、耐久性等素质,有助于他们掌握各种动作技能。体育对德、智、美和技术教育的能动作用,显示了体育在教育学领域里的功能所在。

---

① 马克思恩格斯全集(第16卷).北京:人民出版社,1964:218.

(九)体育在心理学领域的功能显露

从人的角度而言,心理学是研究人的心理现象的科学。人的心理现象可以分为个体心理和社会(团体)心理现象。心理学的基本任务是描述人类的心理活动,解释出现某种心理现象的原因,预测心理与行为的趋向,控制人的心理行为和运用心理学的原理改善人们生活的质量。体育运动是心理学的方式、方法、手段之一。体育在心理学领域的功能之一是:体育运动竞赛情景的特殊作用。竞赛激烈的对抗性、竞赛结果的不确定性和显示结果的及时性常引起人们心理上产生一定的悬念。变幻莫测的比赛结果使人体验到紧张、痛快、释怀、自豪,从而调整失去平衡的心理。但体育社会情感功能的另一个侧面是它也可能引起失望、泄气、气愤等,这些现象与个人在日常生活中积蓄的心理方面的不满等现象有关,通过体育竞赛为情景的心理引导,可使这样的一些不良情感得到平稳宣泄。体育在心理学领域的功能之二是:把心理学原理应用于运动训练与竞赛过程之中,将所获得的成果回馈社会。对运动员进行心理训练的目的是使其为完成专项运动所需要的心理因素得到稳定的加强和提高,并学会各种调节心理状态的方法,以便在训练和比赛中促进身体和战术水平得到正常或超常地发挥。具体的表现是:通过心理能量的促进和抑制作用来培养适合专项运动的良好个性特征;使专项运动所需要的心理品质不断完善;学会掌握具体的心理训练方法,控制和调节自己的心理状态,克服紧张、焦虑情绪,形成最佳竞技状态;学会在多变的比赛情况下保持积极稳定的心理耐性,克服心理的饱和性,正常或超常发挥自己的运动水平;学会通过心理活动消除疲劳,集中注意力;通过心理训练培养坚强的意志品质。运动员接受运动心理训练所获得的进展,是正常人在非体育运动环境中所达不到的,这些研究与应用为描述人类的心理活动、分析心理现象、判断心理行为、控制人的心理倾向提供了翔实的素材。运动心理学学科及研究应运创立并已取得瞩目的成果,它既是一门基础性强,又是应用性高的综合学科。

(十)体育在宗教学领域的功能显露

宗教学是探索宗教现象的本质,揭示宗教产生和发展规律的探知之学。宗教既是意识形态,也是上层建筑;既是历史现象,也是现实生活。所有的国家、民族、种族阶级和阶层,都有各自的宗教信仰。宗教文化内涵十分丰富,具有极强的包容性,几乎囊括了文化的所有形式,成为文化的一个缩影。宗教学研究有多个主要分支,有宗教人类学、宗教社会学、宗教心理学、宗教文化学、宗教地理学、宗教生态学、宗教现象学和近年兴起的宗教民俗学。其中,宗教民俗学是研究宗教的世俗化流变与规律的新兴学科。在我国,宗教的世俗化由来已久,民间信仰、民间宗教的世俗化程度远远超过佛教等正统宗教。宗教无不扎根于民间,所有的宗教都离不开人民大众,民间文化或民俗是宗教得以生存和发展的土壤。宗教世俗化使学术领域的研究不限于已制度化的佛教、道教、基督教、伊斯兰教等四大宗教,而把研究的视角转向非制度化的民间信仰和盛行于民间的各种民俗。

民俗,即民间风俗,指一个国家或民族中广大民众所创造、享用和传承的生活文化。它深植于集体,在时间上,人们一代代传承;在空间上,它由一个地域向另一个地域扩布,可以渐推渐广,渐续渐远。民俗就是这样一种来自于人民,传承于人民,规范人民,又深藏在人民的行为、语言和心理中的基本力量。我们置身其间却不为其所累,甘愿接受这种模式性规范的保护!劳动时有生产劳动的民俗,日常生活中有日常生活的民俗,传统节日中有传统节日的民俗,社会组织有社会组织的民俗,人生成长的各个阶段也需要民俗进行规范,在人的精神意识领域也有民俗。民俗涉及的内容很多,直至今日它所研究的领域仍在不断的拓展,就今日民俗学界公认的范畴而言,民俗包含以下几大部分,即生产劳动民俗、日常生活民俗、社会组织民俗、岁时节日民俗、人生仪礼、游艺民俗、民间观念、民间文学、民间信仰和民意等等。民俗作为一种无形文化资源,在民间根深蒂固,源远流长。现代的民俗活动能把自然与社会、文化与生活、观览与体验、传统与现代结合起来,葆有极其丰厚的文化底蕴且显示着特殊的文化魅力。如妈祖信仰习俗等与许多纯粹属于宗教性质的民俗项目,都视为非物质文化遗产,亦颇具研究价值。妈祖民俗,即源于人们对妈祖的景仰而逐渐形成的一种常规化的古老民间习俗。信众个体信仰活动,具有个人化鲜明特征,民间性、亲和性、包容性是妈祖民俗的显著特点。一千多年来妈祖民俗世代相传,已与百姓日常生活水乳交融,充分体现妈祖民俗的普及性和深入性,并与其他妈祖信俗一起,成为妈祖文化的有机组成部分。目前,全世界共有妈祖庙近 5 000 座,主要分布在 29 个国家和地区,妈祖信奉者有近 2 亿人。在汉文化圈内,妈祖信仰历经千年不衰,其根本原因在于它植根于民族生活,有独特的人民性和广泛的社会基础。历史上,神化的妈祖是人们理想的寄托,人们从她的传奇故事中体会到了中华民族的传统美德。如今妈祖信仰已成为一种跨国籍、跨地区的民间信仰,经过多年发展,妈祖文化已蔚为大观,不仅是中华民族优秀传统文化的重要组成部分,而且在民俗、宗教、航海、华侨、外交、历史、天文、文学艺术、建筑、科学等各个方面越来越受关注。民俗是一门社会科学,它不仅因为民俗事象见之于社会的各个层面,渗透在广大民众的生活之中,而且亦反映着民族的心理和精神。

民俗体育是民俗中的重要组成部分,是民俗活动的主要载体。民俗体育由一定民众所创造,为一定民众所传承和享用,并融入和依附于民众日常生活的风俗习惯(如节日、礼仪等等)之中的一种集体性、模式性、传统性、生活化的体育活动。它既是一种体育文化,也是一种生活文化,是民众日常生活的有机组成部分。研究进一步说明:"民俗体育是指'人民群众(民间庶民百姓)在社会生活中世代传承、相沿成习的体育生活模式,它是一个社会群体在体育语言、行为、心理上的集体习惯。'民俗体育的主体是指创造、传播、承袭和生活在一定民俗文化范围内的人类群体。群体性和民间性是民俗体育主体的基本特征。民俗体育是人民大众所创造的最主要的精神文化。它虽然只是一种层次较低的生存文化,但却表现出民众的创造精神和文化素养。"[①]民众永远是民俗体育文化的主体。民俗体育主体失去民间的色彩,失去民众的光辉,就失去了它的生命。迄今,仅在台湾和福建广泛流传的民俗体育项目就有50多种,如国术(武术)、太极拳、角力(摔跤)、气功、围棋、棋艺(中国象棋)、角抵、土风舞、跳鼓阵(花鼓)、宋江阵、车鼓阵、风筝、龙舟、拔河、踢毽子、踩高跷、醒狮舞龙、踏青、扯铃(抖空竹)、跑旱船与牛犁阵(扭秧歌的种类)、客家花鼓、跳绳、流民拳(客家人的拳种)、元极舞、陀螺等。民俗体育已成为民俗乃至与民俗关系密切的宗教活动不可或缺的重要部分。一方面,它使有着区域特征的民俗与宗教建立了相互映衬的关系,作为民俗文化的有机组成部分而得到继承和弘扬。另一方面,民俗文化同时也扩大了宗教的内涵和外延,展示了体育在民俗乃至宗教发展中的特有功能。

(十一)体育在民族学领域的功能显露

民族学是一门"以民族为研究对象的学科。它把民族这一族体作为整体进行全面的考察,研究民族的起源、发展以及消亡的过程,研究各族体的生产力和生产关系、经济基础和上层建筑。它是社会科学中的一门独立科学"[②]。研究民族学的进展还表明,"现代民族学应该以研究民族的问题为重点",因为

---

① 谢军.闽台民俗体育文化的渊源及其在两岸关系中的作用[J].武汉体育学院学报,2007,41(7):6.
② 林耀华.民族学[M].北京:中国大百科全书出版社,1986:321.

"在当今世界,民族问题具有普遍性、长期性、复杂性、国际性和重要性。民族学既然是以民族为对象,必然要研究民族问题,把民族问题研究好、处理好,对民族繁荣发展,加强民族团结,构建和谐世界是很重要的"。① 中国56个民族的文化及其发展过程的共同性和差异性,中国民族关系及其所起到的作用,中华民族凝聚力的主要基础,中华民族在现阶段的社会文化变迁,各民族哲学思想和伦理道德方面深层次文化的发掘和研究,社会主义的民族问题,中国少数民族传统社会性质或社会形态的问题,汉民族与文化研究的问题,等等,是中国民族学工作者需要长期深入研究的问题。对体育工作者来说,各民族固有的传统体育项目、内容、方法、目的等,是研究的重点所在,通过收集、发掘、整合等,梳理各民族的体育活动脉络,通过体育活动、竞赛加强各民族的交流合作,联络情感,沟通思绪,展现体育在民族研究领域中的社会活动平台功能,体育的这一功能得到了党和政府的高度重视。在我国,自1953年在天津举办首次"全国民族形式体育表演和竞赛大会"开始,每四年续办一届,到2011年在贵州省举行的"全国少数民族传统体育运动会",已是第九届,"第九届全国少数民族传统体育运动会"设竞赛项目16个大项132个小项,如花炮、珍珠球、木球、蹴球、毽球、龙舟、独竹漂、秋千、射弩、陀螺、押加、高脚竞速、板鞋竞速、武术、民族式摔跤、马术等。表演项目达180项。全国有31个省(区、市)和中国人民解放军、新疆生产建设兵团等33个代表团近8 000名运动员、教练员和工作人员参加本届运动会。第九届民族运动会会徽、主题歌、吉祥物、宣传画鲜明地突出了"各民族共同团结奋斗、共同繁荣发展"的主题,遵循了"平等、团结、拼搏、奋进"的宗旨,体现了"和谐中华,多彩贵州"的要求,还充分体现了民族传统文化和主办方贵州的特色文化。现今,"第10届全国少数民族传统体育运动会"将于2015年在鄂尔多斯举办并在筹备中。历届全国少数民族传统体育运动会使56个民族欢聚一堂,向国内外展示我国各族人民团结奋进的精神风貌,展示民族政策和改革开放给民族地区带来的巨大变化,在国内外产生了重大影响。当然,体育的功能不只限于本国的民族体育范畴,全世界有2 000多个民族,其体育文化内容极其丰富多彩,这就需要我们更多、更广泛地了解国外民族的情况并深入研究他们的体育文化,这不仅有助于我们更好地协助国家处理国际事务,发展与世界各族人民的友好关系,对促进对外文化交流、产业投资、贸易等具有极其重要的理论与现实意义,而且对于我们吸取其他民族的体育文化长处,认识民族、文化的发展进程与规律,总结民族发展过

---

① 周大光等.现代民族学[M].贵州:云南人民出版社,2009:13。

程的经验教训也具有极其重要的理论与实际意义。

(十二)体育在历史学领域的功能显露

历史学是探索人类社会发展规律的学科,也是人类社会发展的资鉴之学,是人类探寻自身的产物、所走过的道路、所经历的世故、所发现的规律,从而预测人类的未来。体育史学是研究体育发生发展的历史过程及其规律的科学。

研究表明,史前体育是在不同的人类文明发源地独立产生的,"原始教育兼有知识、社会规范和动作技巧的学习及审美等多种功能,并且和劳动实践保持着密不可分的联系。它是教育和体育的共同源头"。[①] 体育从大量生产劳动和生活的自然动作中分化、提炼出了一些有助于发展身体技能和能力的动作,并且有意识地对人的生长发育进行了身体训练,接着有了初步的祭祀竞技的组织化运动形式。

进入阶级社会以后,体育的发展受到了所在社会文化的影响,古代体育形成了鲜明的地域文化特征。体育呈现其独特的价值和功能,逐渐有了专门的组织形式、运动场所、器材、团队等,有了相对独立的形式和意义。还在夏商周时期,中国古代体育就形成了以体育为主的武士教育价值规范,在追求长寿、身体训练、技能培养等方面留下了丰富的实践经验和理论概括,令古代世界所瞩目。

近代体育确立了人、人体和体育的新价值观,逐渐在理论的指导下被组织成为有机的整体,具有世界性,不再依附于其他社会性活动,而是有独立形态和独立价值的人的人类特殊的实践活动。近代体育逐步突破了阶级和民族的界线,表现出很大的国际和社会的一致性。

现代体育没有受到国际局势和各国的社会制度、政局变化的影响,并有了高速的发展。体育运动的各个领域功能都得到了展现,体育的发展使社会、性别、种族或宗教等方面的固有偏见逐渐削弱,或被打破,体育的地位和功能不断增强,建立了体育学科群的各种体系,体育为维持国际和平和增进各国人民之间的了解发挥了积极的作用。现代是中国体育最辉煌的篇章,中国已跻身世界体育强国之列,将为世界的体育发展作出更大的贡献。

体育萌芽、产生、演进、发展的过程,与教育及社会上其他形式的活动映照衬托,体育的过程轨迹是人类历史发展的缩影之一,体育的功能作用在历史学

---

① 全国体育学院教材委员会审定.体育史[M].北京:人民体育出版社,2000:4.

研究领域里留下了浓墨重彩的一笔。

(十三)体育在美学领域的功能显露

美学的研究对象是审美活动和审美现象。审美活动包括艺术审美、自然审美和社会生活审美等。美学主要有三大类,即艺术美学、教育美学和技术美学。体育运动与这三类审美活动均有着千丝万缕的联系。审美是超越人类本体自由生存方式现实的价值体现,在审美活动中,自我得到了充分的实现,个性得到全面发展,精神获得了极大的满足。美学可以促进人际关系的和谐;指导人们美化自己的生活;可以成为教育的理论指导,促进人的全面发展;有助于设计新型的人与自然的关系,达到"天人合一"的境界。

体育与美,自古以来就紧密相连。如人类的走、跑、跳、投、攀登、爬越、游泳等的体态神情,人类的形体美、肌肉美、姿态美、造型美、动作美、素质美、健康美、风度美和现代竞技运动中的运动美、技术美、战术美等,表现出了人的本质力量、人的智慧在运动中的身心合一。体育美学是揭示体育美的本质特征和美的规律的科学,研究的对象是人体运动中的美,即体育实践发展过程中美的发展和规律以及人体如何表现这一规律。"体育美的功能是指体育美行为能力、作用和功效,也是体育美系统与外部环境的相互联系。"[①]第一,体育美的功能是人的创造活动的效应。第二,从本质上说它反映了体育系统同外界的联系,对体育一无所知的人是体会不到体育的美感的。第三,体育美的功能体现了体育美系统与外部环境之间的物质、精神的输入和输出的变换关系。体育美能使人得到心理上和精神上的满足,甚至可以与自我行动融为一体。体育美功能的多质拓展,其一是它的自然功能,体现在人们在追求体育美的过程中,不断地完善人体的自然实体;其二是它的社会功能,体现在它能满足人们的精神生活的享受,具有教育激励和促进人类交往、增进友谊等功能。在体育审美教育过程,还具有增进健美、开发智力、陶冶情操和培养意志的导向功能。对于现代体育,随着竞技体育的职业化、商业化、产业化进程的加快,体育道德规范受到了商业的诱惑和利益的冲击,真与假、善与恶、美与丑、是与非的辨析成了体育美学审美活动和审美现象的重要议题。总而言之,体育美是美学的一个重要分支,是研究人体美的具体对象,多姿多彩的体育运动为美学领域的研究提供了广阔的天地。

---

① 黄捷荣.体育美学教程[M].广州:广东人民出版社,1989:69。

(十四)体育在新闻传播学领域的功能显露

新闻传播学是作为研究人类新闻现象、新闻传播事业及其发展规律的科学,是影响社会、左右历史的一大利器;同时,新闻传播学又是一门以实践性为宗旨与导向的学科,离开人们的社会生活和社会实践,新闻传播学就失去了生命,就成为无源之水、无本之木。① 现代社会中主要的新闻传播媒体有报纸、电视、广播、电影、网络、杂志、书籍、出版物、发布会和一切公共活动,新闻传播活动在世界各角落发生发展,无处不在,无时不有。新闻传播是信息化时代的重要标志,人们已习惯依托各种新闻传播媒体,获得工作、生活、社会交往上所需的信息。新闻传播对人类的重要性已经跟阳光、水、空气对人类重要性一样不可或缺。各门学科的发展离不开信息的交流、传递,传播学因此与其他学科有着相互支撑、共同发展的关系,体育学及应运而生的体育传播学也包括在其中。在现代社会里,体育竞赛,健身锻炼,体育事业,体育产业,体育的人、事、物等,均离不开信息传播,体育传播学具有广泛性、交融性和指导性。体育传播与大众传播一样,具有四大功能。一是监视环境,用"信息传播"、"信息公开"的形式,滚动式地向整个社会及时报告各种体育信息并监督这种变动,源源不断地向社会发布体育运动过程中的真相和社会舆论,起着媒介的作用。二是协调社会关系,通过"讨论"、"说理"、"辨识"、"认识"来融合社会各团体和个人的关系,起着"搭桥"、"铺路"的作用。三是传承社会文化,通过"记录"、"纪实"等手段来再现体育运动过程,使人类的体育文化经验、知识、技能、文明代代相传,有利于人们继承先人的优良传统,开拓进取。四是愉悦身心,通过捕捉丰富多彩的体育运动信息,制作各种目标指向的体育信息产品,使人轻松愉快、遐想连连,最大限度地达到身心的放松。

以上是体育传播的社会功能积极的一面,当然,水可载舟亦可覆舟。大众传播若控制不当,亦会出现消极的一面,如歪曲事实、混淆是非、愚弄公众、暴力色情等。深入研究正确发挥体育新闻传播的积极功能,最大限度地消解消极功能对社会、受众造成的危害是体育与新闻传播工作者应该努力的方向。

(十五)体育在统计学领域的功能显露

统计学已经渗透到社会经济生活和科学研究的方方面面,并且正在发挥

---

① 陈必滔.社会科学概览[M].北京:社会科学文献出版社,2011:380。

越来越重要的作用。统计的研究对象具有数量性、总体性和变异性等特点。统计研究的过程包括统计设计、数据收集、整理与分析和统计资料的积累、开发与应用。统计、归纳、分析所获得的新知识常常为边缘性学科的研究开辟新的领域。通常是实质性的学科提出了问题,统计学才提出相应的方法并且才有其用武之地。

体育统计以统计理论研究体育教学、运动训练和体育管理,是现代体育的主要研究方法之一。它以体育运动中随机现象的规律性为研究对象,为体育研究者提供实验设计方法,提供收集、整理和分析数据资料的方法。体育统计最大的贡献是:以最少的样本含量,达到我们所需的精确度,对总体的有关参数作出判断,同时又给出发生误差的可能性。它保证了科研的精确性、可靠性和经济性。统计已具体地被用于体育的各个领域,含组成体育运动的各部分,如竞技体育、学校体育、群众体育、体育产业等,并已深入体育的基础理论与知识学科领域,如运动生理、运动医学、运动心理、体育测量、技术战术、体质体格、生长发育、教学方法、练习密度、锻炼比较、教学效果等项目的规划设计、效果评定、过程控制、预期预测等。

体育统计已大量地应用于体育运动的选材、训练、教学、管理,与人类参与体育运动的现象为对照,得出了自然界的人自进入体育运动教学、训练范畴过程所产生的人体的系列变化;记录了体育运动对人类身心所能产生的各种反应和所得到的改进;从体育统计学的视角,描述、研究、揭示人类在体育活动中的进化现象,人体在某个体育运动项目所达到的高度的可能性等,为统计学研究在体育运动作用下人体的变化规律提供了诸多的典型案例。

(十六)体育在法学领域的功能显露

法学是以法律和法律现象为主要研究对象的科学。它具体包括法律及其性质、功能、价值、作用,法律产生、发展、消亡的过程及规律。公平正义是法律的本质属性,法律适用于社会生活的方方面面,调整和规范人们行为的活动进而形成法律秩序的实践活动。法律有规范人们行为、形成正常社会秩序保障人权和实现社会公平正义等功能。所制定的法律通过法律的实施来实现调整社会关系的规范社会生活的功能。通过社会主体的活动实现法律的目的,特别是只有通过人们将法律付诸实施,法律的功能才得到实现。体育运动是法律实施的途径之一。

"社会控制是社会组织利用社会规范对其成员的社会行为施行约束的全

部过程。"①关于体育的社会控制现象,体育学专家卢元镇通过研究认为:"在任何一个社会,人们的各种行为(包括体育行为)都要受到社会的控制,特别是对社会的偏离行为(或称越轨行为),更要进行严格的控制。社会要对体育运动进行控制,同时体育也作为一种特殊的方式参与对社会成员的社会控制。体育在这方面的功能已经越来越引起人们的重视。"②社会对体育进行控制的途径有通过法律、纪律、行政等力量进行,或通过风俗、道德信仰和信念施之以影响。同时,从法学视角上看,走在法治轨道的体育社会也发挥着对社会越轨行为的控制功能。

其一,体育运动能在一定的程度上消释人类的天然攻击性。我们的社会是一个充满矛盾运动的社会,和谐社会是人们所向往的,但社会发展中的战争与和平、冲突与妥协、骚动与安宁、竞争与合作、压力与张力等矛盾及矛盾的调解使社会持续动荡不安,遏制由此而引发的一切暴力行为、偏离行为和越轨行为是社会进步的需要,于是各种教化、风俗、禁忌、礼仪、法律、规则、伦理、道德和舆论便应运而生,成为人类社会生活的精神文化和道德规范。体育运动的特性使之能有效地发挥扬善惩恶、化解矛盾和消除隔阂等作用。从社会心理学视角上看,社会的不安宁状态与人类本性潜稳的、先天的、随时可能释放的攻击性有关,这种攻击性长久受到压制,找不到恰当的渠道予以发泄,最终将爆发出人们难以预料的恶性事件。在人们设计的诸多不良情绪和行为在一个可控制的范围内发泄的渠道,体育运动是最佳选择之一。"人们用体育运动来培养竞争意识,同时用体育运动来消释社会竞争中表现出来的攻击、侵略行为。"③正如社会生物学的创始人美国斯坦福大学著名教授威尔逊所说:人类同其他动物一样具有相同的攻击性本能,这种内驱力必须通过竞争性体育运动或其他方式才能得到某种释放。其二,体育能在一定范围内减少社会犯罪行为。有关研究调查说明,在重大体育赛事时段,城市里日常常见的犯罪明显减少。体育运动可以给青少年一些刺激,这些刺激甚至可达到"疯狂"的程度,这比他们在犯罪时更感到有刺激性,从而减弱他们犯罪的心理动因。"体育运动可以促进顽劣青少年转变,可以通过体育的竞争性来激发他们的上进心,培养良好的心理素质、道德品质和合作精神。通过对规则的遵守,养成他们自觉

---

① 中国大百科全书出版社编辑委员会编.中国大百科全书(社会学卷)[M].北京:中国大百科全书出版社,1991。

② 卢元镇.中国体育社会学[M].北京:北京体育大学出版社,1996:63。

③ 卢元镇.中国体育社会学[M].北京:北京体育大学出版社,1996:68。

遵守法纪的行为规范,体育运动在这方面的功能价值是通过朴素的、青少年乐意接受的形式进行的。"[①]体育比赛的先决条件是相同的资质,如尽量做到男女有别、重量分级、职业区分、年龄区间的公平;做到比赛规则的公正,比赛道德的正义;做到比赛过程的执行裁判双方一致,前后一致的公正、准确的判法等等。这些为法学研究法律和法律现象提供并形成了具体的、完整的法律制定、法律的功能作用、法律的应用价值、法律的实施与反馈、法律的改进提高等等的研究应用体系。其三,体育运动能在一定层面上缓解国际间的争端。闻名遐迩的奥林匹克休战传统起源于公元前9世纪的古希腊时代,当时为确保参赛选手和人员安全往返参加古代奥运会比赛,国际上便出现了临时休战的不成文协定。1992年,国际奥委会首次将这一概念引入现代奥运会。1993年10月,联合国大会通过决议,呼吁联合国各会员国从每届奥运会开幕前一周到闭幕后一周停止一切战争行为,决议呼吁各国努力在冲突地区通过体育促进和平、对话与和解。奥林匹克休战成为联合国的一项传统,是国际奥委会根据古希腊奥林匹克休战传统而设计的一项和平活动。其后,历届夏季和冬季奥运会主办城市所在的国家,都会向联合国大会提交审议并通过《奥林匹克休战决议》。2007年10月31日,第62届联合国大会一致通过了由中国提出、186个会员国联署的《奥林匹克休战决议》。这是联合国大会连续第八次通过《奥林匹克休战决议》。国际间的体育比赛活动能促进不同种族、国家和地区间的了解,消除误解,增进友谊。因此可以说,体育运动能在一定层面上缓解国际间的争端,显示了体育运动在促使国际社会遵守约定俗成的国际法的平台功能。

(十七)体育在公共管理学领域的功能显露

公共管理学是综合运用各种学科知识和方法来研究公共管理组织和公共管理过程及其规律性的学科。公共管理学所研究的公共组织主体结构,主要是指政府组织的结构、功能及其与环境之间的关系,研究组织、决策、沟通、协调、监控、评估等,研究如何应用各学科知识及方法来解决公共事务的管理问题,以促进政府及其他公共组织更有效地工作。公共管理是指对公共事务的管理。公共事务可以分为政治公共事务、经济公共事务和社会公共事务三大方面。社会公共事务主要包括教育、文化、科学、卫生、体育、民政、社会保障、

---

① 卢元镇.中国体育社会学[M].北京:北京体育大学出版社,1996:70。

环境保护等。公共管理就是研究制定从不同层次向社会提供各种所需的公共服务和产品。

体育是社会公共事务的主要内容之一,在体育社会中存在诸多的交流、交往、合作。国家或地区之间、体育活动层面之间、体育团体之间、个人之间等必然存在着各种关系,我们称之为公共关系。关于公共关系,它是一个社会组织用传播的手段使自己与公众人之间形成双向交流,使双方达到相互了解和相互适应的管理活动。这个定义反映了公共关系的本质特征是一种"公众"关系;公共关系是一种传播活动;公共关系是一种管理职能;[①]这些都属于社会公共事务的研究范畴。社会公共事务对体育运动的介入,主要是研究以最佳的方式、方法处理体育运动过程中发生的事务,称为体育事务。事务指"所做的事或要做的事"。[②] 根据以上对"事"或"务"的多重解释,我们也可以这么认为:事务就是指所必需的、负责任的并致力做的,且已完成的或将要去做的事。关于体育事务,我们可以把它理解为:在体育运动运筹过程中所必需的、负责任的并致力做的,且已完成的或将要去做的事。而体育运动的本质属性"是指以身体练习为基本手段,以增强体质,促进人的全面发展,丰富社会文化生活和促进精神文明为目的的一种有意识、有组织的社会活动。它是社会总文化的一部分,其发展受一定社会政治和经济的制约,也为一定的政治经济服务"。[③] 体育界把体育运动也称之为广义的体育,并认为广义的体育从内涵到外延是由狭义的体育、竞技运动、身体锻炼和身体娱乐等组成。那么,也从本质属性上去考虑这些事物必须具备的、可作为该事物的标志的属性。第一,体育(狭义的)是通过身体活动,增强体质,传授锻炼身体的知识、技能、技术,培养道德和意志品质的有目的有计划的教育过程。它是教育的组成部分,是培养全面发展的人的一个重要方面。第二,竞技运动是指为了最大限度地发挥和提高人体在体能、心理、运动能力等方面的潜力,取得优异的运动成绩而进行科学的系统的训练和竞赛的活动过程。第三,身体锻炼是指以健身、医疗、卫生为目的而进行的身体活动。第四,身体娱乐是指以休闲、娱乐、发展兴趣爱好、培养审美能力而进行的身体活动。

狭义的体育、竞技运动、身体锻炼和身体娱乐是一个有机的整体,既有区

---

① 张荷英编著.公共关系学[M].北京:首都经济贸易大学出版社,2001:1~5。
② 中国社会科学院语言研究所编辑室编.现代汉语词典[M].北京:商务印书馆,1987:1052。
③ 全国体育学院教材委审定.体育概论[M].人民体育出版社,1989:18。

别又有联系,本质上的区别是:其主要目的、主要形式和方法各不相同,各自独立,不能互相代替,也不能互相混淆。必然的联系是:都是以身体练习为基本手段,以教育、教学活动为基本形式,以全面发展身体、提高有机体的机能为基本目的,以体育运动项目为基本内容。

由于它们"既有区别又有联系",因而,在运筹过程中所产生的体育事务也必将有其对立与统一特性,符合矛盾运动的基本规律,即两极相通律、物极必反律、两极重合律和两极交换律。[①] 体育运动的本质属性映衬了体育事务的连属,所以,我们认为体育事务的本质属性是:以发展体育运动为目的,依托生物学、教育学、公关学、政治学、社会学、经济学、组织学等为手段,通过对体育运动过程伴随而至的矛盾的揭示,确立主要矛盾及其矛盾的对立与统一、动力与阻力所在,解决矛盾,消除隔阂,推动事物的发展,使之与体育活动有关的生活、生产方式所创造的物质财富、精神财富成为更为丰硕的一种有意识、有计划、有组织、可调控的社会活动。

由于无论在什么样的社会制度下,体育事务本身都具有矛盾运动的特性和体育事务处理的复杂性,所以,可以推断,在两种不同社会制度下的体育团体及个人在体育交往的事务关系上,其"矛"与"盾"的运动、发展、变化将更为复杂。

体育事务的构成有以下两个方面。其一是政府为主导。政府包括负责国家各级行政事务的工作机关、各级党委,人民代表大会所设立的立法、司法机关,以及他们的派出机构等。体育事务是政府通过与社会各界公众的双向沟通,树立政府形象,争取公众对政府工作的理解和支持的自觉活动。其二是事业团体为主体。这里所说的事业团体是指国家事业单位和社会群众团体两类性质的组织。从组织分类角度来看,他们都属于非营利的社会文化组织。社会各种学术团体、民族团体、宗教团体、体育团体等都属于社会团体。各社会团体的目标是实现自己的社会责任,以追求社会效益为自己的根本目标,以公益或互益性为自己的主要手段,当然,它们还受政府的主导,还必须受国家相关法规的制约。

关于体育事务的构成,政府从国家发展的角度主导其体育各类事务的集成,给予政策法规支撑。社会团体从专业、行业的角度,进行具体的事务工作,采集信息,咨询决策;树立威望,实施方案;统筹兼顾,重点突出;以人为本,协

---

① 邓贤科.论矛盾两极运动的基本规律[J].湖南师范大学社会科学学报.1992,2:45。

调关系;及时调控,解决矛盾。

  体育事务运行的社会条件有以下三方面。其一是经济条件。体育具有经济性。在我国,体育长期以来被看作是只有社会效益的事业,因此,体育的发展都是依靠国家财政的投入、"输血"而运转。然而,随着经济的发展,社会主义市场经济逐步建立,体育产业在我国也随着商业开发,凸显其特有的经济效益,具体表现为:商业化运作联赛;产品对体育宣传、推广依赖程度的提高;体育企业受到市场化的调配,完全可以通过市场化资源配置方式得到有效解决;体育俱乐部等微观组织自己管理,完全可以通过市场化资源配置方式得到有效解决;体育产品用来交换以实现其价值。因此,人、集体或一个组织,只有通过自觉的努力才能使自己的产品得到社会的认可,才能使自己的组织得到社会的支持,为自身创造一个良好的环境。因此,市场经济是体育事务产生和发展的现实土壤,良好的经济环境有利于体育事务的运行。其二是政治条件。体育具有政治性。在国际社会日益提倡和平与发展两大主题,不同种族、信仰、肤色的人逐渐融入"地球村"时,竞技体育因其竞争的公平性、直接性、观赏性彰显各国的经济、文化差异而受到不同国家的重视。首先,对于各国政府来说,要提高国家的国际地位和影响,增强民族的自信心和凝聚力,体育是一个极好的途径。体育的政治性无法通过市场化资源配置方式得到有效解决。这种公共物品的个人消费等于集体消费,因此体现了其公共事务的性质,而这种政治性通常是通过竞技体育表现出来的。其次,社会的进步使人民群众的地位提高了,公众队伍形成了,公众的意愿是执政层面必须考虑的重要信息来源。再次,公众要求对社会重大政治、经济活动,特别是关系到自己切身利益的活动有"知情权",要求"透明度"、"公开化",而政府有义务将政府的事务与动作情况定期向公众报告,接受公众的监督,公众可以通过各种合法途径直接或间接地影响国家管理体制的运行,当政者不能不重视民情民意,要与公众保持联系。最后,社会议论、现代传播手段如媒体报刊对政治决策的推行、跟踪、评价、结果的揭露,亦是体育事务进行过程的重要条件。体育具有突出的身体锻炼、品质修炼、人际交往功能,从体育角度可以反映公众的心声和对参与政治的诉求。反之,政治条件的优劣也将影响体育事务的运行。其三是文化条件。人不仅仅具有物质方面的需求,而且还有社会、心理、精神方面的需要,即追求人与人之间的友情、安全感、归宿感和受人尊重等。当今世界极其注重人文精神以及民族文化与世界文化的融合,在融合的过程中,某些落后的民族传统文化思想和体育意识观念是制约我国社会体育发展的不利因素。文化竞争力是区域综合实力的重要组成部分。区域的发展固然离不开经济、区位、城市规模、基础设施、经济服务功能等优势方面的条件,但绝不可忽视文化条件在国际大都市形成过程中的重要作用。国际大都市必须拥有高度现代化的文化设施和文化服务功能,拥有高水平的文化生产、服务领域;强大的文化辐射力和吸引力,与国际经济、社会、文化的发展息息相关。一个社会必须拥有高素质的市民、多元化的文化生活、高品位的生活质量、良好的生态环境和鲜明的文化特色,能以自己独特的文化魅力和整个城市的文明程度来吸引国际投资者和国际游览者,并在国际文化交流中不断提高自己在世界上的知名度。文化多样性取决于社会活动和社会阶层的多样性,这为体育事务的运行提供了丰富多彩的资源。其四是技术条件。市场经济的发展,科学技术日新月异,信息传播技术特别是大众传播技术迅速的崛起,网络的全球普及,极大地缩小了人们之间的空间和时间距离,使世界范围内大规模的信息沟通与交流成为可能,同时也为体育事务的运行提供了必要的技术保障。

由于体育事务数量众多,名目庞杂,目的有别,组织各异,对其分类是一个复杂的过程,可从不同的角度去划分。在对体育事务甄别的理论与实务中,可以根据研究及工作的性质,采用单一的分类或对多种分类交叉进行进一步的研讨和应用,每一类体育事务内部又根据体育事务与组织的关系区分,构成若干分类法及类属。

——根据体育事务与组织(或国家机构、民间团体,下同)的主体构成情况,体育事务可以分为政府间体育事务和非政府间体育事务。这种分类法直接关系到国际(或境内外)对国家(或地区)的影响程度和跨国(或地区)在国际关系(或境内外)中的作用,因此是一种主要分类法。政府间的体育事务致力于政府间内、外体育事业的发展。非政府间的体育事务,是非官方的、民间的组织,其成员不是国家,而是个人、社会团体或其他民间机构。他们在国内外社会中主要通过施加影响来间接发挥作用。

——根据体育事务与组织的主导目标性质,体育事务可划分为政治性体育事务、经济性体育事务和技术性体育事务。政治性体育事务从政治角度入手,通过体育的交流合作,协助解决单纯从政治上尚未能实现的目标。经济性体育事务是对体育经济开发政策、方法、措施、途径的具体操作。技术性体育事务是与体育专业、专项发展和交流有关的各种工作环节。

——根据体育事务与组织的主要职能权限,体育事务可以划分为一般性体育事务和专门性体育事务。一般性体育事务根据组织的宗旨、活动领域和职权范围,维持涉及组织存在和发展的各种必须展开进行的工作。专门性体育事务是针对在一定程度上超出组织的宗旨、活动领域和职权范围内所展开进行的工作。

——根据体育事务在组织间的交互关系,体育事务可划分为组织间的双边体育事务和单边体育事务。双边体育事务由组织间协定而产生,单边体育事务是在这一协定中组织各行其责的体育事务。

——根据体育事务与组织的所属关系,体育事务可划分为内部体育事务和外部体育事务。内部体育事务执行组织内部的体制与机制的建设、运行和发展,及其方针、政策、方法、措施和调控。外部体育事务执行组织间体制与机制的互动、对接、协作、发展和问题的解决的共同协议。

——根据体育事务与组织的重要性不同,可将体育事务划分为重要体育事务、次要体育事务和边缘体育事务。重要体育事务是指对组织或组织所在国家或地区的生存和发展起决定作用的体育事务。对组织所在国家或地区的发展有一些影响但不起决定作用的体育事务称为次要体育事务。边缘体育事务是指与组织所在国家或地区有关系,但又不是重要体育事务和次要体育事务的体育事务。

以上关于体育事务的系列研究,有助于从体育这一层面探索社会公共事务主要研究对象的若干事务的共性和个性,彰显体育在公共管理学领域的研究应用价值。

(十八)体育在图书情报与文献学领域的功能显露

图书、情报和文献学分别是三个学科的称谓,它们三者之间虽有区别,但内在联系密切,相互包含,为研究的便捷,把其统称为"图书情报与文献学",且归结为一个研究领域。图书的出现及其管理体系是对人类从生产劳动中总结出来的经验和知识形成文献后的一个保存与应用机制,是人类文明发展到一定阶段的必然产物,与人类文明的传承有着直接的紧密依存关系。文献是人类文明的积累,情报是从各种文献或各种途径获取有价值的知识、信息并加以利用的一门学问。因此,图书情报与文献学的研究对象是以知识为实体、以信息为载体的文献、图书馆、情报来源、传递与利用的发展规律,研究目的在于发展新的分析、整理、提炼等方法,使人类积蓄下来的经验和知识能在人类社会发展中的各个阶段得到充分的利用。

体育图书情报与文献学是图书情报与文献学的一部分,图书情报与文献工作是体育科学研究的重要组成部分。其任务是将人们在体育科研、教学、训练、管理和实践中所获得的知识、结论、成果,通过搜集、分析、归类、整理、报导、存储、检索、研究和咨询服务等环节,准确、及时地传递给体育科学研究者,体育方针、政策制定者和广大体育工作者。它是图书情报与文献学理论与方法在体育上的应用。通过以体育运动为研究对象的图书情报与文献研究,探索体育图书情报与文献实践体育图书情报与文献过程与规律、手段与方法。体育图书情报与文献学是一门年轻的不成熟的学科,其基本概念、对象、性质、内容,本质与特征、产生与发展的基本规律等还有待于进一步探讨和研究。其目标是不断地提高体育情报的生产效率、利用效果和管理水平。随着科学技术普遍应用于体育运动的方方面面,体育科学研究资料的大量积累,人们在社会实践中,逐步提高了对建立和发展体育图书情报与文献重要性和迫切性的认识。再者,体育图书情报与文献理论与实践活动经验的积累和总结,使人们对此情报有关的一系列的问题,如文献的收集、传递和利用,处理情报的方法和手段,图书的存贮、检索等知识不断加深,使体育图书情报与文献收集信息化、工作系统化、管理科学化。体育图书情报与文献学虽然起步迟,但起点高,已普遍地在体育运动中加以应用,阶段成效显著。体育图书情报与文献学是一门新的边缘科学,是在高度现代化、高速信息化社会的背景下问世的。它的产生与发展,在发展中所运行过的轨迹、所留下的印记将是图书情报与文献学在现代社会中的新的一个分支的产生和发展的一个缩影,也就是说,体育图书情报与文献学在自身完善的同时也使图书情报与文献学的领域得到新的拓展,体育将在图书情报与文献学新的隶属学科的产生与发展中作出贡献。基于这一思路,可以认为这是体育在图书情报与文献学中的功能所在。

(十九)体育在考古学领域的功能显露

考古学是通过发现和复原鲜为人知的各类遗迹、遗物及千年的古迹来展现人类的过去的学科。考古学要发掘、探索的主要有两大类资料,即过去人类活动有关的自然遗存和文化遗存。其中,文化遗存是指遗迹和遗物。考古学的目标是考察人类的过去,这个目标与历史学的目标一样,"所以考古学从本质上来说,也是研究人类历史的学问"。[①] 考古学工作者不但和历史研究工作者一样,要依据历史文献的资料进行研究,而且还要进一步经过田野调查,实地取证和发掘,获得古人的遗存物,然后通过研究所获物品加以分类、比较、分析和综合,获得人类行为、文化和社会等方面在所在年代的发展情况。

体育考古学既是考古学的一个分支,又属于体育人文科学。与考古学一样,体育考古学的内容包括三个方面,即年代范围鉴定、实物资料保护和发掘、

---

① 陈必滔.社会科学概览[M].北京:社会科学文献出版社,2011:367。

整理、再现所获文物资料。体育考古学涉及体育史学、敦煌学、考古学等诸多学科领域,是一门新学科。中国古代体育文化,在一定层面上反映了古代人类行为、文化和社会等方面的发展情况,是与当时的社会政治和经济发展水平相适应的;同时,也是人类在自身发展过程中所产生的一种身体文化产物。下面列举考古中的体育现象及体育在考古研究中的功能所在。

——通过考察旧石器时代中期人类打造的骨器、飞石索和取火器具来推测狩猎与劳动采集过程的原始宗教仪式的出现,寻找教育与体育的共同体。

——通过考察旧石器时代晚期人类所制造的标枪、弓箭等复合工具,来勾勒原始的农业、畜牧业、制陶业、纺织业的原始艺术、原始宗教的发展。

——通过考察氏族社会的射箭、陀螺、投掷物、划船等运动器物,来了解祭礼运动的规模、层次及由此产生的社会影响。

——通过考察史前体育的地域特征,可以帮助梳理各民族体育发展脉络:即游牧民族的骑马、射猎;渔猎民族的跑跳、投掷和射箭;农业民族的舞蹈、摔跤、举重、球戏等。

——通过考察古奥运会遗址和运动场、赛马场、角斗场和各种神殿,可以发现古奥运会也是进行商品和政治交易的极好场所。

——考察荷马时代的祭礼竞技和其中影响较大的祭礼活动,即祭祀阿波罗的皮托运动会、祭祀海神波塞冬的伊斯特摩运动会、纪念英雄赫拉克利斯的尼米亚运动会、全雅典竞技会的赫拉运动等。古希腊体育和古奥运会为人类留下了宝贵的文化遗产。

(二十)体育在人口学领域的功能显露

人口学是"一个用人口变量解释人口现象的科学,它研究的对象是人口、人口现象、人口问题以及人口规律等"。"产生于多学科综合发展之中的人口学,而今不仅是研究当代越发复杂多变的人口现象的现实需要,而且还是其他社会学创新发展的学术需要。"[1]苏联著名人口学专家瓦连捷伊,在他主编的《人口学体系》中指出,"人口学体系是一种比过去任何体系都更完备的科学知识集合体,因而兼备解释、预言和实际生产的功能"。我国著名人口学专家吴忠同教授在他主编的《当代人口学学科体系研究》一书中,把人口学一分为三,即有关人口的方法论知识、理论的知识与经验的应用的知识的综合体。人口

---

[1] 陈必滔.社会科学概览[M].北京:社会科学文献出版社,2011:196~197

学主要沿着两条途径发展:一条是以计量统计的方法,探索人口自身再生产的研究;另一条是与各学科,诸如经济、社会、文化、资源、环境等在交叉研究中发展。这些学科的介入推动了人口学学科的发展,以及人口学自身的逐步成长,使人口学不断繁衍出应用人口学分支,如迁移人口学、生态人口学、健康人口学、家庭人口学、市场人口学和体育人口学等,人口学逐渐成为一门独立的学科,展现出强大的生命力。在我国,人口学的引进与发展尚滞后,还存在着许多问题和严峻的挑战,如人口学理论建设还没有真正起到基石的作用;人口学的研究没有很好地满足改变中国人口难题的现实需要;缺乏对人口学方法论和分析技术研究介入,缺乏规范化的操作与不同方法使用的比较;人口学方法与理论脱节的学科状态还没有得到明显改善,人口学自身方法的主体地位在减弱;对国外人口学方法进展缺乏必要的跟踪,限制了对国际人口学方法最新发展成果的吸纳;人口学现有的理论与方法在其他学科的应用过程中,没有及时被整合、壮大,而逐渐被分化、削弱,模糊了人口学的学科边境;人口学教学资料匮乏,只偏重简单引进,忽视吸收、改造和发展。

体育人口学也是人口学的一个分支,近年来,在研究中国的体育教育、群众体育和竞技体育人口的数量与质量、人与环境的关系、资源与利用、投入与产出、目标的确立、路径的选择等方面做了大量有成效的工作,体育人口学已是体育学科研究的重要部分。对于目前中国人口学的发展所处的困境,基于体育运动广泛的社会性,与人口发展的紧密性和体育人口呈动态扩张性的特点,考虑可以从人口学的视角,加快对体育人口学理论与方法的推动建设,来充实人口学的理论与方法。体育运动包罗万象,从人口视角可发现,它有各种可计量的学科人口,如体育锻炼人口、体育教育人口、体育科研人口、体育管理人口、竞技运动人口、民族体育人口、体育管理人口、体育项目人口、体育年龄人口、体育性别人口、体育交流人口、体育旅游人口、体育经济人口、体育文化人口、区域体育人口、行业体育人口、比较体育人口、学校体育人口等等。通过对体育人口学的系统研究,总结经验,发现规律,形成方法论知识、理论知识与应用知识的综合体,呈现体育运动在人口学研究领域里先行先试的功能和作用。

(二十一)体育在语言学领域的功能显露

语言学是以语言为研究对象的一门科学。人们在对语言的认识和研究过程中,逐步建立起了语音学、语法学、词汇学、文字学等学科。近几十年来,结构语言学、功能语言学、国际语言学、实验语言学、人类语言学、心理语言学、地理语言学、社会语言学、统计语言学、数理语言学、计算机语言学、神经语言学、文化语言学、民俗语言学、应用语言学、儿童语言学、传播语言学等边缘学科层出不穷,体育语言也在一定程度得到了发展。

体育语言发展的标志是体育词典的编纂、发行和在体育运动以及人们的生活中加以应用,使人们通过体育语言了解体育运动的产生与演进和体育运动对人类体格、体能、心智的进化,社会物质和精神文明的发展的功能与作用,体育语言已成为现代人类社会不可或缺的重要的社会活动形式之一。按出版时间前后排序,我们可以了解与体育语言发展关系密切的体育类词典研究的深度、广度与出版应用、需求的情况。

1.《体育词典》

《体育词典》是上海辞书出版社于1984年1月出版的,该《词典》共收词目6 200余条,加上附录,计142万余字。囊括有关体育方面的常用词以及截至1982年以来体育方面的词汇。

2.《中国大百科全书·体育卷》(第1版)

《中国大百科全书》于1993年由中国大百科全书总编辑委员会和中国大百科全书出版社出版。全书按学科或领域分成74卷,共收7.8万个条目,计66个学科,1.26亿字,并附有5万余张图片,册页浩瀚,内容宏富。其中《中国大百科全书·体育卷》卷共收条目763个,插图1 187幅,计159万字。内容包括体育基础学科、体育史、中国现代体育事业、群众体育、各项运动、国际体育组织与运动会、各国体育概况等。

《中国大百科全书·体育卷》第2版于2009年出版,总编辑委员会对许多内容进行了更新和补充。

3.《汉英体育词汇大全》

《汉英体育词汇大全》由魏中明主编,并于1999年由人民体育出版社出版。设置的词汇栏目有:体育运动、奥林匹克、人体运动、训练、体育场地与设备、教育与科技、体育市场开发、宣传媒体、环境保护、文化活动、会议和田径等各运动项目。

4.《体育科学词典》

《体育科学词典》是2000年以袁伟民为主编,由中国体育科学学会和香港体育局组织20个学科近200名专家编写的一部综合性的体育科学词典,由高等教育出版社出版。该词典收录有1 430个现代体育科学研究中使用频数较高、释义准确、精辟的词目。内容涉及体育科学中的学科、学说、理论、原理、原则、概念、方法、技术、术语等多个方面,涵盖体质评价、运动心理学、运动生理学、运动生物力学、运动生物化学、体育统计学、学校体育学、运动医学、体育社会学等多个学科。它具有较高的学术价值和文献价值,可供体育科技人员、体育管理人员、体育院校师生、教育员以及其他体育工作者和体育爱好者使用。①

5.《运动解剖学、运动医学大辞典》

2000年,由人民体育出版社出版的《运动解剖学、运动医学大辞典》,促进了该研究领域与世界在运动生物科上,包括运动解剖学、运动生理学、运动生物化学、运动生物力学、运动医学等的接轨,加快了该领域的国内外学术交流步伐,使运动生物学科也在不断地发展。

6.《汉英体育词典》

《汉英体育词典》由刘振恺编译,并于2004年由外文出版社出版。该《词典》精选词语1万余条,以实用、常用为原则,并充分体现国际奥林匹克运动和体育事业的最新发展。兼顾一词多译及重点词汇,汉英、英汉双向索引,便于通过多种途径进行查阅和记忆,可供参与世界体育赛事、国际体育交流合作的运动员、教练员、裁判员、工作人员、研究人员及广大的志愿者和同时掌握汉、英两种语言的人在涉及国际奥林匹克运动及体育事业的活动中参考查阅。该词典第一部分是一般用语,有体育运动、奥林匹克运动、人员、竞赛类别、规程制度、裁判工作、参加比赛、技术与战术、素质与战术、人体动作、训练、场地与装备、教育与科技、市场开发、宣传与媒体、环境保护、文化活动和会议等18个方向的条目;第二部分是单项体育的田径与游泳、球类运动、体操、举重与健美、格斗项目射击项目、车轮项目、水上运动等等。

7.《中英韩奥林匹克体育词典》

《中英韩奥林匹克体育词典》由田洪烈主编,并于2007年由民族出版社出版。该词典收录了夏季奥运会、冬季奥运会的36个竞赛项目和相关用语以及国际奥委会组织机构、历届奥林匹克运动会、奥运会关联词语等5 000余条。中英文词条均以中国体育界广泛认可且具有权威的公开出版物为准。

8.《汉英奥林匹克大词典》

2008年,在北京举行的第29届奥运会前,西南科技大学外国语学院特组

---

① 体育科学词典.baike.baidu.com/view/7164409.htm。

织编纂的针对奥林匹克运动的《汉英奥林匹克大词典》。该词典着眼服务于2008年北京奥运会,服务于体育、外语科研、教学事业,力求体现准确、创新、全面、实用等特质。

9.《汉法英体育词典》

《汉法英体育词典》由党英媚等编著,并于2008年由外语教学与研究出版社出版。该词典是涵盖30个项目、收录10 000多个词条,提供汉语、法语双向索引的汉法英三语对照的专业化体育词典。本书正文部分包含通用词汇、单项词汇和运动医学词汇三部分,附录中收录了体育组织、体育赛事和北京奥运会比赛场馆的相关名词。该词典具有选词专业化、编审系统化和词义准确化的特点。

10.《北京体育百科全书》

2008年,全书的编纂工作是在北京市体育局主持下进行的,由京华出版社出版。《北京体育百科全书》是一部系统介绍北京体育发展历史和体育事业成就的现代百科全书,也是中国第一部地域体育百科全书。该百科全书以"浓缩北京体育历史,展示首都体育辉煌,普及体育运动知识,提升全民体育素养"为编辑宗旨。这一编纂工程是北京体育工作的一项基础性文化建设,是北京体育史上一件具有开拓意义的大事。

11.《英汉汉英体育词汇》

《英汉汉英体育词汇》由刘汉全主编,并于2010年由商务印书馆出版。本书共收英汉、汉英词目5万余条,以奥林匹克运动、奥运会(包括残奥会)和主要的非奥运体育项目为主体,涉及体育活动及其组织、管理、报道、科研、教育等诸多科目门类,内容广泛、全面而集中,兼具通俗性和专业性、实用性和学术性,适应多层次、多方面的需求。

体育系列词汇、词典的出版,其内容广,覆盖面大,丰富、规范了体育语言词汇,也因为作为语言学分支之一的新诞生的体育语言学的研究成果对社会生活和相关学科产生积极的影响,使语言学研究的应用领域不断延伸扩大。

第四节　体育基础功能的分类

我们已从本体(本源)性和非本体(非本源)性领域阐述了体育的功能作用,为我们进一步对体育功能的分类提供了内涵与外延的支撑。体育是社会发展和人类文明进步的产物,体育事业的发展水平决定着一个国家的综合国力和社会的文明程度。在物质文明飞速发展的今天,人们越来越认识到体育对其自身影响的重要性。经济越发展,社会越进步,人们的健身欲望就越强烈,体育的功能就越凸显。体育是指以身体练习为基本手段,以增强体质,促进人的全面发展,丰富社会文化生活和促进精神文明为目的一种有意识、有组织的社会活动。因此,从社会的需求和人们便于驾驭体育功能的需要,本书将体育的基础功能具体分为健身功能、娱乐功能、教育功能、政治功能、经济功能、文化功能、军事功能、科技功能、康复医疗功能、社会情感功能这几个方面。

一、健身功能

这是体育的本质功能,通过身体练习的手段来增强体质,促进人的全面发展,这是体育最本质的特点。毛泽东同志在《体育之研究》中指出"体育一道,配德育与智育,而德智皆寄于体,无体无德智也。"体育锻炼可以刺激大脑的神经中枢,可以使神经细胞突起分支增多,信息传递速度增加,提高神经系统的调节能力和灵活性;可以促进血液循环,改善心脏的功能;可以促进人体的生长和发育,使骨密质增厚,肌腱和韧带增粗,改善肌肉骨骼的供氧、供血能力,增加骨骼肌的耐受力;对消化系统、呼吸系统、内分泌系统等机能的提高有良好的促进作用。与此同时,体育锻炼可以增强人们适应自然的能力。随着社会的日新月异,生活压力等使人们忽略了对身体的培养和锻炼,从而导致机体机能病变,出现亚健康的状态,进而导致各种疾病的发生。因此,认识和运用体育的本质功能可以预防"文明病"产生,通过体育运动调节身体的机能,从而以更加良好的状态投入工作和生活中。

二、娱乐功能

随着社会现代化进程的加快,从工业社会到信息社会,人们从体力劳动逐渐转变成脑力劳动,工作时间也大大减少,余暇时间就增多了,如何在工作之余利用好剩下的时间成了人们关注的社会问题。根据马斯洛的需求理论,人们在满足了基本的吃、穿、住、行等生理需要的基础上,需要获取更高层次的精神层面的需求。内容丰富的余暇生活不仅能够放松工作时高度紧张的大脑神经,也可以在繁重的工作后得到积极的休息,从而达到陶冶情操,愉悦身心的目的。体育运动娱乐功能的客观存在是为了满足人们的精神需要。人们获得娱乐身心的方式主要是通过参加体育活动和观看体育比赛等。体育运动现在已经成为人们余暇生活的重要组成部分。现代奥林匹克之父顾拜旦在他的名作《体育颂》中,也满腔热忱地歌颂了体育这一功能。他写道:"啊,体育,你就是乐趣!想起你,内心充满欢喜,血液循环加剧;思路更加开阔;条理更加清晰。你可使忧伤的人散心解闷,你可使快乐的人生活更加甜蜜!"

三、教育功能

教育是有目的、有组织、有计划地进行培养人才的一种社会活动。体育是学校教育不可缺少的组成部分,现代社会培养的是德、智、体、美、劳全面发展的人才,体育是培养全面发展人才的构成要件,从古至今,体育始终贯彻教育始终,无论是春秋战国的"礼、乐、射、御、书、数",唐代的武举制度,还是古希腊斯巴达教育体系中的体操学校,都体现了体育在培养全面发展人才中的重大作用。目前的学校教育主要注重的书本知识的学习,缺乏对思想道德、意志品质等方面的培养,体育正好弥补了其他教学手段的不足。在集体的体育活动项目中,可以获得团结奉献、互帮互助、众志成城、敢于拼搏等集体主义价值观。在如今竞争激烈的现实社会中,没有团结协作的精神是无法立足的。在从事个人的体育锻炼中,需要克服运动中产生的身体困难,这对学生获得坚毅果断、不畏艰难、沉着冷静的意志品质有独特的效果,同时对防止学生不良习性,个人主义,损人利己行为的纠正,都是其他教育手段无法企及的。在培养全面优秀人才方面,体育的教育功能凸显。

四、政治功能

体育本身是没有政治性的,但是体育作为国家发展到一定阶段的产物,顺应了人类发展的需要,服务于社会,就带有了政治的色彩。体育的政治功能表现在以下几个方面。首先,为国争光,提高国际地位。体育运动的国际性传播的是一种爱国主义、民族主义的价值观,无形中扩大了比赛本身的意义,从两个国家竞技体育的竞争演变成为两个国家之间的竞争,这远远超过了体育本身的价值。当奥运会开幕式时,运动员穿着带有国家明显标志的运动服;当比赛结束获得冠军时奏响国歌和国旗冉冉升起;当运动员的精彩表现获得全场欢呼时等,人们心中都会涌现爱国情怀。特别是中国女排在祖国经济刚起步,国际地位不被认可的环境下,不负众望,勇夺五连冠,向世界人民证明了中国人民的实力,为国争了光。其次,服务于外交。体育的交流可以改善各国人民之间的关系,团结世界各国人民,为本国的外交政策服务。中国的体育外交("乒乓外交"),小球转动大球,这是众所周知的,曾经对我国的政治产生过深远影响。再次,体育可以沟通人与人之间的感情,加强人际交往,密切单位之间联系,促进国内政治一体化,有利于中国特色社会主义和谐社会的构建。

五、经济功能

体育本身不是生产力,不能给国家带来经济效益,但它能提高劳动者的生产效率,促进生产力的发展。随着经济全球化的迅速发展和体育运动在各国的普及,体育产业正成为21世纪最具前景的新兴产业。体育产业含有以下四种类型:第一,体育服务业,包括体育组织管理活动、体育培训、体育赛事、体育表演、体育娱乐、体育中介、体育场馆、体育旅游、体育医疗康复、体育健身俱乐部和体育协会等;第二,体育用品制造业,包括体育用品、器材、设备、服装、鞋帽的制造与销售;第三是体育彩票业;第四是体育建筑业等。体育产业作为21世纪最具前景的新兴产业,已经成为经济发达国家必不可少的支柱产业之一,在体育产业发达的北美、西欧和日本,体育产业的年产值已经进入了国内十大支柱产业之列。当前,全球体育产业增加值已超过8 000亿美元,西方主要发达国家体育产业增加值一般都占本国GDP的$1\%\sim3\%$。[①] 体育运动在经济领域中的强大功能已得到国际社会的认同。

六、文化功能

文化是一种社会现象,是人们长期创造积累的产物,伴随着社会的文明而发展,社会的发展而进步。体育文化本身就是一种社会文化现象。文化是人类在社会历史发展过程中创造的物质财富和精神财富的总和,包括制度文化、物质文化、精神文化。制度文化是人类在社会实践中组建的各种社会行为规范,在体育实践中表现为建立的各种体育法规、体育指导、体育组织等;物质文

---

① 鲍明晓.福建省体育产业发展规划研究报告[J].福建省体育产业发展战略研究.福州:海峡书局,2010(12)。

化是人类的物质生产活动方式和产品的总和,具体指可以被感知的物质实体;精神文化是人类社会意识孕育出来的价值观等。体育在文化领域显示出多重功能,包括:基于体育运动和自己的需要,协调群体成员的行动,消除隔阂、促成合作;引导群体成员为了共同的运动目标,共同采取有效的行动,共享体育文化;遵守被普遍认可的价值观和行为准则,维持社会秩序等。人类由于共同生活的需要才创造出体育文化,体育文化在不同的层面发挥着重要的功能和作用。

七、社会整合功能

构建和谐社会是我国在新世纪建设社会主义现代化国家过程中所提出的新的发展目标。所谓"和谐社会",就是一个社会系统中的各个部分、各种要素处于一种良性运行和相互协调发展的状态。在我国当前所处的社会转型背景下,探索适应社会发展变化特征的新的社会整合机制,以重建人们在社会结构中的有效联结途径与方式,是建设社会主义和谐社会应有的题中之义。体育在创造和激发国家与民族情感,加强国家、民族乃至地方认同,以及释放社会压力、宣泄社会情绪方面所发挥的作用已有目共睹,这些作用对有效的社会整合过程无疑具有积极的社会意义。

八、科技功能

没有科技,就不能成就现在的体育。现代体育是科学技术发展的产物,没有科学技术的支撑,体育的发展也将举步维艰。体育科学作为一门新兴的学科,目前已经逐步成熟起来,并建立了完善的体系,它的研究对象是运动中的人,主要的研究内容是解开人体科学的奥秘和增进体育运动过程中人体运动能力和各种运动装备的结合。就目前的科学技术而言,尚有许多未能解决的问题,为体育科学的研究和应用带来了新的课题,体育运动上、科学研究上的突破同样也是社会科技进步的标志。因此,体育的科学功能值得重视。

九、康复医疗功能

健康和长寿是人类共同的愿望,如何预防和治疗疾病成了人们关注的话题,医疗体育主要通过对运动器官的体疗康复来使伤病者和残疾者在身体功能上、精神上和职业上得到康复,进而回归社会。属于主动疗法的体疗是积极的,是其他方法所不能代替的,并且是世界卫生组织预防与康复专家委员会所提倡。[①] 体育已经把中国古代哲学和中医的一些基本理论合理地进行结合,吸收现代文明关于人体生命研究的各种科学成果,形成了关于养生理论和保健实践的科学体系。体育的康复医疗功能,将越来越受到人们的重视。

十、宗教功能

神灵宗教学是揭示宗教产生和发展的一门科学,宗教既是历史现象,也是现实生活。所有的国家、民族都有对各自宗教的信仰,宗教文化几乎囊括了文化的所有形式,成为文化的一个缩影。宗教无不扎根于民间,新兴的民俗宗教学以独特的视角研究宗教的世俗化与规律,民俗或民间文化是宗教得以生存的土壤。民俗体育是民俗的组成部分,是民俗活动的载体,它既是一种体育活动,也是一种民俗文化,更是一种生活方式。群体性和民间性是民俗体育的基本特征。从某种意义上讲,体育起源于宗教。迄今,仅在台湾和福建广泛流传的民俗体育项目就有50多种,如国术(武术)、太极拳、角力(摔跤)、气功、围棋、棋艺(中国象棋)、角抵、土风舞、跳鼓阵(花鼓)、宋江阵、车鼓阵、风筝、龙舟、拔河、踢毽子、踩高跷、醒狮舞龙、踏青、扯铃(抖空竹)、跑旱船与牛犁阵(扭秧歌的种类)、客家花鼓、跳绳、流民拳(客家人的拳种)、陀螺等。民俗体育已成为民俗乃至与民俗关系密切的宗教活动不可或缺的重要部分。一方面它使有着区域特征的民俗与宗教建立了相互映衬的关系,作为民俗文化的有机组成部分而得到继承和弘扬;另一方面,民俗文化同时也扩大了宗教的内涵和外延,展示了体育在民俗乃至在宗教发展中的特有功能。

---

① 姚鸿恩.体育保健学[M].北京:高等教育出版社,2006:390。

第六章 闽台体育功能

闽台文化的交融,源远流长,早在远古时期,两岸的古人类通过"东山陆桥"进行交流。到新石器时期,两岸的文化交流更为频繁。唐宋之后,中原居民的南迁和随之的文化浸润,成就了闽南地区的繁盛。明清之后,包括闽南居民在内的汉族人民的东渡,再度促成了台湾的开发。在台湾,多数居民是闽南人的后代,近73%的民众讲闽南话,沿袭着闽南习俗。闽南文化随着台湾同胞世代繁衍,在台湾绵延不断。[①] 历史上从广东迁徙至台湾和1949年旧中国统治阶层溃退至台湾所随行带去的约200万之众及几十年来的繁衍,使大陆迁至台湾的人口达98%。以福建为主的迁至台湾的大陆民众,带着各个时期的中华文化及中华体育文化,根植于台湾,使闽台两地民间形成了共同的体育习俗、休闲方式、健身理念、养身之道、价值观念、意识形态和行为规范,呈现出同质性和内聚力。这一显著的体育地域特征,从文化地理学视角、民俗学视角和考古学视角上看,都可以说明闽台是一个共同的体育文化区。那么,体育的功能在这一闽台共同的体育文化区内,将能得到尽可能的展现,发挥其应有的价值作用。

马克思主义认识论即辩证唯物主义认识论,是关于认识的本质、来源、发展过程及其规律的科学理论,它坚持从物质到意识的认识路线,认为认识的发展过程是从感性认识到理性认识,再由理性认识到能动地改造客观世界的辩证过程。马克思主义认识论揭示了关于自然、社会和人的思想发展的普遍规律,为一切科学研究提供了方法论,提醒世人:要按客观事物的本来面貌来认识它们;不要孤立地看世界;不要静止地看问题;要抓住事物的规律性的东西,才能真正认识到客观事物的真面目。毛泽东的《矛盾论》为马克思主义哲学在中国的传播和发展作出了杰出的贡献。《矛盾论》是唯物辩证法的最根本的法则,即对立统一的法则,矛盾论给予我们解决问题的方法。矛盾的普遍性和特殊性是对立统一的关系,相互区别,相互联系,在一定条件下(场合的不同)互相转化。矛盾运动使我们认识到,事物往往都是从特殊的入手,然后逐步一般

---

① 陈少坚,谢军.闽台体育文化交融[M].北京:人民体育出版社,2007:2。

化;再在一般的指导下更加深入地认识某些特殊的事物。一般与特殊的对立统一关系存在于无处不在、无时不有的矛盾之中,人们认知事物的规律也有特殊与普遍之分。所谓普遍规律,是一切事物的共同规律,是最一般的规律。这一规律对这个范围来说也是一般规律,但对更大的范围来说则是特殊规律。因此,一般规律和特殊规律的区分是相对的,必须通过认识特殊规律去掌握一般规律;掌握了一般规律,就可以用它作指导,进一步去认识特殊规律。

从矛盾视角来审视闽台体育的功能,其必有体育的一般功能与特殊功能之区别。另外,因海峡两岸社会体制不同,意识形态有差异,特别是台湾政坛变幻莫测,诸多因素使体育的一般与特殊功能未能得以呈现。有的体育功能随着海峡两岸社会关系的演进呈现阶段递进变化,有的体育功能还必须外加条件助力推动才得以呈现,闽台体育的这一现象生动地印证了"体育要受政治经济制约,也要为一定的政治经济服务,发挥其一定的上层建筑的职能"[①]这一论断。那么,我们可以把"随着海峡两岸社会关系的演进呈现阶段递进变化"而变化的体育功能称之为闽台体育的"潜稳功能",把"必须外加条件助力推动才得以呈现"的体育功能称之为闽台体育的"可拓展功能"。

本书在第六章第三节中阐述了体育的功能领域及作用,即体育的本体(本源)与非本体(非本源)在相关领域的功能呈现的现实存在与可能的开拓,可以使我们清楚地看到,体育的功能特性无处不在、无时不有,但所具有的功能能否发挥相应的作用,其关键在于人们要有目的、有计划、有组织、有调控地发掘运筹。对体育的同一种功能运筹的目的、方法、途径、绩效评定不同,该功能所达到的预期也不同。比如:体育的健身功能可以是个人的健身手段,也可以经运筹调控成为海峡两岸民众或管理层相互交流合作、增进了解、建立互信的平台。体育在相关领域的功能呈现的现实存在与可能的开拓,为本章研究闽台体育的一般功能、特殊功能、潜稳功能和可拓展功能提供了丰富的体育功能资源。下面,就体育在闽台社会交往发展中所起的作用的相关案例来阐述闽台体育的一般功能、特殊功能、潜稳功能和可拓展功能。

第一节 闽台体育的一般功能

"一般"意指通常的、普通的或普遍的。闽台体育的一般功能,我们可以把

---

① 体育学院通用教材.体育概论[M].北京:人民体育出版社,2002:77。

它理解成为在海峡两岸社会交往过程中,闽台体育呈现的普通的、常见的,且不易受时局影响,并能对两岸的体育文化交流、合作、发展施予积极的影响的功能。基于以上的思路和海峡两岸关系的发展阶段,我们认为体育在塑造体格、强健体能、养生祛病、休闲娱乐、体疗康复和教育教养年轻一代中所能起到的正面作用是闽台体育的一般功能所在。闽台体育一般功能的载体是各种形式的体育健身运动,在祖国大陆,赋予这一载体的称谓是"全民健身运动",在台湾普遍称为"运动休闲"。但无论称谓如何,其健身目标极为一致,在内容、方法、手段、途径和举措上也有众多的共同之处。我们可以分别从闽台社会各自现实中存在的,以健身为目的的各类体育活动现象,剖析其结构、功能与作用的共性与差异,来探讨闽台体育的一般功能及其在闽台体育交流合作中的特性。即:其一,以上这些体育活动形式分别在两岸社会中存在的现实及在养护人体方面的功能与作用;其二,这些体育活动形式的交流与合作对两岸关系发展的功能与作用。

一、福建省的全民健身运动

(一)福建省新一轮的全民健身运动的开始

福建省的全民健身运动是祖国大陆全民健身运动的一部分。

1949年新中国成立后,中国走上了人民解放、民族复兴之路。

1952年6月10日,毛泽东为中华全国体育总会的成立题词"发展体育运动,增强人民体质",确定了新中国体育的根本任务。

《中华人共共和国宪法》规定:"国家发展体育事业,开展群众性体育活动,增强人民体质。"

《中华人民共和国体育法》明确规定国家发展体育事业,开展群众性的体育活动,提高全民族身体素质。体育工作坚持以开展全民健身活动为基础,实行普及与提高相结合,促进各类体育协调发展。

国务院于1995年6月颁布了《全民健身计划纲要》,全民健身计划的实施是一项在国务院领导下,由国家体育行政机关会同有关部门共同推行的,依托社会、全民参与的、为实现社会主义现代化目标配套的系统工程,是动员和组织国民积极投入各种形式的身体锻炼以增强体质、提高国民素质的跨世纪的社会体育发展战略规划。

20世纪80年代,国家体育发展战略中就注意到必须使以青少年为重点、以全民健身为基本内容的群众体育与以奥运会为最高层次、以训练竞赛为主要手段的竞技体育协调发展的战略思想。但长期以来,群众健身活动仍处于滞后状态。《全民健身计划纲要》(下称《纲要》)的制定、颁发和实施,就反映了国家落实竞技体育的突破与全民健身的发展协调进行的决心,所以,必须大力加强社会体育。

全民健身计划到2010年的奋斗目标是努力实现体育与国民经济和社会事业的协调发展,全面提高中华民族的体质与健康水平,基本建成具有中国特色的全民健身体系。对于中国大陆特色的全民健身体系,首先它是政府行为,是政府颁布的一项宏观的开展全民健身的整体战略规划,有指令性的目标和措施;其次全民健身计划实质上是针对我国体育发展中的问题,进一步强化社会体育的重大举措,目的在于促进各类体育的协调发展;再次中国地域辽阔、人口众多,地区发展不平衡,因此,全民健身计划只能是原则性的指标,不可能提出全国统一的指标体系。

《纲要》提出到本世纪末,经济、社会和体育程度不同的各类地区,经常参加体育活动的人数都应有所增长,人民体质明显增强,群众参加体育活动的时间、体育消费额等逐步加大,群众体育健身活动的环境和条件有较大的改善。

在体制问题上,《纲要》提出到本世纪末,初步建立适应社会主义市场经济的全民健身管理体制,初步形成人民群众广泛参与、充满发展活力的运行机制,建立起社会化、科学化、产业化和法制化的全民健身体系的基本框架。

此外,《纲要》还就开展对象和重点作出规定,全民健身计划以全国人民为实施对象,以青少年和儿童为重点,同时对职工、社区居民、农民、军人、妇女、老人、残疾人和知识分子都提出了不同的要求。

国务院《全民健身计划纲要》的颁布之时,也是福建省建立在新中国成立后,持续进行的全民健身运动基础上的新一轮的"全民健身运动"的发起之日。福建省与祖国大陆各地市一样,其全民健身计划得到了贯彻落实。

全民健身计划关系着人民群众身体健康和生活幸福,是综合国力和社会文明进步的重要标志,是社会主义精神文明建设的重要内容,是全面建设小康社会的重要组成部分。到2010年,《全民健身计划纲要(1995—2010年)》规定的目标任务已经完成。为进一步发展全民健身事业,广泛开展全民健身运动,国家根据《中华人民共和国体育法》、《全民健身条例》和国家经济社会发展实际,又制定了《全民健身计划(2011—2015年)》。

到2015年的总体目标是:城乡居民体育健身意识进一步增强,参加体育锻炼人数显著增加,身体素质明显提高,体育健身设施更加完善,形成覆盖城乡的全民健身服务体系。

目标任务是:经常参加体育锻炼人数进一步增加,城乡居民身体素质进一步提高,体育健身设施有较大发展,全民健身活动内容更加丰富,全民健身组织网络更加健全,全民健身指导和志愿服务队伍进一步发展,科学健身指导服务不断完善,全民健身服务业发展壮大。

工作措施有:深入开展全民健身宣传教育,切实加强青少年体育工作,大力发展城市社区体育,加快发展农村体育,广泛开展职工体育活动,积极发展少数民族传统体育,重视发展老年人体育,大力推进残疾人体育活动,继续推行体育锻炼标准和体质测定标准,办好群众性体育活动等。

保障措施有:加大各级财政对全民健身事业的投入;鼓励社会兴办全民健身事业;有计划地建设公共体育设施;提高体育设施利用率;支持基层体育组织建设;加强社会体育指导员队伍建设;广泛开展全民健身志愿服务活动;扶持发展全民健身服务业;做好信息、科研和法制建设工作等。

组织实施如下:国务院领导下,由体育总局会同有关部门、各群众组织和社会团体共同推行和组织实施。县级以上地方人民政府要依照本计划,根据当地实际情况,制定本行政区域的全民健身实施计划。各部门、各行业也要制定相应的全民健身实施计划。县级以上地方人民政府要成立本行政区域的全民健身工作领导协调机构,领导当地推行全民健身实施计划工作。本行政区域的主管体育工作的部门会同有关部门和组织共同推行当地全民健身实施计划。县级以上地方人民政府要加强对推行当地全民健身实施计划的组织和协调,并对当地全民健身实施计划的实施情况负责。各部门、各行业也可成立相应的全民健身实施计划领导协调机构。建立实施效果评估机制。县级以上主管体育工作的部门要在本级政府任期届满时,会同有关部门评估全民健身计划和全民健身实施计划实施情况,并将评估结果报告本级人民政府。对为全民健身事业作出突出贡献的单位和个人进行表彰奖励。中国人民解放军和中国人民武装警察部队可根据全民健身计划的要求,结合部队实际参照执行。

(二)福建省全民健身运动的进一步开展

福建省全民健身运动一直紧跟全国全民健身运动的步伐。为配合国家职能部门制定切实可行的《全民健身计划纲要》,1994年,福建体育职能部门联姻福建多所高校,对福建省群众体育活动喜闻乐见的项目在各地的开展情况,全省体育设施、场馆及其利用率,全省各地体委群体经费的投入,全省群体干部情况及群体活动开展频度进行了系统调研,力求摸清福建省自新中国成立以来的阶段群众体育开展的即时行情,为研究制定下一阶段福建省群众体育规划提供咨询及参考。

研究采用召开全省体育工作会议、深入各基层调查、填报调查问卷等方式,该次调查涉及面较广,全省6个地级市(福州、厦门、漳州、泉州、莆田、三明)的调查反馈率为10%,全省64个县(县级市)中有50个县(县级市)对调查及时地反馈。

调查结果显示,福建省开展的群体活动中,群众最喜闻乐见的竞技性体育项目主要有篮球、乒乓球、游泳、足球、羽毛球、田径(跑步)、武术、举重、自行车、射击,娱乐性强的传统体育类项目有棋牌(中国象棋、围棋、桥牌等)、门球、气功、健身操、信鸽、钓鱼、舞龙、划龙舟、爬山、拔河、台球、交谊舞等。[①] 对于我省各地最适宜开展群体项目的调查结果表明,各地(市)、县选择适宜的调查方法核实了福建体育设施情况,即标准田径场、体育馆、运动场、足球场、游泳池(馆)、灯光球场、健身房、旱冰场等体育设施达到建设部、国家体委制定的县级体育设施标准情况,二场一池一房"有31个县(县级市)占62%,未达标准的有19个县,占38%。通过分析19个未达标准的县的区域分布显示,地处内陆及山区的县占68.4%。[②] 调查发现各地对群体经费投入总额不平衡和大部分市县群体经费严重不足的情况。调查了解到群众体育的组织领导队伍的诸多问题。

此次福建省进行体育职能部门主持的大范围群众体育工作及成效的调研,对下一步福建省的全民健身提出了三点建议:第一,为使今年国家全民健身计划顺利在我省实施,结合我省近年来群体活动的实际情况,省及各地体委应有计划地积极开展有关的群体工作调研活动,广泛地宣传全民健身计划,结合全民健身计划的总体要求,制定出我省及各地的具体群体活动规划及实施手段等,并于近期召开有关全民健身方面的研讨会;第二,进一步地充分发挥我省各地现有体育设施、场馆的作用,只要做到科学地安排、合理地使用,就能为广大人民群众提供更多的活动场所,使群体活动内容更加丰富多彩,也可缓解场所不足的困扰;第三,群体经费的筹集走多元化的方向,不同地区可根据所处地区的具体情况广筹群体经费,如厂矿企业的赞助,侨乡华侨的热情支

---

① 周晓东.福建省群众体育现状的调查报告[J].福建体育科技,1995,14(1):9。
② 周晓东.福建省群众体育现状的调查报告[J].福建体育科技,1995,14(1):10。

持,利用现有体育设施、场馆的商业经营等。①

  1995年国家正式颁布《全民健身计划纲要》,福建省在贯彻落实《纲要》方面取得了很大的进展,主要体现在如下几个方面。第一,各级政府重视、全民参与。根据《纲要》和结合福建省群众体育工作的实际情况,福建省政府于1996年8月正式颁布《福建省贯彻<全民健身计划纲要>实施意见》,对福建省全民健身的主要目标、实施要求、实施对策、实施步骤等提出了具体的意见和设想。在实施意见的指导下,省及九地市和79个县都成立了全民健身领导小组,为全省全民健身工作的开展提供了组织保证。为了进一步地掀起全省全民健身的热潮,省体委和省有关宣传部门精心策划,认真准备,有组织地开展了一系列的大型体育健身活动和宣传活动,如省及各地的全民健身节、全民健身宣传周等。这些举措有力地推动了福建省各地全民健身活动的开展。追踪统计表明,全省经常性参加体育锻炼的人口达1 000万左右,占全省总人口的三分之一。第二,培养全民健身活动的骨干队伍。通过全省76个试点单位的实践表明,其效果较好,起到了示范带头作用。加强了国家一、二、三级社会体育指导员的培训,发挥了社会体育指导员应有的作用,使福建省全民健身运动朝着制度化、科学化管理建设上迈进。第三,加强城市社区体育工作,为城市精神文明建设作贡献。为满足人们经济生活水平的改善对体育健身的需求,要拓展健身项目的多样化、锻炼手段、方法的科学化、健身场馆分布的合理化。第四,全面地开展成年人体质监测工作,推动《中国成年人体质测定标准》在福建省的进一步实施。1997年福建省参加了由全国19个省、市组成的中国成年人体质监测网络,承担了全国成年人体质监测福建部分的监测任务,在顺利完成国家任务的同时,我省开展了全省九地市的成年人体质监测工作。此次监测工作,取得了很大的收获,主要体现在几个方面。①首次较为全面地了解了我省成年人体质状况,建立了我省成年人体质监测基础数据库。这次监测结果表明,我省成年人体质状况从总体上看要好于全国平均水平,根据《中国成年人体质测定标准》评定,我省成年人达到合格及以上标准的占监测总人数的82.15%。②初步建立了我省成年人体质监测网络。目前,省及九地市已建立了成年人体质监测中心,配备了专门人员和监测器材。③培养了一支体质监测和体质研究的骨干队伍。据统计,省级成年人体质监测中心培训了监测人员近300人。② 第五,农村体育开创了民族体育与现代体育相结合共同繁荣的新局面。在农村,每逢传统节假日要开展形式多样的健身活动,

---

  ① 周晓东.福建省群众体育现状的调查报告[J].福建体育科技,1995,14(1):11。
  ② 周晓东.福建省全民健身活动的现状及发展[J].福建体育科技,1999,18(3):11。

如端午节赛龙舟、重阳节登山、元宵节舞龙舞狮等,吸引了许多的群众热情地参与其中。据1997年的统计显示,全省有24个县(市)达到全国体育先进县的标准,6个县(市)荣获全国武术之乡的称号,3个县(市)荣获田径之乡的称号。参与福建省策划、组织、实施贯彻《全民健身计划纲要》的学者周晓东,对福建省实施《全民健身计划纲要》前三年绩效评述:"我们可以较为清晰地看到,在《全民健身计划纲要》的指导下,我省全民健身活动正在朝着更深一层次的方向发展,计划与市场的结合、宏观与微观的结合、普及与提高的结合,在科学化的指导下开展全民健身活动,使体育健身这一古老而又充满着生命活力的运动焕发出更加强大的生机。在即将到来的21世纪,人们会更加需要体育健身,体育健身势必为社会的发展和繁荣作出更大的贡献。"①

2011年,福建省政府在全面总结《全民健身计划纲要(1995—2010年)》在福建省贯彻落实成效的基础上,根据国务院所制定颁发的新的周期的《全民健身计划(2011—2015年)》②内容要点,又制定推出《福建省全民健身实施计划(2011—2015年)》,从指导思想,目标任务,工作、组织、保障措施等方面进行了详细的部署,确保全民健身运动在福建取得更大收获。

附:

福建省人民政府关于印发福建省全民健身实施计划③(2011—2015年)的通知

(闽政〔2011〕66号)

各市、县(区)人民政府,平潭综合实验区管委会,省人民政府各部门、各直属机构,各大企业,各高等院校:

现将《福建省全民健身实施计划(2011—2015年)》印发给你们,请认真组织实施。

二〇一一年七月二十一日

---

① 周晓东.福建省全民健身活动的现状及发展[J].福建体育科技,1999,18(3):12。
② 国务院.全民健身计划(2011—2015年)[R].国发〔2011〕5号,2011-02。
③ 福建省人民政府.福建省人民政府关于印发福建省全民健身实施计划(2011—2015年)的通知[R].闽政〔2011〕66号,2011-07。

福建省全民健身实施计划(2011—2015年)

全民健身是社会主义精神文明建设的重要内容,是全面建设小康社会的重要组成部分。全民健身关系到我省公民的身体健康和生活幸福,关系到社会和谐与文明进步,是保障和改善民生的重要内容。为进一步发展我省全民健身事业,根据国务院印发的《全民健身条例》(国务院令第560号)和《全民健身计划(2011—2015)》(国发〔2011〕5号),结合我省实际,制定本实施计划。

一、指导思想

深入贯彻落实科学发展观,打造"健康福建",保障公民参加体育健身活动的合法权益,坚持体育事业公益性,强化政府体育公共服务,推动全社会参与健身事业,推动健身服务常态化,促进健身生活化,切实提高全省公民体质及健康水平,丰富精神文化生活,形成健康文明的生活方式,提升幸福指数,促进福建体育事业科学发展,为福建科学发展、跨越发展作出积极贡献。

二、目标任务

到2015年,全省体育健身设施进一步改善,体育健身组织更加健全,全民健身活动更加活跃,城乡居民全民健身公共服务体系基本完善,体育公共服务水平明显提升。城乡居民的健身意识进一步增强,经常参加体育锻炼人数显著增加,身体素质进一步提高。

(一)经常参加体育锻炼人数显著增加。全省城乡居民参加体育健身意识和科学健身素养普遍增强,体育健身成为更多人的基本生活方式,参与健身的技术水平、知识水平和理解水平得到普遍提高。每周参加体育锻炼活动不少于3次、每次不少于30分钟、锻炼强度中等以上的人数比例达到35%以上;学生在校期间每天至少参加1小时的体育锻炼活动,其他各类人群参加体育锻炼的人数比例高于国家规定的平均水平。

(二)城乡居民身体健康素质进一步提高。达到《国民体质测定标准》合格标准以上的城乡居民(不含在校学生)人数比例增加到90%以上,在校学生普遍达到《国家学生体质健康标准》基本要求,其中达到优秀标准的人数比例超过20%,耐力、力量、速度等体能素质明显提高。

(三)体育健身设施得到明显改善。形成省、市、县(区)、街道(乡镇)、社区(行政村)五级公共体育健身设施网络。城市居民骑车10分钟左右到达社区健身点、20分钟左右到达全民健身中心、30分钟左右抵达大中型体育中心。全省人均拥有的体育场地面积达到1.8平方米以上。

(四)全民健身组织网络更加健全。健全省、市、县(区)、街道(乡镇)、社区(行政村)五级全民健身的纵向组织网络,构建覆盖主要人群的单项体育协会、行业体育协会和老年人、残疾人、少数民族、农民、学生等人群协会的横向全民健身组织网络。

(五)广泛开展全民健身活动。大力开展群众喜爱、普及面广、参与面宽的健身项目,积极创建具有地方特色的全民健身活动品牌。倡导公民每人参与1个运动项目,掌握2种健身方法,每周参加3次以上的健身活动。

(六)全民健身指导服务水平明显提升。体质监测指导机构更加健全,监测服务更加方便;社会体育指导员志愿者服务网络更加完善,健身指导更加常态,实现每个城市社区设有1个健身指导站,平均每个健身指导站有2名社会体育指导员和3个社区体育志愿者。到2015年,全省每万人口拥有社会体育指导员15人。

(七)工作方式实现较大突破。初步形成比较完善的领导、决策、动员、协调、推动、督促、落实机制,有效管理体育公共服务各项事务。探索建立全民健身指数评价体系、评价途径和结果应用。

三、工作措施

(一)加强宣传引导

充分利用广播电视、平面媒体,以及互联网、移动终端等新兴媒体,开办专栏、举办讲座、播放公益广告,普及科学健身知识,提高公民科学健身素养。借助"全民健身日"、重大体育赛事及各种体育活动加强宣传,倡导健康生活方式,开展"终身体育"教育,倡导人人健身、终身健身,在全社会形成崇尚和参加体育健身的良好社会风气。

(二)强化公共服务

1.着力促进城乡健身设施均衡发展。加大对原中央苏区县和经济欠发达的革命老区县的扶持力度,建设一批适合县域人群健身需要的健身设施。完善社区公共体育设施的建设,有条件的公园、绿地、广场增加体育健身设施,中心城区配建多功能运动场所。加强城乡统筹,科学制定乡镇与街道、行政村与社区的健身设施配备标准,因地制宜配建山区与海岛健身设施,促进城乡健身设施均衡发展。

2.全面推进全民健身基本公共服务均等化。采取直接提供、委托提供、购买服务或政策扶植等多种形式,提高全民健身基本公共服务水平。

各县(市、区)普遍成立体育总会和社会体育指导员协会,健全全民健身组织网络。推进城市社区(乡镇)体育指导站(点)建设,健全全民健身志愿服务网络,完善农村综合文化站的健身职能,提高全民健身指导服务能力。探索建立与社区(乡镇)卫生服务中心相结合的体质监测指导站,深化全民健身体质监测服务。建设全民健身公共服务平台,提高全民健身公共信息服务能力。

3. 积极开展各类全民健身活动。积极打造具有福建特色,有影响力、品牌性的群众健身活动。组织举办好全省综合性群众体育比赛活动,除每4年召开一次省运会外,定期举办针对不同人群的全省大学生运动会、老年人体育健身大会、农运会、社区运动会、机关运动会、残运会等,并发挥其推动全民健身活动的引领作用,遵循"因地制宜、业余自愿、小型多样、就近就便"的原则,推动青少年、老年人、农民、职工和机关干部五大群体的健身活动。

(三)协调发展各类人群体育

1. 切实加强青少年体育工作。认真落实"健康第一"的指导思想,进一步健全学校体育工作机制和督导制度。全面实施《国家学生体质健康标准》,广泛开展"阳光体育运动",各级各类学校要保证学生坚持每天1小时的体育活动,实现人人有项目,班班有团队,校校有特色。

2. 大力发展城市社区体育。各级政府要将社区体育作为社区建设的基本内容,做好规划,加大投入,以城市街道和居住社区公共体育健身设施建设为重点,不断完善社区体育健身环境和条件,为社区居民提供基本体育健身公共服务。

3. 加快发展农村体育。各级政府要将发展农村体育纳入当地全面建设小康社会和社会主义新农村建设规划,增加对农村体育健身设施的投入。充分发挥包括乡镇综合文化站在内的社区综合服务设施作用,进一步增强农村基层体育公共服务能力。利用好农村学校、企事业单位的体育设施和体育人才资源,在传统节日和农闲季节广泛组织农民体育活动。

4. 广泛开展职工体育。充分发挥我省行业体育协会、机关企事业单位工会、职工体育协会作用,广泛建立职工体育俱乐部和体育健身团队,开展符合单位特点和职工喜闻乐见的体育健身活动和体育竞赛。坚持工间(前)操制度,开展进城务工人员健身活动,提高他们的身体素质和生活质量。

5. 积极发展少数民族传统体育。在少数民族地区开展少数民族传统体育健身活动,在学校体育课和课外活动中设置少数民族体育项目相关的教学内容。继续进行申报命名传统体育基地,办好少数民族传统体育运动会。

6.全面发展老年人体育。积极开展适合老年人特点的体育活动,不断创新适合老年人身体特点的体育健身项目和方法。公共体育设施对老年人参加体育活动提供便利和优惠。老年人教育机构开设老年人体育课程,老年人活动中心设置适合老年人体育活动的设施,社区服务兼顾老年人体育健身服务。鼓励、支持社会组织和个人兴办老年人体育机构和体育健身设施。

7.大力推广残疾人体育。为残疾人建设就近方便的体育健身设施。做好残疾学生体育工作,提供适合残疾学生特点的体育健身与体育康复项目。

(四)实施全民健身五项工程

1.实施全民健身设施工程。到2012年,"农民体育健身工程"100%覆盖全省行政村;到2015年,80%的县建有一个标准田径场、一个标准游泳馆(池)、一个2 000以上座位体育馆;100%的县(市)建有1条以上的登山健身步道,100%的乡镇和城市社区建有1个以上体育活动场所;为有条件的社区配建多功能体育健身设施。

2.实施学校场地开放工程。学校体育场所课余时间、节假日、寒暑假必须向本校学生开放。探索建设区域性学生体育活动中心和多种形式的开放管理模式,完善促进学校场地开放的政策和机制,推进学校体育场地在课余和节假日向社会开放。到2015年,实现50%的学校场地在寒暑假和课余时间向社会开放。

3.实施全民健身指导志愿服务工程。设立社区体育指导站(点),推行社会体育指导员岗位津贴制度,给予志愿服务的体育指导员统一培训、配发上岗证、配备服装、配发津贴等物质配备。每年评选若干优秀社会体育指导员、体育社会工作先进个人等。加强全民健身专业技术和素质培训,每年免费培训4 000名公益型社会体育指导员。到2015年,实现全省5%的社会体育指导员进入社区进行健身指导,加快提升全省健身指导服务水平。

4.实施全民健身活动品牌工程。继续打造全民健身活动品牌,扶持大众体育品牌赛事,挖掘当地民俗节庆体育活动,营造体育健身氛围,实现一市一品或一县(区)一品。到2015年,100%的市(地)有自己的品牌体育活动,50%的区(县)有自己的全民健身活动品牌。

5.实施全民健身信息工程。加快全民健身公共信息服务网络建设,提高全民健身公共信息服务能力。建设全民健身网站,发布各类全民健身资讯。开发全民健身电子地图,方便查询和定位包括学校体育场馆在内的各类体育健身场所信息。

四、保障措施

(一)加大财政投入

加大各级财政全民健身事业投入。县级以上地方人民政府要按照《全民健身条例》规定,将全民健身工作所需经费列入本级财政预算。按照国家有关彩票公益金的分配政策,留归各级体育主管部门使用的彩票公益金,应当根据有关规定用于全民健身事业,不得挪作他用,并加强监督管理。加强基础建设和重大全民健身活动的经费投入,对公益性全民健身事业单位和服务机构给予必要的经费保障。除体育彩票公益金外,"十二五"期间全省每年用于健身设施建设经费人均不少于4元、群众体育事业经费人均不低于1.6元、群众体育财政经费年增长比例不小于5%。

(二)加强统筹协调

各级体育主管部门要认真履行职能,统筹协调,全面推进全民健身各项工作。各有关部门要密切配合,切实落实本实施计划中提出的具体要求,推进城乡健身设施、健身组织、健身活动、健身指导等公共资源及服务要素的协调配置,促进全省体育基本公共服务均等化。

(三)建设公共体育设施

公共体育设施的数量、种类、规模以及布局,应当根据国民经济和社会发展水平、人口结构、环境条件以及文化体育事业发展的需要,统筹兼顾、优化配置,并充分利用公园、绿地、广场等公共场所和山水等自然条件,建设公共体育设施。各级人民政府要按照国家有关公共体育设施用地定额指标规定,将城乡公共体育健身设施建设纳入城乡规划和土地利用总体规划。省体育局等有关部门根据人口密度、现有体育设施等情况制定实施全省公共体育设施建设规划,引导和支持基层公共体育设施建设。新建居住区要按照国家有关居住区规划设计规范标准,设计建设公共体育健身设施。新建、改建、扩建居民住宅区,应当按照国家有关规定规划和建设相应的体育设施。县级以上地方人民政府体育主管部门,负责本行政区域内的公共体育设施的监督管理。

（四）提高体育设施利用率

公共体育设施应当根据其功能、特点向公众开放，并在一定时间和范围内，对学生、老年人和残疾人优惠或者免费开放。县级以上各级人民政府对向公众开放体育设施的学校给予经费补贴，为学校办理有关责任保险。新建和改建学校体育设施，要便于向公众开放。维修改造各类体校体育设施，使其成为全民健身活动场所。公园每天安排固定时段免费向公众体育健身开放。要积极创造条件将机关、企事业单位的体育设施向社会开放。对露天体育场，要创造条件免费开放；已经开放的，不得改为收费经营。公共体育设施管理单位要建立岗位责任制和工作目标管理责任制，加强对体育设施的维护更新，完善综合服务功能，提高使用效率。防止公共体育设施闲置浪费或被挤占、挪用。

（五）支持体育组织建设

支持城乡基层体育健身组织建设，县级以上人民政府及其民政、体育主管部门要在注册登记、工作指导及办公用房、体育设施、工作人员、活动经费等方面提供支持和保障。对社会力量兴办体育类民办非企业单位，民政部门要予以支持。社区居委会、乡镇综合文化站要建立健全体育组织，国家机关、企事业单位要支持职工体育组织开展活动。

（六）加强全民健身科研和法制建设

认真做好全民健身科研工作，修订和完善《国家体育锻炼标准》，积极推行各体育项目《业余运动员技术等级标准》，建立证章激励制度，指导和促进城乡居民科学健身，不断提高体质健康水平和体育技能水平。加强体育法制建设，贯彻落实《全民健身条例》，研究制定配套政策措施。进一步规范政府部门的职责，加强执法和监督检查，提高法治水平，做好全民健身的长效管理。

（七）鼓励社会兴办全民健身事业

充分调动全社会兴办全民健身事业的积极性，扩大社会资源进入全民健身事业的途径，多渠道增加全民健身投入。鼓励和引导社会力量捐资、出资兴办全民健身事业。体育行政部门要会同有关方面加大对经营性体育健身场所的支持和监管。对社会力量兴办体育类民办非企业单位，要在注册登记、工作指导等方面提供支持和保障，社会力量通过公益性捐赠，符合税法有关规定的部分，可在计算企业所得税和个人所得税时从其应纳税额中扣除。

认真落实《福建省人民政府关于加快体育产业发展的实施意见》(闽政〔2011〕19号)的相关政策,实施体育用品制造业带动体育本体业和发展体育产业促进全民健身两大战略,促进各种要素进入全民健身服务市场,形成规范有序的全民健身服务市场,增强城乡居民体育健身消费意愿,全力推进"四带"、"十一个重点项目"建设,扶持发展全民健身服务业,引导全省居民体育消费。

五、组织实施

(一)加强组织领导

各级人民政府要加强对全民健身工作的领导,将全民健身事业纳入当地国民经济和社会发展规划、纳入每年的政府工作报告,纳入每年的公共财政预算,充分发挥全民健身领导小组的作用,研究制定全民健身公共服务保障政策。

省全民健身领导小组办公室和省体育局要在省政府领导下,会同有关部门、群众组织和社会团体共同做好本实施计划的推进工作,县级以上地方人民政府要依照本计划,结合当地实际制定本行政区域的《全民健身实施计划》,体育主管部门会同有关部门和组织共同组织实施。

(二)加强成效评估

把全民健身工作作为社会主义精神文明建设、文明城市、文明村镇、文明单位和文明社区、社会事业发展评价体系等各类评比、表彰活动的重要指标;各级体育主管部门要会同有关部门制定全民健身计划实施情况评估标准,不定期对本实施计划的实施情况进行检查指导,并在2014年对实施成效进行全面评估,将评估报告报本级人民政府。对全省全民健身事业作出突出贡献的单位和个人,根据国家和本省的有关规定予以表彰奖励。

(三)认真贯彻落实

各级人民政府、各部门,以及工会、共青团、妇联和各行业体协等社会团体要各尽职能,各司其职,将贯彻落实本实施计划纳入日常工作计划,采取有效措施,确保各项工作的落实。

各设区市人民政府和平潭综合实验区管委会要根据本实施计划,结合当地实际情况,制定相应的全民健身实施计划,并认真组织实施。

二、台湾省的运动休闲

台湾学者高俊雄教授高度总结了台湾运动休闲的涵义,认为"运动休闲在台湾地区的用语可以从三种概念诠释与定义。概念1:运用剩余时间或自由时间选择从事运动相关的活动。概念2:从参与运动过程中追求优质的休闲体验。概念3:从参与运动过程中实现一个人在休闲生活中想要实现的梦想",[①]并对台湾运动休闲在台湾社会发展中的多元功能提出己见,认为:"体育、运动、休闲在台湾地区的发展,随大环境朝民主化、自由化、国际化的趋势,明显呈现多元、整合的发展特质,并且结合生理、心理、教育、社会、物理、化学、经营管理、观光旅游等内涵,所发展出来的文化、教育、商业、健康,甚至社会创新活动。"[②]高俊雄教授的研究所见较集中反映了台湾学界对台湾运动休闲的概念辨析、发展趋势的基本看法。

追溯台湾运动休闲的起源与发展,有如下发现。

其一,信息化、自动化科学技术的普及,节约了大量的工作时间。应用化科技现代社会发展的产物。从20世纪60年代开始,随着科学技术的进步及其在生产、生活中的广泛运用,台湾中、小企业的快速发展创造了世界经济的神话,使台湾一跃成为"亚洲四小龙"之一,为人们步入休闲时代奠定了物质基础,有了充裕的闲暇时间。

其二,运动休闲强身健体的特性得到了有效的释放。无论是哪一行业,其发展速度加快,行业竞争激烈,环境错综复杂,给人们带来的是心理压力加大以及改善生活质量强健体质以应对社会发展的强烈愿望,具有强身健体特性的运动休闲便成为人们休闲生活的重要内容之一。

其三,民意推动台湾管理层审时度势地出台了相关的台湾运动休闲的扩展条例。根据台湾社会发展和人们的需要,台当局加大了对运动休闲的投入、推动、引导,适时推出了相关的条例。首先,自1979年起,台湾管理层先后公布或修订了《积极推展全民体育运动计划》、《积极推展全民体育运动重要措施》、《国民体育法》和《"国家"体育建设中程计划》,并在1991—1996年"国家"

[①] 高俊雄.体育、运动、休闲之概念与内涵——台湾地区之应用和诠释[J].上海体育学院学报,2010,34(1):16.

[②] 高俊雄.体育、运动、休闲之概念与内涵——台湾地区之应用和诠释[J].上海体育学院学报,2010,34(1):16.

建设6年计划中,进一步把积极推展全民体育筹设体育与体育教育机构列为政策之一。1995年7月,"国家建设研究会"又建议整体规划了《台湾地区长期国民休闲方案》,其目的在于落实全民体育,提升国民体能,促进台湾民众休闲活动的发展。① 其次,还相继有众多规章出台,如《台湾省发展国民体育实施方案》、《公务员康乐活动实施计划》、《全民体育十年发展计划大纲》、《阳光健身计划方案》、《推展社区全民运动重点实施计划》、《运动公园规划准则》、《提升学生体适能中程计划》、《各级学校体育实施办法》、《国民体能指导员授证办法》、《运动人口倍增计划》等等;并通过建立项目推介、投资引荐、利益回报等良性循环链接,促成了台湾工商企业对积极投资运动休闲产业意向,从而形成了政府、民众、工商界互动的蓬勃发展态势。最后是抓落实,促成效。台湾的"行政院"主导运动休闲的政策;"教育部"和"体委会"主管运动休闲业务,制定、颁发、落实培养各种运动休闲专门人才相关法规;"交通部"指导民间运动休闲团体的管理和规划、建设、运行"国家公园"、自然公园、海滨公园、自然保护区的开放;"卫生署"、"劳委会"负责劳工休闲活动中心的设立、劳工运动休闲的规划与辅导等;"经济部"负责公、民营企业员工休闲;"财政部"负责国民运动休闲运动设施有关经费的预算与分配;"经建会"负责国民运动休闲的综合性调查及规划各种运动休闲设施的开发计划及经费预算等。至此,台湾运动休闲的项目开发和利用已日趋完善,运动休闲设施的规划与管理设计与公园有机地结合在一起,各类球场、有氧活动区域、健康俱乐部、运动休闲旅游、户外探险俱乐部、高档运动休闲、医学服务、健康营养配餐和高品质的休闲养疗整合在一起,建立了高品质的综合休闲服务模式。

其四,运动休闲逐步成为了台湾的一个经济增长点。比如,台湾的"阳光健身计划"内容涉及青少年、社区、职工的运动休闲,涉及全民体育联赛、民间体育活动、水上救生、海洋运动休闲资源的开发和运动休闲志工队伍的建设等。台湾的工商企业界对休闲产业的投资力度不断加大,同时赢得了丰厚的利润,运动休闲的广阔发展前景使台湾的运动休闲产业已初具规模。产业的发展促使建立了完善的营销、服务和管理体系,特别是在人力资源管理、营销理念和服务品质控制方面尤其值得我们的工商业界学习与借鉴。众多机构将休闲、运动、医学、营养、住宿、餐饮科学化地组合起来,以科学和综合的身心调养为核心建立了高档的休闲健康会所,为社会的经营人士提供完善的休闲养疗服务。

其五,台湾运动休闲管理人才的培养成为台湾高校本、硕、博士生规范的

---

① 嘉义大学体育与健康休闲研究所[EB]. http://www.ncyu.edu.tw。

专业设置之一,支撑着运动休闲的持续发展。"运动休闲专业人才的培养在20世纪90年代初期,由于休闲活动在台湾的兴起和体育运动内涵的拓展,台湾的一些高等院校调整了体育专业的办学思路,相继开设了运动与休闲方向的专业,以满足社会上日益增长的人才需求。"[①]真理大学第一次成立了运动休闲方向的专业学系——运动管理学系,随后许多院校成立了相应的学系。迄今,台湾的多所大学已开设了运动与休闲方向的院系,涵盖了与休闲密切相关的运动管理、观光、医学保健等领域,形成了本科、硕士、博士教育的不同培养规格。

其六,台湾运动休闲的发展、问题和困境均在台湾高校密集的学术研讨中得到启示。在运动休闲发展的理念上,因台湾有大批学者从美国留学归来从事该方面的教育和研究工作,他们更多地带有美国的休闲理论和运动管理理论色彩,并与本土的文化、习俗有机地结合起来,为台湾的运动与休闲发展打下良好的基础。

这些学者把休闲教育引入并拓展到台湾的高等教育之中,同时在运动与休闲领域的科研活动非常活跃,基础性、应用性和综合性研究日益增多,并涌现了许多成果和专著。台湾每年都要举办数次境内外运动与休闲研讨会,有相当数量的论文在研讨会上宣读和在各种专业学术刊物、传媒上发表,它们注意吸取境内外运动休闲的研究成果和分享台湾运动休闲的实际经验,推动着台湾运动休闲的全面纵深发展。台湾运动休闲的理论与实践已达到了一定高度。

三、闽台以健身为目的的体育功能释义

(一)闽台推展以健身为目的的体育功能的共性

本书把"闽台体育呈现的普通的、常见的,且不易受时局影响,并能对两岸的体育文化交流、合作、发展施予积极的影响的功能"定义为闽台体育的一般功能。从本体(本源)、非本体(非本源)的关系上讲,它是体育的本体(本源)性功能;从事物的特征上讲,是体育本身所固有的根本的属性,也就是本质属性;从哲学视角上看,是体育区别于其他事物的基本特质;从自然与社会两大学科

---

① 杨忠华,杨晓生.台湾休闲运动的发展现状和教育模式介绍[J].体育学刊,2007,11(4):144.

的从属关系上讲,是体育在自然学科领域的功能呈现。

　　福建省的"全民健身运动"的政策和措施与台湾省的运动休闲所辖的"积极推展全民体育运动计划"、"全民体育十年发展计划大纲"、"阳光健身计划方案"等系列计划方案和活动不谋而合。从开展活动的专题上来讲,在全民健身(运动休闲)推展的理念上,二者均以行政管理层对聚集社会能量,打造人民健康福祉,强化行政体育公共服务,把全社会公众的健身健康活动摆到行政管理常规工作中来加以推动。在目标上,它们都是要吸引更多的公众主动参与健身锻炼,增强体能体质,养护身心健康,提高生活品质;完善健身设施的建设,健身环境的改良,逐步建立全民健身(运动休闲)服务体系。在任务上它们都是要提升常年参加体育锻炼人口,体育健身设施、环境,全民健身(运动休闲)活动得到发展、健全,全民健身(运动休闲)指导和服务团队有进一步发展。行政推动"全民健身"和"运动休闲"的具体内容是:广泛地开展宣传活动,把行政方面所拟定的"全民健身"或"运动休闲"方面的阶段指导思路公之于民,并由基层行政组织机构配合贯彻执行;注重青少年体育锻炼工作绩效,掌握其体格、体质、体能及健康方面的发展情况,推展社区体育健身与休闲活动,开展多种形式的体育活动等等。措施保障是:行政加大对全民健身(运动休闲)事业的人、财、物的投入,鼓励社会(工商界)积极协办全民健身事业,合理利用已有的体育设施,支持社会体育社团的建设和活动开展,加强社会体育指导力量和服务队伍建设,针对全民健身(运动休闲)做好信息、科研和法规建设工作。

　　通过行政推动,社会参与、全民体验,使更多的公众选择在个人支配的时间里,主动加入体育健身、运动休闲活动行列,追求提升个人的体质健康、优质的生活品质,实现个人身心发展的目标。同时,对进一步深入加强儿童少年一代的体质健康教育,持续改良社会中坚的青壮一代的体质健康发展和稳定老年一代的体质健康状况,养身祛病,延年益寿等,在各自的社会中演绎着体育本体(本源)性突出的促进生长发育、养身、健体、体疗、休闲、娱乐和情操的陶冶等功能。

(二)闽台推展以健身为目的的体育功能特性

　　同样是开展体育的健身功能,闽台社会在各自的推广理念上,目标、任务、内容和各类措施上既有诸多的共性,也有各自特性所在。这里所谓的特性,就是闽台在推展体育的健身功能过程中做法的差异性,其结果将影响到体育健身功能作用的成效。从逆向视角去看,差异的存在也提供了闽台相互取长补短、择优发展的空间。

1. 组织机构上的差异

福建省由省人民政府主管统筹,将全民健身事业纳入当地国民经济和社会发展规划纳入每年的政府工作报告,纳入每年的公共财政预算,充分发挥全民健身领导小组的作用,研究制定全民健身公共服务保障政策。[①] 抽调各相关单位人员成立专门组织机构——"福建省全民健身领导小组",该机构和福建省体育局在福建省政府领导下,会同有关部门,即福建省教育厅、福建省卫生厅、福建省财政厅等及群众组织(工会、共青团、妇联和各行业体协等)和社会团体共同做好本实施计划的推进工作。各县级以上地方人民政府依照本计划,结合当地实际制定本行政区域的《全民健身实施计划》,体育主管部门会同有关部门和组织共同组织实施。

台湾地区主要由台湾"教育部"主管,具体机构是"教育部体育署"(原台湾"行政院体委会"),各级教育部门在得到各县(市)行政领导机构的支持下开展工作,并指导和配合各行业开展运动休闲活动。教育部门("体育署")和社会体育组织共同管理社会体育工作,教育部门("体育署")及所辖单位负责方针政策,起着协调、监督的宏观管理作用。社会体育组织则主要是进行业务管理,制定各种实施方案,组织体育活动等等。台湾社会体育团体组织与教育部门("体育署")及所辖单位并无直接隶属关系,皆属独立法人机构,其发展与缩减均不受教育部门("体育署")的控制。

从组织机构来看,台湾的最高行政机构是没有直接参与台湾的"全民健身"的组织领导,各县(市)行政机构也无直接参与所辖地区的"全民健身"工作,而是由台湾"教育部"(原台湾"行政院体委会")从上至下在全台湾各地区全线贯通实施。在全民健身机构的权限上,台湾在层次上不如福建省,造成各地对执行下发的政策、法规有许多不同的理解,执行标准参差不齐,发展不平衡,各自为政,有"十里不同风,百里不同俗"的现象,各县(市)全民健身(运动休闲)的发展水平难以达到一致。

2. 目标任务上的差异

福建省推进全民健身活动的目的和任务是改善健身设施,健全健身组织,活跃健身活动,增强健身意识,增加经常参加体育锻炼人数和身体素质进一步提高。任务根据目的制定了一系列量化标准,如锻炼时间、密度、人数比例;

---

① 福建省人民政府. 福建省人民政府关于印发福建省全民健身实施计划(2011—2015年)的通知[R]. 闽政〔2011〕66号,2011-07。

《国民体质测定标准》合格率；健身中心进社区和人均体育场地面积；全民健身组织网络的覆盖；公民每人参与项目要求，健身方法要求和每周锻炼次数的要求；每万人口拥有社会体育指导员人数；全民健身指数评价体系的建立；等等。

台湾的全民健身活动（以台湾"阳光健身计划"为例）的目的和任务是落实全民体育，发挥全民体育功能，提升公众体能，促进台湾民众休闲活动的发展；对社区运动设施的建设、体育运动的开展提出了明确的规定和要求；对全民运动提出了阶段性的发展构想；对发展休闲运动进行了法律性规定；明确规定组织学生参加休闲运动的政策。总之，它是鼓励公众积极参与运动，落实运动生活化，整合社会各界资源，增加运动人口。

从目标任务上看，福建省侧重于全民体质体能的建设，因而其目标任务中，对设施、组织、计划、时间、锻炼次数和评价标准都有具体要求。台湾地区侧重于人的心理感受，以提倡、引导、鼓励为主，如非强制性地去规定时间、项目、标准，提议公众自主支配时间，自由选择从事运动相关的活动，锻炼效果以自我感觉满意为主。闽台两地全民健身目标任务要求的侧重点虽然有一些不同，但两岸行政管理层对实施全民健身活动的目标任务，均是以推动更多的民众自觉参与全民健身活动为首选。当然，能通过全民健身运动，使人们身心同时得到健康发展，是全民健身活动的目标任务所在。

3. 方法措施上的差异

在推动全民健身活动的方法措施上，福建省主要利用系列行政手段逐级贯彻落实，如各级政府主导，举办全民健身专题会议；利用报刊杂志、广播电视、平面媒体以及互联网、移动终端等新兴媒体起宣传、推动、引导、督促作用；在所设立的"全民健身日"上集中发布相关全民健身信息的活动要求；强化公共服务、统筹城乡健身设施、拓展活动项目、协调发展各类人群体育健身活动、兴办体育社团；等等。政府加大财政投入给予经费保障，并加强评估反馈、总结经验以进行全民健身活动的阶段调整改进。

台湾地区在方法措施上，也是由行政管理层及其所属教育部门进行推动，所不同的是具体承办各类全民健身（运动休闲）的项目的组织者，均是基层单位和社会体育团体。基层单位和社会体育团体根据行政管理机构的方针政策策划全民健身（运动休闲）的活动项目、规模，经行政管理层所组织的专家组评估后确定是否给予立项补助。由于行政管理层仅通过给予经费补助对其活动项目进行控制，一旦经费补给渠道关闭，相互的关系便不复存在。在该方面，台湾地区已把公益性色彩浓重的全民健身活动推向市场化，使运动休闲的市场得到培育，运动休闲活动已得到台湾工商界的青睐，本身已有"造血功能"，行政不必再投入太多的人、财、物。但是,一些利润较少或无利可图的全民健身(运动休闲)项目得不到开展,行政管理部门也较难以有效地贯彻、实施、监管全民健身(运动休闲)。

在方法措施上,可以说福建省突出其全民健身公益性,弱化市场色彩的方式,强化政府在其中的职责和人、财、物的投入。台湾地区则是突出市场的调节而淡化其公益性的做法,运动休闲进展的广度和深度更多地由市场进行调节。人、财、物主要依靠政府或主要依托社会是两岸全民健身(运动休闲)方法措施上的主要差异。台湾在运动休闲上获得的行政、社会、公众、工商齐上阵的经验,运动休闲所达到的人才队伍专业化、项目规划职业化、物品流通商业化和社会发展产业化等等较高境地,所建立的较完整运动休闲理论与实践体系,是值得福建省社会体育发展研究、学习、借鉴的。

4.人才培养上的差异

人才培养的问题,归根到底是闽台各自高校体育专业类对于全民健身、运动休闲方向的专业人才的培养问题。

(1)福建省全民健身专门人才培养

以2011年为例,福建省高校招收体育专业学生的高校有:福建师范大学体育科学学院、集美大学体育学院、漳州师范学院体育系、泉州师范学院体育系、莆田学院体育系、三明学院体育系、宁德师范学院体育系等七所。每年也有部分省外高校到福建招收体育专业类学生,但省外高校对福建省招收的体育生源极少。在这些高校中,开设针对全民健身活动的专业人才培养的专业是社会体育专业,有省内外十所高校招收此类学生,分布如下:①福建师范大学社会体育专业,②集美大学社会体育专业,③漳州师范学院社会体育专业,④泉州师范学院社会体育专业,⑤三明学院体育教育(社会体育方向),⑥集美大学诚毅学院社会体育专业,⑦北京体育大学社会体育专业,⑧云南大学滇池学院社会体育专业,⑨北京航空航天大学北海学院社会体育专业,⑩上海体育学院休闲体育专业。福建省内、省外社会体育专业方向总的招生数每年约300多名。

在专业(专业名称:社会体育专业;专业代码:040203)培养方面,各校基本是依照国家教育部的《普通高等学校本科专业目录和专业介绍》中的要求而制定。下面以集美大学为例,其社会体育专业培养方案介绍如下。

社会体育专业人才培养方案[①]

一、专业培养目标

本专业培养(专业名称:社会体育专业;专业代码:040203)目标是以教育部1998年颁布的《普通高等学校本科专业目录和专业介绍》中的要求为基础,结合海峡西岸经济区建设和经济、社会、文化发展需求以及本学科专业的特点而制定。

本专业培养符合时代特征和体育事业发展需要,适应社会体育及其产业发展需求,具有社会体育基本知识和技能,能胜任全民健身指导、体育休闲娱乐市场的开发、经营与管理等社会体育工作的专门人才。

二、专业人才培养规格

(一)对毕业生的要求

1. 素质结构要求

(1)思想素质

热爱祖国,拥护中国共产党的领导,掌握马列主义、毛泽东思想、邓小平理论和"三个代表"的重要思想等基本原理;树立辩证唯物主义和历史唯物主义的世界观;具有贡献自己的力量于祖国和人类发展的意识和精神,具有良好的道德和健全的法制意识。

(2)专业素质

有扎实的自然科学基础知识和本专业所需的技术基础及专业知识,掌握分析问题、解决问题的科学方法,具有严谨的科学态度和现代社会的竞争意识、环境意识、价值效益意识、求实创新意识。能从事本专业至少一个专业方向的工作。

(3)文化素质

有正确的社会历史观和人生价值观。具有较好的人文、艺术修养、审美情趣及文字、语言表达能力,积极参加社会实践。

(4)身心素质

养成体育锻炼习惯,达到体育本科学生素质和技能标准。受到必要的军事训练。身体健康,心理状态良好。有较强的适应能力、承受能力和人际交往能力。

---

① 集美大学体育学院.社会体育专业人才培养方案[G].2011年。

2.能力结构要求

(1)获取知识的能力

有独立获取本专业知识、更新知识和应用知识的能力,良好的表达能力、社交能力和计算机及信息技术应用能力。能根据需要和任务检索相关文献。具有一定的社交能力和对自然科学、社会科学知识的表达能力。

(2)应用知识的能力

能将所学的基础理论与专业知识融会贯通,灵活地综合应用于科学研究或社会实践,能独立分析和解决专业领域较简单的实际问题。

(3)创新能力

有创新意识,对体育科学技术发展动态及本学科领域的国内外研究现状有一定了解。掌握进行创造活动的思维方法,能开展科学研究和体育科技开发工作,具备一定的创新性思维和探索能力。掌握基本的社会体育调研方法,并具有从事社会体育科研的基本能力。

3.知识结构要求

(1)工具性知识

基本掌握一门外国语,能阅读本专业的外文书刊,进行一般会话。具有运用计算机的基本技能,掌握通过网络获取信息的知识、方法与工具,能够进行文献检索。

(2)人文社会科学知识

领会和掌握马克思列宁主义、毛泽东思想、邓小平理论基本原理和"三个代表"的重要思想;熟悉国家有关社会体育工作的方针、政策和法规;热爱社会体育工作,具有良好的思想品德。

(3)经济管理知识

了解社会体育及其产业发展的动态和趋势;掌握现代企业管理、工商行政管理、社会体育管理等方面的知识。

(4)人体科学知识

掌握人体解剖学、运动生理生化学等生命科学方面的知识。学科基础知识:掌握体育学概论、社会体育学、体育经济学、体育管理学、体育营销学、体育法学、解剖学、生理学、运动保健学、实用体能训练理论与方法等方面的知识。

(5)专业知识

本专业设置2个专业方向,其专业知识结构分述如下。

①体育产业经营与管理类方向:掌握体育产业经济学、体育经纪导

论、体育赞助导论、运动设施管理、体育公司管理、体育服务标准化管理等课程。

②社会体育指导类方向：掌握体育休闲娱乐导论、社区体育、体育组织管理、健康评价、运动伤害防治与急救、术科专项等课程。

(二)人才培养规格的一般表述

社会体育人才培养模式依托某一个社会体育工作领域，要求学生除了掌握扎实的体育社会学专门知识以外，还要熟悉与该工作领域有关的一个专业方向知识，使学生毕业时应能够在该领域中从事与此相关的研发及管理工作。

本专业毕业生应具有如下知识和能力，并根据培养规格的不同而有所侧重。

(1)具有较扎实的人体科学基础，掌握生理学、生物化学、生物力学等基础性课程的基本理论和应用方法；具有健康的体魄，养成良好的卫生习惯，形成健康、合理、科学的生活方式。

(2)具有较好的人文、艺术和社会科学基础及正确应用本国语言、文字的表达能力；掌握一门外国语，具有听、说、读、写的基本能力，能借助工具阅读本专业的外文书籍和资料。

(3)系统地掌握本专业必需的基本技术，主要包括具有一定社会基础、大众健身常用的体育项目和锻炼方法等并能应用于实践；达到《国家社会体育指导员职业标准》中级/高级社会体育指导员水平；须获得社会体育指导员国家中级职业资格证书。

(4)熟悉本专业领域、专业方向的知识，了解其学科前沿和发展趋势；掌握体育健身指导的知识与技能、社会体育产业经营与管理、运动休闲娱乐活动策划、组织与服务的基本理论与方法。

(5)具有一定计算机相关知识和基本的计算机应用能力，使用计算机工具解决工作中的有关问题。

(6)具有较强的创新意识、自学能力、分析能力以及实践能力和社会适应能力。

(三)毕业规定

本专业学生应达到学校对本科毕业生提出的德、智、体、美等各方面的要求，完成教学计划规定的全部课程的学习和实践环节训练；修满165学分，其中通识教育42学分、专业教育111学分、综合教育12学分；在毕业总学分中，其中完成实践环节不低于41.5学分，完成课外技能训练与创新实践不低于7学分。毕业论文答辩合格,方可准予毕业。

(四)主干学科与主要课程

主干学科:体育学、社会学、公共管理。

主要课程:社会体育概论、社会体育管理学、健身概论、中华体育养生学、大众健身娱乐体育项目的理论与方法。

(五)主要实践性教学环节

主要实践性教学环节:教育实习、社会体育活动方案设计、体质测评、体育康复等。

(六)学制、授予学位和相近专业

学制:4年,允许在校学习3~6年。

授予学位:符合学位授予规定,授予教育学学士学位。

相近专业:体育教育。

(七)教学计划略。

(2)台湾地区运动休闲专门人才培养

台湾地区方面,根据有关资料,台湾的高校中,约三分之一的高校开办体育专业,而在开办的体育专业中,运动休闲专业已经是支柱专业或方向之一。有数据表明,"到2003年为止,在台湾的150余所大学中已有47所开设了运动与休闲方向的院系,涵盖了与休闲密切相关的运动、管理、观光、医学保健等领域,形成了本科、硕士、博士教育的不同培养规格"。[①] 随着台湾高校规模的发展,运动休闲的办学点也有增无减。在此,我们就收集到的相关资料,对台湾运动休闲人才培养的若干高校及其办学理念、办学要求、办学条件作一剖析。

台湾地区独立体育院校类有:体育学院,台湾体育学院和台北市立体育学院3所。

台湾地区师范院校类内设体育学院(系)有台湾师范大学运动与休闲管理学院、屏东教育大学体育学系、高雄师范大学体育学系、彰化师范大学体育学系、台北师院体育学系、台中师院体育学系、台南师院体育学系、花莲教育大学体育学系和新竹教育大学体育学系9所。

台湾地区多科性院校内设体育学院(系)有高雄医科大学运动医学系、万

---

① 杨忠伟,杨晓生.台湾休闲运动的发展现状和教育模式介绍[J].体育学刊,2004,11(4):143。

能技术学院运动与休闲系、"中国医药学院"运动医学系、台北护理学院运动保健系、美和技术学院休闲运动保健系和金门技术学院运动管理系6所。

台湾地区综合性院校内设体育学院(系、科)有文化大学体育学系与国术学系、台北大学休闲运动与管理学系、高雄大学运动健康与休闲学系、屏东科技大学休闲运动保健系、"东华大学"体育与休闲学系、嘉义大学体育学系、辅仁大学体育学系、真理大学运动管理学系、大叶大学运动事业管理学系、台东大学体育学系、长荣大学运动休闲管理学系、大仁技术学院休闲运动管理系、世新大学体育科和静宜大学体育科14所。

台湾教育界注重体育专门人才的培养,注意办学层次的提高。在以上抽样统计的32所高校中,有4所院校招收博士、硕士生,另有7所院校招收硕士生。台湾的3所独立体育学院突出竞技人才的培养,近年来在竞技比赛中获得了较好的成绩。其他的体育院校(系)则注意体育教师、体育行政、体育管理、体育指导、运动保健、体育休闲、健身健康、运动产业、开发行销和体育研究专门人员的培养。竞技和全民健身健康运动同时发展。[①]

下面以台湾"东华大学"运动与休闲学系为例,其专业培养方案介绍如下。

台湾"东华大学"运动与休闲学系运动休闲专业培养方案[②]

一、大学教育之省思

传统式的教育,尤其是基础教育及中等教育(当然大学教育也好不到哪里),无论是在东方或在西方,都属于权威性的填鸭式教育,而教育的内容本身也几乎都是一成不变的知识,所谓的"知识"。这种教育的方式与其内容早已倍受各界(包含教育的传授者及教育的接受者本身)所诟病,然而在批评的同时,各界却仍然在不自觉的过程当中继续强化这种教育形式与内容——老师们仍然不自觉地继续采用这种教育形式与内容,而学生们也仍然不自觉地期待相同的教育形式与内容。

当然,也不乏真正有心的老师与学生,在批评的同时并付诸于实际的

---

① 陈少坚等.闽台两地体育文化交流在祖国统一大业中的地位与作用及功能拓展研究(R),2006:142。

② 台湾"东华大学"运动与休闲学系专业培养方案[G],2009年。

行动,希望能够藉之以扭转这种倍受诟病的现象。然而,因为大环境无法配合,往往使得这些有心并尽力的人心有余而力不足并产生无力感,甚或是大失所望。显然,其间必定出了些问题,但是问题究竟又是出在哪里呢?

首先,我们必须回到原点去思考,"教育的宗旨"究竟为何?根据大儒钱穆的看法,中国学统向来有三大系统。第一系统是"人统",其系统中心是人。中国人说:"学者所以学做人也。"一切学问,主要用意在学如何做人,如何做一有理想有价值的人。第二系统是"事统",即以事业为其学问系统之中心者。此即所谓"学以致用"。第三系统是"学统",此学问本身为系统者,近代中国人常讲"为学问而学问"即属此系统。换言之,就中国传统而言,教育的宗旨有三个不同的层次:教导人们如何做人、做事、做学问,而最重要的是让人懂得如何做个有理想、有价值的人。

其次,我们必须探讨,究竟现今教育的方向与教育方式出了什么问题。由于受到学术专门化影响,现今的学门科系分化越来越细,非但造成了隔行如隔山的现象,甚至连同行之学者专家无法沟通彼此之所学,而知识之整体性也就在其分化的过程中逐渐丧失。当然,专业化以及专精的要求本身是必要的,但诚如金耀基所言:一个大学生应该对人类知识文化有相当程度的了解,对自己民族的学术文化有一基本的欣赏与把握,同时,他应该养成一独立思考、判断的能力;一种对真理、对善、对美等价值之执著的心态。换言之,教育(尤其是大学教的理想)毕竟不应只是培养一技一能之士,更重要的是要能够"造就整个人格"。

然而,现今的大学教育几乎已完全本末倒置,以市场、功利与实用取向领导教学,学生们也大多从"善"如流,甚或是变本加厉,纯粹为应付考试而念书,平日不是茫然度日,便是汲汲于打工赚钱,鲜有能够给自己一些时间、空间静下来观照自己、观照及关怀周遭环境与世界者,如此四年下来会有些什么我们可以期待的呢!之所以会有这般结果,学生必须自我反省!而我们为师者也必须自我检讨!

二、运动与休闲学系基本发展理念与愿景

秉持着大学教育不应只是培养一技一能之士,更重要的是要能够"造就整个人格"的理念,运动与休闲学系不仅仅注重专业知识与技能之培养,更期待能培育出具备人文涵养、有理想、观照自己、观照及关怀周遭环境之特质的高级知识分子。除了基本专业知识与技能之培养外,我们将强调公众事务与公共政策之参与,期盼藉推动荣誉志工制度,来带动师生积极投入非政府组织(NGO)、非营利组织(NPO)、社区组织与弱势族群之服务。企盼我们所提供的FTYC,不只是为了个人求职、谋生所做的准备,更重要的定要能让受教者学会超越个人利害得失之思考、对社会有实质贡献,并懂得如何过生活与经营生命,成为一个真正有理想、有价值的人。

三、我们的目标

藉教学、研究、服务、社会关怀与实践、国内外交流及各种运动与休闲活动参与等管道,培育出兼具运动与休闲专业知识、丰富的人文涵养、开放无私的社会人格以及开阔之视野胸襟,同时又善于优游岁月的知识分子。

(一)教学方面

(1)培育运动与休闲领域的基础学术研究之人才。

(2)培育运动与休闲活动(营队)的企划、领导与推广之人才。

(3)培育运动与休闲专业相关的行政之人才。

(4)培育从事非政府组织(NGO)、非营利组织(NPO)、社区服务、休闲教育之人才。

(二)学术研究方面

(1)成立运动与休闲研究所。

(2)针对运动科学与休闲领域进行整合性研究。

(3)形成运动与休闲领域具代表性之学术研究单位。结合国内外学术单位合作举办学术研讨会。

(三)社会关怀与实践

(1)投入非政府组织(NCO)、非营利组织(NPO)、社区组织与弱势族群之服务。

(2)本土研究及全球观点关怀国事。

(3)中央及地方政府关于运动与休闲发展之信息,形成高智能、全方位专业咨询单位。

(4)各级学校、民间、地方政府等教育、社教单位,研撰或编写各种层次之运动与休闲教育之教材等,提供全国一流之运动与休闲教育相关教材。

(5)设置运动科学与休闲管理信息网站,提供各种运动健康、运动休闲,体适能、休闲游憩等信息。

(四)国内、国际学术交流

(1)与国内外学术机构建立畅通之交流管道。

(2)邀请相关领域国际知名学者担任短期(半年、一年)客座教授,以与国际接轨、增广师生之国际视野。

(3)鼓励本系教师与国内外学者进行国际合作研究计划。

(4)五年内与以下系所签订学术交流合约并进行实质交流。

(五)运动与休闲活动参与

期待师生除了在工作(教学、研究、读书)上尽心力之外,也能善加运用时间与机会,适度参与各种运动与休闲活动,培养出健康的生活习惯,平衡身心发展,以提升自身之生活素质,成为善于优游岁月的高级知识分子。

四、教师发展

(一)运动与休闲学系师资专长分组

(1)运动科学。

(2)休闲管理。

(3)教育学程(体育教学)。

(二)每位教师的角色扮演或期许

(1)善尽基本教学、研究及广义服务之责任义务。

(2)学术与专业研究要求有累积性及分工。

(3)5年内发表5~10篇报告以上。

(4)期许教师每年研拟或修订个人近、中、长程学术发展目标。

(5)期许教师每年研拟或修订个人发展与团队发展相关构想或计划。

(6)丰富自身之文史哲艺术内涵。

(7)充实在运动与休闲领域中非本身专长的专业知识。

(8)强化与社会之关系。

(9)力求务实但不忘坚持特色、理想。

(10)具备宏观视野与宽广胸襟之涵养。

五、学生事务

依据分明系宗旨,培育具备前瞻格局、社会人格之知识分子,学生之教育内涵如下。

(一)修课或修习学分

总学分:135;必修学分:54;选修学分:42;通识涵养学分:39。

(二)逐步进行跨系所之整合学群规划

透过科际整合、资源共享之实践,逐步将各系所开设之相关课程为不同学程课群，以利引导学生进行学程导向之选课规划。

（三）寒暑假期营队计划与领导

本系将结合校方及花东地区之各种资源，于寒暑假期间，配合开设有关课程、策划各种运动休闲营队，藉此充实学生筹办营队之行政、计划、领导之能力，期盼能藉充分之实务操作与训练，培养出优秀之运动与休闲营队之经营团队，以开创学生创业与就业之契机。

（四）荣誉志工服务制度

本系将逐年推动政府、非营利组织、校方及系上之荣誉志工服务制度，期盼每位学生毕业前累积300小时的志工服务时数。希望能借着荣誉志工服务制度的推行，让学生体验或体会到"付出的收获"或"付出的喜悦"，以助于孕育出健康社会所不容欠缺的社会人格。

（五）学生实习制度

配合主客观条件发展之成熟度，斟酌推动学生实习制度，期能藉此弥补学生在实务经验上之不足，以增进就业竞争力。

六、对学生的期许

（一）培养知识分子之情操。

（二）兼具本土情怀与国际观。

（三）具备宏观视野与宽广胸襟的社会人格。

（四）关怀环境且为实践者。

（五）积极主动地自我教育、不断自我超越。

（六）重视旁侧思考（lateral thinking）及整合能力。

（七）对本系上事务，负有义务劳动及其他服务的荣誉参与观。

七、运动管理学系出路规划

（一）运动管理事业

其相关产品非常广泛，在众多毕业出路中，本系拟定四项未来出路方针，针对此就业市场，规划四年实务性的学程如下。

1. 公家机关、企业体等团体之运动管理人才。

2. 职业运动行销、经纪人才。

3. 运动性俱乐部之计划、管理人才。

4. 其他符合运动市场之专业人才。

（1）运动场地设施人员。

（2）各单项运动产品经营管理。

(二)本系学程与相关学系概况

观光系:发展旅游性运动休闲观光事业。

工管系:生产线职工运动休闲、健康管理。

企管系:运动产品之商业性行销管理。

资历管系:运动休闲之软件企业营运开发。

游憩系:休闲产业之开发。

餐饮系:观光事业之开发。

航馆系:观光事业之开发。

八、专任教师(略)

(3)闽台运动训练专业培养方案(台湾称为运动竞技、技击、水上运动等)

附件:闽方运动训练专业培养方案
(福建厦门集美大学体育学院为例)

一、培养目标

本专业培养具备竞技运动方面的基本理论和基本知识,掌握从事专项运动训练的基本能力,从事运动训练教学、训练、科研、管理等方面工作的高级专门人才。

二、业务培养要求

本专业学生主要学习竞技体育方面的基本理论和基本知识,受到运动训练方面的基本训练,掌握从事专项运动训练的基本能力。

(一)毕业生应获得的知识和能力

(1)掌握运动技术学科、运动人体学科、教育心理学科的基本理论和基本知识;

(2)掌握一般运动训练和专项运动训练的分析方法和技术;

(3)具有从事专项运动训练与教学、竞赛组织与裁判等工作的基本能力;

(4)熟悉我国体育工作运动训练、运动竞赛等方面的方针、政策和法规;

(5)了解一般运动训练和专项运动训练的发展动态。

（二）本专业毕业合格标准

本专业学生应达到学校对本科毕业生提出的德、智、体、美等各方面的要求，完成教学计划规定的全部课程的学习及实践环节训练。修满155学分，其中公共基础课32.5学分、专业基础课24.5学分、专业课53学分、专业选修课9学分、专业类公共选修课9学分、综合素质选修课8学分、实践环节19学分，毕业设计（论文）答辩合格，方可准予毕业。

三、主干学科与主要课程

主干学科：体育学、教育学、生物学。

主要课程：运动训练学、专项理论与实践、运动选材学、运动营养与恢复、运动心理学、运动生理学、运动生物力学、教育学。

四、主要实践性教学环节

毕业论文、运动训练实习、社会实践。

五、学制、学位和相近专业

学制：4年，允许在校学习3～6年。

学位：符合学位授予规定，授予教育学学士学位。

相近专业：体育教育、社会教育。

六、专业教学计划表（略）

附件六：台方运动训练专业培养方案（台湾体育学院竞技运动学系为例）

一、系所介绍

本校之前身为体育专科学校，设有体育、休闲运动及体育舞蹈三科。1996学年度改制学院，除维持原有之发展方向，依专科既有学门架构成立此三学系外，并因应国际竞技运动发展趋势，配合政府积极提升运动水准之目标初创竞技运动学系。分设二年制及四年制两种不同学制，二年制招收专科学校毕业学生，施以二年之再教育；四年制以高中（职）毕业生为招生对象，施以四年之竞技专业教育。现有四年制学生678名、二年制学生54名，全系学生共732名。由于阶段目标的调整，自2003学年度起二年制部分停招，四年制招收四班。自2004学年度成立竞技运动学系硕士班，招收一般生十名。

二、设系目标

（一）培养杰出运动选手。

（二）培养优秀运动教练。

（三）结合科技发展，提升运动技术。

（四）培养各级体育场及运动训练中心等机关业务之规划、辅导及管理人才。

三、设系特色

（一）配合政府积极提升运动水准，争取国际运动竞技夺牌之目标，提供教学训练环境，培养竞技运动人才。

（二）选定重点发展项目，选聘国内外优良师资，强化专业训练，以培植优秀选手及运动教练人才。

（三）以单项运动为教学群体，透过专长术科，结合运动科学知能，重视心理、体能及技术战术之训练，提升运动技术水准。

（四）重视生涯规划，除兼顾竞技专业知能之理论与实务外，并着重体育教育课程之配合，以提供宽广之发展空间。

四、设系发展

（一）配合"国家"政策与目标，选定重点发展项目，延聘优秀指导及研究人才，改善教学、训练环境与设备，提升竞技运动水准，培植参加国际运动竞赛夺牌选手。

（二）延聘优秀师资，充实教学、研究仪器与设备，加强教练科学课程，并辅导学生参加各类教练检定，以培养优秀运动指导人才。

（三）发挥科技整合功能，结合科技发展，开发运动技术，增进竞技运动训练理论与实务之发展。

（四）寻求社会资源，提供绩优选手之奖助。

（五）扩大参与层面，结合工商企业与各级运动团体，提供培训、咨询与辅导，拓展发展空间。

（六）申请成立竞技运动研究所，提供杰出运动教练与选手进修管道，以培养竞技运动高级指导及运动科学研究人才。

五、师资阵容（略）

（4）闽台全民健身（运动休闲）专门人才培养比较

根据以上台湾有代表性的台湾"东华大学"运动与休闲学系培养方案，并与闽方同类培养方案比较，从中可以发现：第一，台湾高校体育专业类具有强烈的个性化特征的特点;第二,台湾体育院校(系)是以职业人才市场需求为导向的办学模式;第三,深入阐述本院校(系)的特色,从办学条件、设施、方向、课程、师资、社会认同等方面,进一步凸显办学优势。由此可见,无论是从方案的构思,还是撰文及发布,处处都充满着市场竞争的因素,处处展示着本院校(系)的长处,这是高校林立、分布密集的台湾高校体育专业类求生存、求发展所必须努力去展现的一面。反观福建,由于近期内生源尚充足(与福建高校数量相比),未达到生源竞争的白热化程度,福建各高校在招生时,相对达到了满意的效果。然而,随着福建高校的增多,生源的危机感在福建各高校也将凸现出来。因此,福建各高等体育院校为生源竞争,以及由此所带来的培养方案、课程改革等一系列需改革的问题出现。面对这一挑战,福建各高等体育院校改革,或许能从台湾高校体育类专业的培养方案中获得一些启迪。

另外,从全民健身(运动休闲)人才培养的视角上看,台湾地区在运动休闲专业人才培养上更显其多元发展、专业特色。在已设立的系所中有运动与休闲学、休闲事业管理学、休闲游憩事业学、运动健康与休闲学、观光暨游憩管理、运动与休闲教育、健康与体育、运动健康与休闲管理、体育管理、运动经营与行销、观光与旅游等。从以上这些隶属运动休闲领域及衍生出来的学科群中不难发现,台湾地区已把"运动休闲"族群的研究推至极致,也就是说,在办学中已充分研究、开发了"运动休闲"所涉及的隶属领域,所开设的课程针对性强,采用的培养方式理论与实践结合紧密,注意了学生的动手能力、创新能力和社会发展能力的培养,以及所培养的人才与社会需求的接轨。相比之下,福建省高校均采用国家教育部的《普通高等学校本科专业目录和专业介绍》数十年不变的"社会体育专业"称谓,人才培养学科领域过于宽泛,通识传教为主,专业知识、技能、能力培养深度不够,毕业生就业方向不清。从该现象可知,就社会体育专业人才培养而言,福建省高等教育发展较为滞后;而台湾地区已伸入,并仔细地规划了社会体育专业的核心发展内容,学校的人才培养与社会需求的接轨思路清晰,满足社会的需求。台湾运动休闲专业的发展,取得的成效,碰到的难题,得到的教训,积累的经验将为福建省同类专业的发展提供借鉴。

(三)闽台以健身为目的体育功能交互关联

1949年至1979年间,两岸政治对立、军事对峙、口岸封闭、乡音隔绝,但体育的健身功能在两岸并没有因此受到丝毫影响,因为体育健身功能并不受政局、时局的制约。大陆的"全民健身运动"开展的如火如荼。台湾地区的运动休闲产业链赫然在目。1979年元旦全国人大常委会发表《告台湾同胞书》后,台湾在民意的推动下,两岸关系趋于缓和,并逐步有了交流。迄今,在两岸各自发展的60多年来,对体育的健身功能开发、利用情况如何是值得两岸体育界同仁加以研究比较,取长补短,共同发展。通过两岸的交流合作,对体育健身功能的方方面面加以研究探讨,使双方受益,造福两岸民众。把体育单纯的健身功能打造成能使两岸民众受益的闽台社会交流项目,而民众是社会个体和自然个体的矛盾的统一体,由此可见,受益了民众就受益了两岸的社会性发展。

自1979年以来,闽台"以健身为目的体育功能"为主题的交流合作已有一定的广度和深度。其诸多的案例呈现闽台对体育健身功能的开发、利用交互关联有如下几个方面。

1. 闽台体育社团互访直面社会体育功能作用

以体育社会团体为主,组织各类体育健身活动是台湾地区社会体育运作的鲜明特点。台湾体育社会团体众多,涉及所有运动项目、覆盖所有阶层、渗透所有体育活动形式。其一是以项目的形式存在,如中华成人游泳协会、台湾武艺文化研究协会、台湾路跑协会、排球协会、高尔夫球会所等等。其二是以系统或地域的形式存在,如台湾大专体育协会、台湾高中体育协会、××县(市)体育运动总会、××县(市)武术协会、××县龙狮艺阵协会等等。其三是以宗亲、家族的形式存在的具有体育色彩的社团,如郑氏联谊会、××健身会所等等。其四是基层学校、企事业独立的体育团体,如××大学学生体育协会、××企业职工体育协会、××行业体育协会等等。台湾的体育社团多数是自下而上,公众根据自身需要,自主申请组成团队,管理层一般不会去限制社团的申请,特别对体育社团更是一路绿灯并给予扶持。行政管理机构视经批准成立的体育社团的活动情况、申请要求给予少量的财政补助,但多数活动经费仍靠自身解决。因此,台湾"体育社团在某种程度上是为方便申请'政府'的经费而登记的",[①]规模较为庞大。台湾体育社团突显草根性、普遍性、民营性的特点,遍布整个台湾地区,其社团组织已达无处不有的境地,每个人(含学生)都以加入某个社会团体而感到荣耀,因此社团组织已成为人的一种精神和物质的需求。"输人不输阵,输阵歹看面"是台湾的一句俗谚,含有再差也要尽全力,不能遭人看轻之意,用来自我鼓舞。人人都争取加入一个或多个社会团体,就是含有"不输人"的动因。台湾体育社团也是反映台湾"民意"的不可或

---

① 谢军等.海峡两岸体育社团比较刍议[J].北京体育大学学报,2004,27(4):443。

缺的基层社会团体组织。福建省体育社团与大陆其他省份一样,在国家的统一管理下产生、运转。与台湾的社团组建的程序相反,大陆的体育社团多数是自上而下挂靠体育行政部门或行业系统、单位成立的,社团活动经费由国家财政酌情拨给,有能力的体育社团组织也可以通过捐助获得活动经费。因此,从体育社团的数量和多样性上看,福建不如台湾来得多和广。自1979年以来,闽台两地体育社团在推展"体育健身功能"上互动,做了大量卓有成效的工作,并为两岸社会各界的接触、交流、合作提供了活动平台。就厦门而言,在2004—2006年间,从一份记载着由本书作者及课题组成员策划和参与、主持和组织的系列闽台社会体育交流活动情况表中,可以窥见闽台体育社会交流阶段进程的一个缩影(表6-1-1)。

表6-1-1 闽台体育交流项目列表[1]

序号	时间	地点	项目	闽台出席人员(人)	课题组职能	主要行政官员
1	2004.9.10	台(日月潭)	日月潭万人泳渡 主办:台湾省南投县行政机关、中华成人游泳协会	闽:32 台:1.7万	组织参与	闽:总局社体主任 台:台北行政领导人马英九
2	2005.2.11	闽(集美大学)	闽台水上体育活动交流合作研讨 主办:集美大学	闽:15 台:13	策划、主持	闽:校领导 台:中华成人游泳协会会长
3	2005.2.13	闽(厦门椰风寨海滩)	厦门第7届"迎新春,盼统一"冬泳活动 主办:厦门市体育总会、厦门体育运动学校	闽:645 台:78	策划、主持	闽:蔡望怀 台:中华成人游泳协会会长
4	2005.6.28	闽(集美大学)	集美大学—台湾屏东教育大学学校体育文化交流研讨 主办:集美大学	闽:10 台:4	策划、主持	闽:校领导 台:屏东教育大学体育系主任
5	2005.7.26	闽(厦门体校游泳馆)	厦门—台湾游泳同行联谊(比赛) 主办:厦门体育运动学校、集美大学	闽:200 台:330	策划、主持	闽:蔡望怀 台:中华成人游泳协会会长
6	2005.7.31	台(金门)	金门第3届抢滩料罗湾海上长泳活动 主办:金门县行政机关	闽:60 台:数千	组织参与	闽:厦门体育局领导 台:台湾地区行政领导人

---

[1] 陈少坚,谢军.闽台两地体育文化及其交流在祖国统一大业中的作用与地位以及功能拓展对策研究[R],2006:214.

续表

序号	时间	地点	项目	闽台出席人员(人)	课题组职能	主要行政官员
7	2005.9.4—7	闽(厦门体育中心)	厦门第17届运动会 主办:厦门市政府、厦市体育局	闽:数千 台企:50	组织参与	闽:厦门市市长 台:台湾国际奥委会委员吴经国
8	2005.7.9	闽(集美大学)	21世纪民族传统体育发展国际研讨会 主办:集美大学、日本早稻田大学	总:36 台:6	组织参与	闽:市人大领导 台:台南师大系主任
9	2005.9.9—10	台(北部附近海域)	2005年第3届世界杯钓鱼运动大会 主办:世界钓鱼运动联盟台湾省总会 协办:台北市行政机关	闽:14 总:180	派1人参赛	闽:省体育局领导 台:台湾行政机关领导人王金平
10	2005.11.1	闽(莆田天后广场)	第7届中国·湄洲妈祖文化旅游节妈祖祭祀大典 主办:中华妈祖文化交流协会	总:数千 台:300	组织参与	闽:省政协副主席 台:妈祖联谊会会长
11	2005.12.25—26	闽(集美大学)	集美大学—金门篮委会篮球赛(老马、中马队) 主办:集美大学	闽:30 金:32	策划、主持	台:金门体育机构负责人 闽:院领导
12	2006.1.28	台(麻豆镇等地)	全台武艺大会师 主办:台湾台南县行政机关、台湾麻豆池镇行政机关	闽:10人 台:数百	派1人随访	闽:省体育局副局长 台:武艺文化研究会会长
13	2006.2.2	厦门(黄厝海岸)	厦金海峡救生指挥中心奠基仪式 主办:厦门市体育总会、厦门体育运动学校	闽:300 台:60	策划、主持	闽:蔡望怀 台:金门体育机构领导
14	2006.2.2	闽(厦门椰风寨海滩)	第8届"迎新春,盼统一"大型冬泳活动 主办:厦门市体育总会、厦门体育运动学校	闽:540 台:60	策划、主持	闽:蔡望怀 台:金门县领导者
15	2006.3.25	闽(厦门环岛路)	2006年厦门建发国际马拉松赛 主办:厦门市体育总会	总:1.7万 台:230	组织参与	闽:厦门市市长 台:吴经国
16	2006.4.9	闽(集美大学)	闽台中华武术技艺的交流 主办:集美大学	闽:30 台:14	策划、主持	闽:院领导 台:武艺文化研究会副秘书长
17	2006.4.20—25	闽(厦门大学)	海峡两岸中华武术论坛 主办:中国致公党、福建省武术协会	总:105 台:60	派员参加	闽:致公党中央副主席 台:致公党台湾主席

续表

序号	时间	地点	项目	闽台出席人员(人)	课题组职能	主要行政官员
18	2006.4.26—27	闽(集美大学)	海峡巾帼健身大赛(8个项目) 主办:厦门市妇联、厦门市体育局	总:1 100 台:40	组织参与	闽:省领导 台:台中市市长(委托)
19	2006.5.26—27	闽(集美龙舟池)	"嘉庚杯""敬贤杯"海峡两岸龙舟邀请赛 主办:厦门集美区政府	闽:880 台:140	组织参与	闽:集美区区长 台:龙舟协会负责人
20	2006.5.28	闽(集美大学)	闽台首届"海峡杯"高校羽毛球邀请赛 主办:集美大学	闽:15 台:15	策划主持	闽:集美大学领导 台:嘉义大学领导
21	2006.6.24—25	闽(厦门)	首届海峡两岸"宏泰杯"网球队邀请赛(台湾嘉义大学集美大学联队) 主办:厦门宏泰集团	闽:42 台:30	组织参与	闽:市领导 台:网协领导
22	2006.7.22—23	台(金门)	金门第4届抢滩料罗湾海上长泳活动 主办:金门县行政机关	闽:60 台:数千	组织参与	闽:集美大学体育学院领导 台:金门县领导
23	2006.12.20	闽(集美大学)	闽台首届体育学术交流研讨会 主办:集美大学	闽:30 台:20	策划、主持	闽:校领导 台:高校代表
24	2006.9.2	闽(厦门)	两岸三地高校赛艇邀请赛暨"清华"—"北大"对抗赛 主办:厦门市政府	闽:70 台:40	组织参与	闽:厦门市领导 台:高校赛艇协会

表 6-1-1 列举了 2004—2006 年间的 24 项闽台社会体育社团互动为主的,强身健体色彩浓厚的交流合作和研究、策划、讨论活动,旨在探索闽台体育文化交流进程的一些基本规律,如两岸互访频数是否均衡,两岸行政机构所起的作用,体育交流涉及哪些内容,目前规模发展如何,双方高层人员如何介入和关注程度如何,闽台两地体育文化交流对中华文化的传承、两岸关系有何促进作用等等。

其一,按活动地点划分,可分为在台湾区域活动和大陆区域活动两大类:闽台体育交流活动有 5 次在台,闽方赴台人员共约 225 人次;有 19 次在闽进行,台方赴闽人员共约 1 549 人次。闽台活动项目比例约为 3∶1,人数比例约为 1.5∶10。可见目前闽台体育交流项目仍以大陆区域活动为主,闽方赴台人数仅是台方赴大陆人数的 15%。

其二,按项目规模划分,万人以上的项目有 2 项,千人以上的项目有 6 项,五百人以上的项目有5项,百人以上五百以下的项目有3项,百人以下项目有8项。百人以下项目主要是对两岸体育交流合作共同发展进行研讨,提供建设性建议。

其三,从官员介入层次上划分,闽方有省、市领导,国家、省、市体育局领导,省级体育协会领导,高校领导等。台方有(原)台北市领导人马英九,台行政领导人王金平,台中市领导人胡志强,台湾国际奥委会委员吴经国,金门县行政领导人李炷烽和南投县、台北县行政领导,台湾成人游泳协会、武术协会领导,嘉义大学、屏东教育大学领导等。以闽台体育交流为契机,搭建闽台行政高层领导者之间以及领导者与基层的沟通平台,是闽台体育交流的目的之一。

以上举例、分析说明了在两岸关系发展的特定阶段里,闽台体育文化交流可进一步通过闽台社会对口对接的方式进行组织实施,把民间的体育文化交流提升为由大陆政府和台湾行政机关间,所共同促成的两岸社会的体育文化交流合作,其内容更加充实、规模更加扩展、高层更加关注、成效更加丰硕。这种闽台社会体育团体的互动,对两岸关系发展来说,其结果是:展现闽台民众形似意合、互动共鸣;交流项目分布涉项宽泛、层见叠出;潜心打造两岸沟通管道、构筑平台;同根同宗同文传承文化、勤于实践,闽台社会公众情感交流、共铸同心。

另有一份资料对1980—2000年闽台体育社团交流情况统计,也可说明福建省各地(市)与台湾地区体育社团互动情况、组团参访的组织与实施渠道以及对推动两岸关系发展的阶段呈现。由表6-1-2统计可见来访的台湾体育社团有300批次,大陆出访的批次为105。大陆出访的组织者依次为:政府(59.56%)、联合(多方合作,占13.73%)、宗族(11.54%)、社团(9.68%)、个人(5.49%),而台湾则依次为:个人(34.56%)、社团(29.32%)、宗族(18.23%)、同乡会(17.89%)。来访的台湾体育社团主要是利用中国传统节日及当地的传统节日而展开。

表6-1-2 1980—2000年闽台体育社团交流情况统计表[①]

地区	福州	莆田	泉州	厦门	漳州	合计	%
出访批次	24	9	28	25	19	105	23.43
来访批次	74	24	69	76	57	300	66.96
互访批次	8	5	12	9	9	43	9.61
合计	106	38	109	110	85	448	100

① 谢军等.海峡两岸体育社团比较刍议[J].北京体育大学学报,2004,27(4):444.

2. 闽台学术团体研讨社会体育功能作用

单纯的闽台体育社团互访，其交流结果仅仅只停留在双方的感知阶段。过程是：见面寒暄一阵，交流互动一至两天，加之观光参访，接着就忙于回程。这种交流结果对增进双方的了解和保持、扩展该项目的交流成效极其有限。为了不断推进两岸的体育交流，使之顺畅、有序，符合双方的发展意愿，闽台体育学界定期和不定期地举办了多种以两岸社会体育发展为主题的研讨会。其一是闽台体育专题研讨会。选择在闽台体育交流活动同时举办与该活动项目有关的研讨会，如厦门市政府每年在7—8月举办的国家立项的"厦门—金门横渡活动"暨"海峡两岸体育发展研讨会"；厦门体育局每年正月初五举办的"迎新春、盼统一"海峡两岸冬泳暨"海峡两岸水域体育交流合作研讨会"；金门职业技术学院在每年一届的"抢滩料罗湾海上长泳"活动期间同时举办的"两岸水上运动休闲游憩研讨会"；台湾龙狮协会不定期主办的两岸舞龙邀请赛及论坛；福建省五缘研究会每年组织的两岸社团互访及随即举办的与体育社团、体育产业、体育社会发展有关的研讨会；福建省各市（县）与台湾地区县（市、协会）不定期举办的体育交流研讨会；等等。其二是闽台体育交流的综合性研讨会，如福建省政府主办的每年一届的"海峡论坛（体育分会场）"；台湾"行政院体委会"不定期主办的"两岸中学生体育发展趋势研讨会"；金门县行政主办的每年一届的"两岸体育交流研讨会"；福建省高校人文社会科学研究基地——闽台体育研究中心每年根据海峡两岸关系进展，两岸体育同仁研究的海峡两岸体育的热点、焦点问题举办研讨会，含两岸体育事务处理问题，两岸体育文化发展问题，两岸全民健身（运动休闲）比较研究，两岸学生体质健康（体适能）比较研究，两岸体育社团交流合作，两岸体育产业比较借鉴，中华体育文化在台湾地区的传承等；福建省体育社会发展研究会每年举办的"海峡两岸体育交流合作研讨会"。其三是两岸高校不定期举办的两岸体育交流研讨会，如台湾长荣大学举办的"两岸运动休闲研讨会"，台湾屏东教育大学举办的"两岸民俗体育研讨会"，台湾体育学院举办的"海峡两岸体育高等教育研讨会"，厦门大学举办的"两岸国术健身研讨会"，集美大学举办的"两岸体育交流研讨会"，福建师范大学举办的"海峡两岸社会体育交流合作研讨会"。其四是两岸共同举办的学术研讨，如中国奥委会和中华台北奥委会在福建晋江联合举办的"海峡两岸体育产业研讨会"，集美大学体育学院与金门大学在金门共同举办的"海峡两岸运动休闲研讨会"，福建华侨大学与金门大学在金门共同举办的"两岸体育产业研讨会"，集美大学体育学院与台湾台南共同举办的每年一届的"南鲲鯓盐祭暨民俗艺阵文化传承发展论坛"，等等。

以上在两岸分别或共同举办的以体育社会发展为主题的研讨会,两岸行政界管理层和体育界同仁审时度势,关注着海峡两岸体育交流合作的进展,总结经验、聚焦热点、突破难点,持续为两岸体育阶段发展建言献策。

3.相互渗透现场推展体育健身功能

闽台相互邀请专家、学者、教练或学员来闽(台)现场交流培训全民健身(运动休闲)项目的现象已司空见惯,是闽台社会常态化交往的一部分。从活动项目上看,台湾棒垒球、篮球、网球、游泳、海上救生、水上运动项目、路跑、锤钩、民俗体育项目、运动健身器材使用、体育社团组织及活动策划、运动休闲产业开发等等的专家、教练受闽方邀请来讲学、指导的个人或团体较多。台湾派学员来闽培训的运动项目主要有武术、羽毛球、乒乓球、田径、游泳、气排球、龙舟、舞龙舞狮(竞赛套路)、老年体育健身创新项目、体育舞蹈等等。福建省赴台交流指导的项目主要有武术、田径、体操、乒乓球、篮球、排球、水上救生、水上运动项目、游泳等等。派学员前往台湾培训的项目主要有棒垒球、海上锤钩、民俗艺阵、运动健身器材开发、体育社会团运作、体育产业开发等等。

4.两岸社会体育互动的研究成果层见叠出

1979年以来,因台湾地区领导人四年一次的换届选举,政党争斗激烈,有关两岸的政策变幻莫测,时局动荡,使海峡两岸的关系此起彼伏。但两岸的体育交流的发生、发展和不断深入已是不可逆行,两岸对体育交流合作的认知、评议、展望和对交流合作过程中出现的问题及解决的对策、建议也有了较为系统地研究。两岸体育界同仁积极献策献计,在报刊杂志、专业刊物上发表了相关论文、文章,我们可由此洞察两岸体育学界对两岸社会体育互动的研究发展步履。两岸体育学界在两岸体育交流合作过程中很好地起着"思维库"、"信息库"和"智囊库"的作用。研究涉及两岸的体育交流合作,两岸体育体制机制,两岸社会体育的发展,两岸体育的交流合作,两岸关系演进中体育所发挥的功能作用等。下面,就两岸体育学界所发表的见解的作一个主题介绍。

(1)大陆学者发表的有关"两岸社会体育互动的研究成果"概览

①大陆学者:两岸体育交流合作的研究成果

《海峡两岸体育交流合作的现状及障碍与因素》(谢军,2001);《海峡两岸体育交流的回顾与展望》(林建华,2001);《闽台体育交流合作回顾与现状分析》(陈如桦,2000);《跨越屏障尚需努力——有感于海峡两岸体育交流现状》(张庶卓,1989);《海峡两岸体育交流与合作的历史回顾与前景展望》(兰自力,2002);《闽台两地体育文化及其交流现状和发展前瞻》(陈少坚,2006);《探究闽台体育文化的史缘及特征》(谢军,2008);《海峡两岸体育事务及其处理的发展阶段与基本特征》(陈少坚,2010);《从闽台武术交流看同源文化对两岸关系的影响》(林建华,2010);《大陆与台湾的体育交流》(王完华,2005);《对台交流历史与现实》(魏海洋,2010);《论"海西"发展中的闽台体育文化交流与合作》(许奋奋,2008);《中华武术搭起两岸文化交流的桥梁——记"海峡两岸中华武术论坛"》(郭琪,2006);《海峡两岸体育交流事务的处理与展望》(陈少坚,2010);《促进闽台交流合作再上新台阶》(赵彬,2010)。

②大陆学者:两岸体育体制机制认知的研究成果

《海峡两岸体育交流政策之考察》(谢军,2009);《近现代台湾地方体育发展脉络梳理》(谢军,2008);《台湾体育制度与大陆体育教育体系的比较与分析》(董杰,2002);《台湾现代体育的发展及特点》(陈萍,2002);《大陆、台湾体育现状的比较与分析》(郑木生,1996);《台湾的体育现状及其发展趋势分析》(朱家勇,2001);《台湾地区民俗体育研究现状初探》(尹国昌,2007);《中国大陆与台湾专业体育学院体操类课程内容的比较研究》(张春梅,2011);《台湾体育瞭望》(周晓,1991);《中国大陆与台湾高校体育教学比较》(梁冬冬,2012);《闽台体育文化交流与合作机制创新研究》(薛庆利,2010);《闽台民俗体育刍议》(邱少茹,2008);《闽台体育文化交流与合作机制创新研究》(薛庆利,2010)。

③大陆学者:体育的健身功能作用及发展的研究成果

《海峡两岸体育社团比较刍议》(谢军,2004);《闽南金三角社区体育组织网络化研究》(谢军,2002);《台湾地区运动与休闲教育兴起的背景及其专业人才培养特点》(彭文革,2006);《台湾休闲运动的发展现状和教育模式介绍》(杨忠伟,2004);《台湾社区体育现状的调查与研究》(骆积强,2005);《闽台学生体质健康(体适能)若干指标比较研究》(陈少坚,2010);《台湾运动休闲概貌及厦门—台湾交流之探析》(郭涵,2012);《从闽台武术交流看同源文化对两岸关系的影响》(林建华,2010);《体育社团在海峡两岸体育文化交流中的价值审视——以厦门市为例》(林琳,2010);《闽台民俗体育的渊源与作用诠释》(谢军,2010);《台湾义务教育健康与体育课程内容改革研究》(俞福丽,2010);《闽台武术交流的历史、现状及对策研究》(高娅,2007);《闽台民众体育交流方式、内容及意义的调查分析》(谢军,2011);《厦门—金门海域横渡方案的探究》(谢军,2007);《港澳台龙舟组织架构的比较研究》(梁聪智,2008);《福建省社区体育发展研究》(徐建清,2004);《福建省群众体育现状的调查报告(1994年)》(许玉成,1994);《中国全民健身运动的发展与展望》(熊斗寅,1998);《福建省群众体育现状调查研究(2010年)》(汪焱,2010);《基于休闲理论的体育课程建构》(石振国,2008);《福建省"全民健身路径"社会效益的调查与分析》(陈上越,2002);《体育休闲娱乐人才培养模式的研究》(李因霞,2007);《新的体育视角:休闲体育》(徐佶,2006);《休闲体育与我国高职院校体育课程改革研究》(张代军,2005);《休闲体育的身体诉说——大众文化视野下的休闲体育与身体文化》(石立江,2009);《对全民健身与休闲体育的协调发展的研究》(曲秀燕,2008);《关于我国体育休闲运动发展现状分析》(胡燕芳,2010);《后奥运时期运动休闲娱乐与全民健身发展的思索》(彭菲,2011);《试论休闲娱乐活动在全民健身运动中的地位和作用》(邹雪云,2012);《休闲体育与全民健身运动》(马志伟,2011);《休闲体育对全民健身运动的影响及对策研究》(张雪山,2006)。

(2)台湾学者发表的有关"两岸社会体育互动的研究成果"概览

①台湾学者:两岸体育交流的总结、展望和持续推动的研究成果

《台湾地区与大陆地区体育交流之研究(1987—1994)》(袁愈光,1995);《两岸体育交流的历史进程》(詹德基,1997);《两岸体育交流的破冰之旅》(吴滨洋,1996);《两岸体育交流新突破》(詹德基,1998);《两岸体育交流十年有感》(许义雄,1998);《两岸体育交流之展望》(许义雄,1998);《两岸体育交流回顾与展望》(萧真美,1996);《两岸体育交流的回顾与审思》(田忠勇,1994);《两岸体育交流揭新页》(杨素,1993);《两岸体育交流回顾与展望纲要》(白少华,1995);《"我国国际"暨两岸体育交流之研究》(郑虎,1999)。

②台湾学者:两岸体育体制机制认知的研究成果

《中共体育行政组织之研究》(邱金松,1999);《"我国"学校体育政策之研究》(郑志富,2001);《中共体育科研体制之研究》(袁愈光,2003);《当前"我国"体育外交之研究》(许义雄,2004);《中国大陆体育产业政策与措施之研究》(詹德基,2003);《"政府"体育行行政组织文化与组织能之研究》(郑志富,2002);《海峡两岸小学体育课程比较之研究》(叶宪清,2001);《大陆学校体育研究》(中、小学部分)(许义雄,1994);《大陆学校体育研究(高等学校体育)》(杨建隆,1995);《中国大陆高等学校体育科、教育现况之研究报告》(许义雄,1998);《两岸体育交流手册》("行政院大陆委员会",1996);《海峡两岸学校体育学术研讨会报告书》(许义雄,1993)。

③台湾学者:体育的健身功能作用及发展的研究成果

《体育、运动、休闲之概念与内涵——台湾地区之应用和诠释》(高俊雄,2010);《台湾休闲产业之专业人力发展》(赵丽云,2008);《中国大陆社区体育发展之研究》(许建民,1990);《台湾地区运动参与人口调查》(王宗吉,1999);

《国民小学实施适应体育之研究——以经南投县为例》(林文郎,2003);《民间体育团体绩效指标建构之研究》(邱金松,1998);《台湾乡土体育之研究——以东港迎王平安祭典为例》(王建台,2004);《台北市国民小学儿童体育态度、身体活动及体育课学习成效之影响》(林国瑞,2003);《台北市国民小学体育发展现况之探究》(林国瑞,2004);《高雄市国中体育班学生休闲态度与休闲满意度之研究》(锺蔚起,2000);《中国大陆社会体育发展与困境》(林志鸿,1993);《中国大陆中小学学校体育发展之探讨与分析》(吴稣,1991);《中国大陆地区体育发展对竞技运动的影响探讨》(陈金盈,1999);《现代体育发展的新趋势——运动休闲管理》(程绍同,1994);《"我国"青少年休闲运动现况、需求暨发展对策之研究》(黄金柱,2000);《国民体能检测报告书》(陈五洲,2002);《台闽地区各级学校学生身高体重胸围测量报告书》("教育部体育司",1995);《台湾地区民众休闲设施需求研究》(牟锺福,2002);《国民体育常模报告书》(林正常等,2000)。

第二节 闽台体育的特殊功能

"特殊"意指特别的、异常的或独特的。对于两岸关系而言,功能的特殊性必须满足三个条件:特殊之一是学科领域应具有自然和社会属性,便于功能驰骋于自然和社会两大领域里;特殊之二是所能产生的功能作用有独一无二,与众不同之处;特殊之三是功能作用已在两岸社会互动中崭露头角,得到社会的认可。体育的某些功能可以满足以上三个条件,我们可以把它理解成为海峡两岸社会交往过程中,闽台体育呈现的特别的、不同于一般普通的,且能对两岸的体育文化交流、合作、发展和对两岸时局变化施予积极影响的功能。

本书在第六章阐述了体育在本体(本源)和非本体(非本源)的几乎所有的领域里的特定的功能呈现和尚可开发的功能作用,体育在这些领域的功能作用将具体体现在现实社会中,也就是体现在其他社会活动之中。"其他社会活动"指的是政治、经济、教育、军事、宗教、文化等等社会活动形式。有关研究已阐明体育与这些社会活动形式的关系,体育有健身功能、娱乐功能、促进个体社会化功能、社会情感功能、教育功能、政治功能、经济功能等。[①] 体育功能与其他社会活动间的互动产生的作用,是人们根据以往的社会实践总结出来的

---

① 全国体育学院教材委员会审定.体育概论[M].北京:人民体育出版社,2002:106。

一般规律。体育功能之所以能发挥其作用,其一是体育的本体(本源)和非本体(非本源)领域功能的现实存在。其二必须满足使体育发挥功能作用的适合的条件。在一个国家(或地区)里,政府所颁发的政策法规和所建立的社会制度,是体育在该国家(或地区)管辖范围内正常地发挥其功能作用的保障。对于具有不同社会制度甚至存着某种对立的国家(或地区)之间,要发挥体育的功能作用就另当别论了。在具有两种不同社会制度甚至是相互对立的国家(地区)中,体育能否发挥其正常功能作用,尚须在这两个国家(或地区)中求得有利于发挥体育功能的各种条件的一致。

海峡两岸都属于中国的一部分,但社会制度不同,意识形态有诸多歧见;然而祖国的统一是两岸中华民族儿女的共同心愿,基于这一共识,两岸社会的交流合作逐步得到深入。体育的功能也因此在两岸社会的交流交往中发挥了应有的作用。其中,体育的健身功能可以说是得到了两岸民众及各界的青睐而畅行无阻,而体育的其他功能可并不都如此。对体育的其他功能而言,我们可以这么认为,若是能对两岸的和平发展起着不可替代的作用的体育功能,我们可以把其视为体育在两岸关系演进中的特殊功能。对两岸关系发展历程中体育所发挥的功能作用的若干现象、案例、规律进行比较,我们可以进一步发现,体育的政治功能是两岸关系演进中的体育的特殊功能所在。这里所讲的体育的政治功能,是指通过两岸各种形式的体育互动,使两岸在政治上取得了某些突破性进展。

体育具备政治功能已见有各种报道实证,是毋庸置疑的,但目前对体育具备政治功能的阐述仅仅停留在过去的一些现象和对这些现象的认识。对体育在什么条件下才能产生什么样的政治功能,需采取什么对策才能使其发挥应有的政治功能作用,等等的各种不同境地,各种不同时局,各种不同族群的分门别类的研究显然不足。特别是体育在海峡两岸关系演进中的政治功能的研究,还鲜见系统报导。笔者认为,体育具备政治功能和发挥体育政治功能的作用,应该具体情况具体分析和制定可操作性的对策。体育在海峡两岸关系演进中的功能作用预期,不是我们订个规划、许个愿就可以照章行事,两岸的关系是互动的、变化的,体育的功能将在两岸关系的发展中发挥应有的作用。我们两岸的体育同仁面临的是两岸社会由1979年以前的口岸封闭,以后两岸的互动沟通,到两岸口岸的开启。迄今,两岸交流合作的持续进行场景,见证着两岸关系蜿蜒曲折的历程,目睹着体育功能作用在推动两岸关系中得到的实践检验。我们正处于两岸交流合作互动所掀起的波澜之中,我们亲身经历的和所见所闻的是两岸关系变化中体育的功能呈现的历史事实,我们若不能在学术上把握这一不可多得的机遇来使体育的功能作用得到两岸互动实践的检验和理论升华,一切将稍纵即逝。我们必须及时总结体育在两岸这一特定时期的功能作用,发现阶段规律,建言献策。对体育在海峡两岸关系演进中的政治功能案例分析,一方面可以帮助我们从两岸关系演进中的体育功能呈现来认识体育的政治功能作用,另一方面可以使我们了解到体育的政治功能是如何在两岸关系的演进中发挥特殊的作用。

一、闽台体育政治功能呈现的社会背景

(一)"戒严"时期的台湾

1. 台湾社会到处弥漫着肃杀的气氛

1949年5月19日,台湾当局颁布"台湾省'警备总司令部'布告戒字第壹号",下称"台湾省戒严令",宣告自同年5月20日0时起在台湾省全境实施"戒严",与先前国民党当局颁发的"动员戡乱时期临时条款"一并实施,情治系统似蜘蛛网般地张开,白色恐怖的阴霾笼罩台湾,至1987年7月15日由蒋经国宣布"解严"为止,共持续了38年又56天之久,最后到了1990年才终止"动员戡乱",台湾终于逐渐脱离"戒严"带来的恐怖政治的阴影。

据知这是到目前为止全世界施行时间最长的"戒严"。当局将台湾省全境分为5个"戒严区",即台北市"戒严区"、北部"戒严区"(包括台北县、新竹县和基隆市、新竹市)、中南部"戒严区"(包括台中县、台南县、高雄县和彰化市、嘉义市、屏东市)、东部"戒严区"(包括花莲县、台东县)、澎湖"戒严区"(包括澎湖、金门、马祖全部岛屿)。

接着,台湾当局在1949年7月9日开始全面实行行政员工的连坐保证制度,未有保证人具保者不予雇用。该制度逐步扩及台湾社会几乎所有公、私机构单位,成为"戒严"时期遍及台湾绝大多数人口的基本政治审查制度之一。

"戒严令"的颁布使行政当局有权剥夺人民自由与基本人权,包括集会、结社、言论、出版、旅游等权利,强制执行所谓的党禁、报禁、海禁、出口旅游禁等。在此段时期,基本的言论、人身自由等人权均受到普遍限制,行政当局运用相关法令条文对政治上持异议人士、左派人士及许多无辜者进行逮捕、军法审判、关押或处决。根据前立法委员谢聪敏的统计,自1950年到1987年解除"戒严"为止,台湾共发生29 000余件政治相关案件,牵涉人数达140 000人,

其中约有 3 000~4 000 人遭到处决。这对台湾社会的民主化进程造成巨大负面影响。①

台湾"戒严令"期间,其防范性质和规模极度扩大化,"在长达 38 年的'戒严'时期里,台湾的海岸线不是海岸线而是警戒线。当孩子们三五成群到海滩上去撒野的时候,总有士兵来驱赶。晚上,海滩更是禁区,因为'共产党的蛙人会摸上来'"。"戒严"年代,带给台湾更多的是压抑和晦暗的社会紧张情绪,各行各业都无一幸免,台湾社会当时就弥漫着这样肃杀的气氛,好像"匪谍"就在身边,每个人都担心害怕说错话而被人恶意举报。②

由以上现象可知,当时的海峡两岸的任何团体与个人,无论是民间或官方机构(或个人),是难于进行接触交往的,更不用说能签订什么协议了。

2. 台湾民间不惧风险探访内地

1979 年前的台湾,海峡两岸的联系被人为地中断了,但台湾民众单向赴内地(福建)从事民俗(含民俗体育)的来往却一直未中断。1949—1979 年间,台湾民众冒着"资匪"、"通敌"的风险前往内陆谒祖膜拜,但由于相关文献对此阶段两岸的一切交流(含体育)都慎于记载,资料很有限,本书通过查阅很有限的文献和对福建沿海民众及金门民众的实地调研发现,有如下几种能尽可能的躲过台湾当局追查的办法。

第一,驾船穿越台湾海峡到内陆。1949 年后,由于人为的原因,台胞赴湄洲谒祖中断了 30 多年。但是,湄洲祖庙妈祖在台湾同胞的心目中有着神圣的号召力,许多人千方百计地冒险到湄洲岛,向妈祖膜拜。③ 第二,利用出海打鱼的机会接触交往。自 50 年代至今,每年春、冬渔旺季,福建、浙江、台湾渔民 2 万多人、4 千多条渔轮在东海共同捕捞作业,相互支持渔业生产。④ 第三,通过第三地转送书信。自 50 年代至 80 年代初期,因人为藩篱,两岸虽然隔离,两岸亲人盼团圆的心情却与日俱增,两岸通信率达 80%。⑤ 第四,通过第三国(地)辗转到内陆交流。1973 年 9 月 23 日—27 日,台湾旅日、美、联邦德国同胞乒乓球代表团 23 人至福州、厦门参观访问。⑥ 1977 年 8 月,旅日台湾同胞

---

① http://blog.renren.com/GetEntry.do?id=719246883&owner=242413348。
② 陈岑. http://epaper.dqdaily.com/dqwb/html/2009-07/01/content_192501.htm。
③ 陈光荣. 寻根揽胜兴化府[M]. 福州:海风出版社,2000:111。
④ 苏仁生. 寻根揽胜话闽东[M]. 福州:海风出版社,1999:50~51。
⑤ 苏仁生. 寻根揽胜话闽东[M]. 福州:海风出版社,1999:53~54。
⑥ 福建省地方志编纂委员会编. 中华人民共和国地方志:福建省志·体育志[M]. 福州:福建人民出版社,1993:339。

棒球队来榕交流。① 第五，托第三地热心人传递信息，交流沟通。此后，林月香经常往返于台湾、新加坡和东山老家三地，义务为两岸同胞传信、转汇、辛苦备尝，被誉为"海峡信使"、"填海精卫"。② 第六，直接进行小额贸易。1976年，台轮在东山登陆10艘次，台湾方面渔民（船员）参加经贸交流76人次；1977年登陆25艘次，交流180人次；1978年登陆37艘次，交流268人次；1979年登陆72艘次，交流489人次。以上贸易额约达119万美元③。

（二）1979年后两岸体育的交往

1979年元旦，全国人大常委会在《告台湾同胞书》中从大陆政策面上打破了海峡两岸长达30年的军事对峙僵局。1997年10月25日，在国际奥委会名古屋执委会上通过恢复中国在国际奥委会中合法席位的决议，④1980年美国宁静湖的国际委员会第82届年会，通过将宪章的国旗、国歌修改为会旗歌，解决台湾成为中国的一部分参加奥运会的问题。1981年3月23日，台湾与国奥委会签署协议，以"Chinese Taipei"为名，重新加入国际奥委会及其所属组织，建立了"奥运模式"。⑤ "奥运模式"的原始构思，正是"一国两制"的雏形，"奥运模式"的实现，已超越政治、经济体制的屏障，在国际奥委会会籍上率先实现"一国两制"，这是新中国继"乒乓外交"后，体育在政体合一过程中作出的又一重大贡献。1980年，大陆和台湾田径选手在美国圣安东皇家学院邀请赛上进行口岸封闭30年来的异国首次异地同场竞技；1986年，闽台两地体育界人士精心组织，排除多种干扰，使福建羽毛球队与台湾同行在即将回归的香港进行交流，这是两岸体育团队曲线交流在大陆地域内的首次异地接触，⑥体现了闽台两地共同的文化底蕴，共同的热切期望。

1987年11月2日，台湾当局开放台湾单向赴大陆探亲⑦之后，海峡两岸交流时机进一步具备。1988年3月15日，台湾"中国时报"调研显示有七成

---

① 郑宗干.寻根揽胜话福州[M].福州：海风出版社，2000：123。
② 刘小龙.东山与台湾[M].福州：海风出版社，2002：177。
③ 刘小龙.东山与台湾[M].福州：海风出版社，2002：261。
④ 何振梁.海峡两岸的第一个书面协议[J].纵横，1999(6)：8。
⑤ 苏瑞阳.两岸政治互动与体育交流——非开放期（1981-03—1988-12）[J].中国台湾：大专体育学刊，2004(2)：17～19。
⑥ 陈壮荔，邱少茹.谈闽台高校竞技体育的交流与合作[J].体育科学研究，2002(4)：73。
⑦ 詹德基.两岸体育交流的历史进程[J].台北：国民体育季刊，1999(1)：4。

受访者赞成台湾当局逐渐开放两岸体育交流,台湾《联合报》调研显示,3月19日,有58%的受访者赞成参加1990年的北京亚运会。民意的趋向促使台湾当局于7月20日通过"现阶段大陆政策",同意以奥运协议方式参加大陆承办的比赛。[①] 1988年5月1日中国台北奥委会成立研究和评估台湾与大陆体育交流各种问题的"大陆体育研究小组";接着,闽台两地武术界在闽交流,是在大陆地域上的海峡两岸的首次交流。[②] 6月15日台湾民间人士王容南驾驶简易滑翔翼飞越北京慕田峪长城获得成功;7月12日台湾奥委会张丰绪宣布"中华民国"将派代表团参加1990年北京的亚运会;8月20日,台湾实业家应昌期创办、中国围棋协会承办的"应氏杯"围棋赛在北京举行;12月1日台湾奥委会负责人宣布,可以审查通过各单项运动协会,明年赴大陆参加国际体育组织举办的申请。[③] 1989年4月6日,中国奥委会主席何振梁和中国台北奥运会秘书长李庆华在香港代表双方签订海峡两岸体育文化交流的第一个协议书,两岸单向直接体育交流正式开始。[④] 1989年11月,台湾青年体操代表团一行28人成为两岸开启体育交流后的第一支合法赴大陆的队伍,[⑤]台湾单向交流日趋频繁,在1990年台湾派团参加北京第11届亚运会时达到一个高潮。两岸正式的体育双向交流从1992年5月的"台北—上海—北京接力长跑"开始。

双向体育交流迈向双方合作是两岸人民的意愿,此时的两岸体育交流趋势已不可逆转,应验了台高层保守势力的一个预言:"如果戏剧、艺术都可以交流,棒球教练要去应聘,歌星要去唱歌……一连串的要求都来了,那么除了军队以外,还有什么不能来往的?"从而产生"敌友不分的心态。"[⑥]但是,这正是两岸同文同宗同是中华民族的一部分的不可分离的现实,体育交流的文化现象将引发两岸政经的互动是不以人的意志为转移的。接着,两岸体育交流围绕着台湾是否支持大陆申奥的议题展开。1993年9月底我国首次申奥未获通过,此时台湾当局对北京申奥的态度并不明朗,在我国第二次申奥获通过后,中国台北国际奥委会资深委员吴经国披露两次投票都是投给了北京,并列

---

① 詹德基.两岸体育交流的历史进程[J].台北:国民体育季刊,1999(1):53。
② 陈如桦.闽体育交流合作回顾与现状分析[J].中国体育科技,2000(3):46~48。
③ 萧真美.两岸体育交流的回顾与展望[J].台湾:中国大陆研究,1996(9):76~77。
④ 李俊杰.海峡两岸体育交流协议签订之考察(台北)[J].台中技术学报,2004(5):257。
⑤ 两岸体育交流,展开史历新页[J].中国时报(第一版),1989-04-01。
⑥ 王梅.体育交流——又期待又怕受伤害[J].(台北)远见杂志,1999:196。

举有案可查的证据。到2001年,随着两岸体育交流的深入及体育文化在消除隔阂、增进了解、构建闽台两地和谐文化、推进闽台社会发展的特殊作用逐渐被人认识和接受,支持北京申办奥运会已成为台湾公开的主流民意,台湾政坛因此也多次表示"台乐见北京申奥成功",①"支持北京申办奥运",②一改模棱两可态度。吴经国先生更是多次对媒体表示"重申支持北京申奥",③2001年7月3日北京申奥成功,中国奥委会主席何振梁对吴经国先生的支持给予了感谢和高度的评价。④ 我们可以把2001年台湾体育界所代表的主流民意和当局顺民意的态度转变,"不反对"、"乐观其成"的表态视为两岸从双向体育交流到对待重大体育事件(申奥)的一种合作的开始。

  2001年以后,两岸体育文化交流的成效不断冲击着台湾政体决策层,促使台湾决策层不断调整敌对、阻隔、自闭的政策,闽台两地的体育交流与合作逐步展开。这一发展趋向是两岸人民所期望的。两岸体育界的合作有了较大的进展。台湾政策方面顺应民意,进行了较大的调整。如台湾"体委会"中程(2001—2004年度)施政计划中第三部分中程发展目标策略的中程发展目标中提及:"促进两岸体育交流合作,加强两岸体育人士交流,加强两岸体育团体及体育学术交流、人员互访,办理两岸体育院系、所学术研究交流,加强两岸体育运动产业交流。迄2004年度,我前往大陆体育交流人数达2万人次,大陆来台人数达1 300人次","建立两岸体育交流规范;建立消弭两岸障碍之体育交流沟通式;运行体育法规及相关远东,辅导体育团体、学校办理两岸体育交流活动"以及"推动两岸运动科研与体育人才交流,提升运动竞技及相关科学研究水平;举办两岸体育学术研讨会;办理两岸体育院系、所交流合作;邀请扩大大陆优秀运动科研人才及教练来台协助选取手培训工作;辅导两岸体育信息交流、合作研究"。⑤ 台湾"体委会"2001年017408号文《推动国际体育交流活动办法》中,进一步明确有大陆团队到台参加的国际体育交流活动,队名、旗、歌、肖像等,按"奥运模式"处理以及从经费上补助到大陆参加国际体育学

---

  ① 李气虹.台乐见北京申奥成功[J].体育大看.http://sprts.zaobao.com,2001-07-11。

  ② 台辩称对北京申奥立场未变[J].(台北)联合报,2001年6月6日。

  ③ 卫铁民.中国台北国际奥委会委员吴经国重申支持北京申奥.http://www.xinhau.com,2001-07-02。

  ④ 中国台北国际奥委会委员吴经国:天津成为奥运城市.www.enorth.com.cn,2001-07-13。

  ⑤ 台湾"体委会"中程(2001—2004年度)施政计划,2004:6~11。

术会议的台湾学者。① 台湾"行政院体育委员会"2003、2004 年度部会列管作业计划对两岸体育交流与合作有了更进一步的具体规划。

北京申奥获通过后,两岸奥委会的联系进一步加强。如 2001 年 8 月 8 日,海峡两岸奥委会举办"第三届两岸运动术语研讨会",达共识 94 项,各自表述 13 项;② 2001 年 10 月 10 日,两岸篮坛高层人士在曼谷雷逊大饭店举行正式会议,同意台湾男篮用"新浪"队名加入大陆甲 A 联赛;2003 年第 7 届全国少数民族传统体育运动会于 9 月 6 日至 13 日在宁夏回族自治区银川市和石嘴山市举行。台湾继参加第 4 届全国少数民族传统体育运动会以来,运动员总数超以往历届。诸如以上的交流合作,不胜枚举。

需特别注意的是,2005 年 7 月大陆奥委会主席刘鹏和射击队总教练王义夫等多人,27 日上午应中华台北奥委会的邀请,到台湾访问。刘鹏表示,大陆与台湾的体育运动都有其优势与劣势,唯有透过交流,才能让两岸的体育技能更具国际竞争力。两岸奥委会体育交流座谈会 27 日上午在台北举行,中国奥委会主席刘鹏与中华台北奥委会主席黄大洲都亲自出席这场座谈会。面对 2008 年北京奥运,刘鹏表示,两岸体育运动应该多交流、多合作。现场除了两岸奥委会主席之外,去年雅典奥运获得金牌的大陆射击队总教练王义夫与女子跆拳道选手陈中以及中华台北队在跆拳赛中夺得银牌的黄志雄也都出席了这次会议。③ 接着,2005 年 12 月 5 日在北京举行了"第 9 届两岸体育交流座谈会",中国奥委会主席刘鹏、中国台北奥委会主席黄大洲双双出席了座谈会。两岸奥委会已经拟定了关于明年的两岸体育交流计划草案,并达成 13 项协议。

双方回顾了近年来两岸体育交流情况,刘鹏也向中国台北奥委会代表团介绍了北京 2008 年奥运筹备工作,双方同时就进一步推动两岸体育交流、北京举办奥运会等共同关心的问题,坦诚交换意见。在继续促进与维护两岸体育交流、合作发展方面,经过协商后,两岸奥委会同意在 2006 年展开和促成以下交流项目。

中国奥委会方面:中国奥委会领导人赴台参加"第 10 届两岸体育交流座谈会";组织省市体育工作者交流团访台;组织亚、奥运项目金牌教练交流团访

---

① 台湾"体委会"017408 号文.推动国际体育交流活动办法,2001:41~54。

② 中国新闻社.两岸奥委会运动术语研讨会达成多项共识.www.sina.com.cn,2001-8-9。

③ 杨明哲.大陆奥委会主席抵台推动体育交流.wl.phoenixtv.com,2005-07-27。

台;组织青少年体育交流团访台;组织体育协会领导人访问团访台;组织艺术体操、技巧团访台。

中国台北奥委会方面:组团考察北京2008年奥运会筹备情形;组团赴中国考察非亚奥运项目发展情形;组织体育工作者访问团访问中国;组团考察中国训练基地及体育场馆;组团考察大陆运动休闲服务业发展情况;组团赴大陆参访。

刘鹏在致辞中说,实践证明,两岸体育界人士定期举行座谈会,及时交换意见,沟通思想,这对两岸体育界在加强合作,扩大共识,推动交流健康发展等诸多方面是十分有益的。他说,两岸奥委会达成的在国际体育活动中遵守"奥运模式",在两岸交流活动中遵守两岸体育交流惯例等方面的共识在实践中已逐步得到落实,并已为广大单项体育协会所理解和接受。他指出,两岸体育交流的规模和范围逐步扩大,交流的内容和形式也呈多样化趋势,这与我们的共同努力是分不开的。刘鹏还说,举办北京奥运会是包括台湾同胞在内的世界华人的骄傲,两岸奥委会要共同努力,为中华民族再创辉煌。

座谈会气氛热烈友好,双方回顾了近年来两岸体育交流情况,于再清、晓敏,中国奥委会群体部部长郭敏、竞体部副部长郭建军和中国台北奥委会副主席蔡赐爵、白文正,委员张芬芬、秘书长陈士魁等分别作了发言。

据不完全统计,就2005年截止到12月初,大陆赴台参加各类体育交流活动的团组达到66批、712人次,双方还就进一步推动两岸体育交流、北京2008年奥运会等共同关心的问题坦诚交换了意见,均表示要共同努力,继续促进与维护两岸体育交流与合作,为实现两岸体育交流健康发展作出努力。[①] 与此同时,体育产业投资合作也接踵而至。体育产业的合作是体育交流的硕果,体育产业的投资是台方与大陆方面合作、互信机制建立的一个征象。

尤其是2008年台湾领导层二次政党轮替,台湾政界执政层面发生了重大变化,两岸系列相关政策迅速得到调整。要求两岸加强交流合作,消除隔阂,共创双赢的理念受到推崇,形势逼人。显而易见,对两岸体育事务发生、发展和处理的原则性与灵活性的相关研究必须随着两岸体育交流的逐步深入而展开,并在两岸体育交流中,成为两岸体育事务处理系统工程的理论指导和实践借鉴。

---

① 曲晓阳.中国体育报,2005-12-07。

二、闽台体育政治功能的特殊作用

闽台体育政治功能的特殊之处就是因两岸体育的交往、互动而促使两岸完成了单纯采取政治手段、方法一时所完成不了的政治使命。如两岸体育交流的社会效益超越体育范畴;通过体育交流打破两岸政治僵局;通过体育交流促使行政管理层推出了对两岸关系发展有利的政策法规;通过体育的交流合作、探索两岸政治协商之路;因两岸体育互动而使两岸增强了互信;因体育的平台运转而使两岸各界,如两岸的民间团体、两岸的行政管理层、两岸的职能机构的对口对接等等,能首次、再次、多次,非常规到常规,非常态到常态化地聚集、接触、对话、沟通,甚至签订相关协议条约。两岸的交往形式可以多种多样,然而,人员的交往是最好的突破口。体育则是人员交往的首选。因为一个体育活动或团队,可包含民间、政府各种阶层的人员参加,双方若同意交往,如两岸体育团队接触,只要接触,便说明有诚意,即使达不成体育之外(如政治、经济等)之意愿,或称谈判不成功,那么,也只是视为体育团队的交流而已,预期的工作进展可伸可缩。总而言之,两岸虽然对立,但通过体育交流活动进行沟通和试探是两岸持续保持联系的一条半透明的主要路径之一,体育作为交往的路径、平台,是有这一独特之处。通览体育在海峡两岸关系演进中的政治功能作用,诸多事例佐证闽台体育的政治功能有如下三个重大突破。

(一)两岸体育团队的交流突破台湾"三不政策",成了两岸接触的破冰之旅

台湾"戒严"时期,民众不畏艰险,或可以说是冒死赴福建内陆或在福建海域上与大陆民众交流交往,或"驾船穿越台湾海峡到内陆",或"利用出海打鱼的机会接触交往",或"通过第三地转送书信",或"通过第三国(地)辗转到内陆交流",或"托第三地热心人传递信息,交流沟通",或"直接参与进行小额贸易"等等。直白地讲,从台湾当局当时的两岸政策视角上看,这类交往属"地下活动",是非法的,台湾民众此行若被"揭发",被台湾当局知道,将被寇于"资匪"、"通敌"、"共谍"的罪证严加处理。

对于1979年元旦全国人大常委会的《告台湾同胞书》,台湾当局1980年是以坚持"不接触、不谈判、不妥协"的"三不政策"作为第一时间的回应,但同时担心在经济和社会建设上将跟不上时代发展,在国际学术会议、体育竞赛等

到曲线交流上,也确定了"不规避、不退让、不畏缩"的另一个"三不政策"。①两岸的体育交流因此只能在异地(也称第三地,下同)进行,台湾当局不再以"资匪"、"通敌"、"共谍"来恫吓台湾民众,这已是台湾当局对两岸体育交流政策态度的重大改进,也标志着台湾方面将对两岸政策进行调整,是体育政治功能的初步显现。两岸异地体育交流时段因此开启。直到1987年台湾当局开放台湾单向赴大陆探亲之前,双方默许了同样的异地交流的规矩,也可以认为台湾方面不再把两岸民众的接触视为非法的"地下活动"。经两岸体育界精心策划,1980年,大陆和台湾田径选手在美国圣安东皇家学院邀请赛上进行口岸封闭30年来的异国首次异地同场竞技;1986年,闽台两地体育界人士的精心组织,排除多种干扰,使福建羽毛球队与台湾同行在即将回归的香港进行交流,是两岸体育团队曲线交流在大陆地域内的首次异地接触。② 这体现了闽台两地共同的文化底蕴,共同的热切期望,也体现了兼容性广、开放性强的闽台两地体育文化特征在特殊时期的特有作用。中国台北奥委会主席郑为元为此在有关报告上批文:"今后不回避"五个字,使"不规避"成为现实。③

(二)两岸体育互动在台湾民间突破官方的种种限制产生"民迫官"效应

1987年11月2日,就台湾方面而言,因两岸体育团队的接触已成事实,民众对两岸门户互通极其渴望,民意的推动已直接影响和转化成为台湾当局两岸政策改良的主导力量源。台湾当局同意开放台湾单向赴大陆探亲之后,海峡两岸交流机会进一步具备。④ "1988年7月12日国民党终通过'现阶段大陆政策',其中有关体育交流规范。"台湾学界评述:"民意既已臻此,台湾开放体育交流已如箭在弦上,不得不发。"此后,"由于有关法规均尚未经'行政院'核定,政府均不予同意,而造成政府与协会或民众间的龃龉"。台湾保守势力也惊叹:"台湾体坛个个争拔头筹,再入'以民逼官'陷阱,成促通主力。"⑤台

---

① 王功安,毛磊.国共两党关系史[M].武汉:武汉出版社,1988:54。
② 陈壮荔,邱少茹.谈闽台高校竞技体育的交流与合作[J].体育科学研究,2002(4):73。
③ 郑虎."我国国际"暨两岸体育交流之研究[R].1999年度台湾体育委员长会委托研究计划。
④ 詹德基.两岸体育交流的历史进程[J].中国台湾:国民体育季刊,1999,28(1):4。
⑤ 苏瑞阳.两岸政治互动与体育交流—非开放期(1981-03—1988-12)[J].中国台湾:大专体育学刊,2004,6(2):24~25。

湾是因民意的推动才得以参加1990年的北京亚运会,这是一个极为典型的实例。可见,两岸交流大势所趋,是历史的必然,台湾当局中的一小撮"台独分子"若不顺应民意,一意孤行,出现的将是更为激烈的"以民逼官"、"官逼民反"的场景。

(三)"奥运模式"突破两岸楚河汉界泾渭分明的困境,促成两岸签下了第一个合作协议

1979年11月,国际奥委会全体委员以通讯表决的方式通过决议,规定中华人民共和国奥委会的正式名称为"中国奥林匹克委员会",会址北京。设在台北的奥委会的名称是"中国台北奥林匹克委员会",这就是以后大家所说的"奥运模式"。1989年4月6日,中国奥委会主席何振梁和中国台北奥委会秘书长李庆华在香港代表双方签订了海峡两岸体育文化交流第一个协议书,从此,两岸单向直接体育交流正式开始。[①] 在台湾问题上,"一国两制"在两岸参加奥运会的资格上率先得到突破。台湾社会已从"奥运模式"看到超越体育范畴的、展现在眼前的、活灵活现的、持续进行的、沟通两岸社会的"一国两制"。台湾学界就是偏保守的学者也对"奥运模式"的超体育范畴的功效有如下认识:"'奥运模式'的原始构想,正是'一国两制'的雏形,可见邓小平'一国两制'的思想渊源,应与两岸国际奥委会会籍的争夺有关","面对在两岸政治对话陷于僵局,双方立场无以改变之时,中国奥委会与中华台湾奥委会应是双方政治突破的一个起点"[②]。"奥运模式"既记载着我国竞技体育走向世界所取得的成就,也在推动海峡两岸体育交流、促进祖国和平统一大业方面作出了历史性的贡献。

第三节　闽台体育的潜稳功能

"潜稳"意指潜伏的、隐匿的。闽台体育的潜稳功能,我们可以把它理解成为海峡两岸社会交往过程中,闽台体育潜稳的、尚未发掘的,且可能对两岸的

---

① 何振梁.海峡两岸的第一个书面协议[J].纵横,1999(6):8。
② 苏瑞阳.两岸政治互动与体育交流—非开放期(1981-03—1988-12)[J].中国台湾:大专体育学刊,2004(2):15～16。

体育文化交流、合作、发展和对两岸时局变化施予积极影响的功能。功能的潜隐性必须满足三个条件。其一,它是体育本体(本源)或非本体(非本源)性领域的功能之一。其二,该"潜稳功能"在一定的时期受两岸关系发展的钳掣,暂时是潜隐的,但随着两岸关系的发展,在一定的环境条件下可以显现成为两岸体育的一般功能。其三,该功能对两岸的社会发展均有积极作用,两岸共同发展,双赢互利。体育在本体(本源)和非本体(非本源)性功能体现在政治、经济、教育、军事、宗教、文化等等社会活动形式中,体育有健身功能、娱乐功能、促进个体社会化功能等等,这些在海峡两岸社会中同属一般功能。而两岸政治的现况决定了体育政治功能的特殊之处。至于体育的经济功能,客观存在满足了功能潜稳性的三个条件。第一,体育的经济功能是非本体(非本源)性领域的功能之一。在两岸口岸封闭期间,该功能的作用功效无法惠及两岸。因为不像体育的一般功能,即使在两岸口岸封闭期间,一般功能仍在各自的社会里发挥其作用,健身理念、方法、途径各自发展,两岸均可通过间接渠道收集对岸全民健身(运动休闲)信息并酌情应用付诸实践。当然,两岸口岸开启后,两岸信息的互通,一般功能的作用也随之扩大。但经济功能的兑现首先需要两岸有一个稳定的、和平的社会环境,能在这一社会环境的平台上签定和实施各种契约。第二,它需要有硬通货流通,商品的流动,产业的互置、跨境投资的回报等等。第三,两岸都要有体育经济、产业发展,交流合作的长远规划。经济功能对这三个方面的要求,是"稳定的、和平的"两岸社会环境建立的根本。体育的经济功能在两岸政治对立、军事对峙时期是潜隐着的,但在两岸政治对立、军事对峙趋于缓解之时,其经济功能作用就得到显现。两岸体育产业的交流合作的履历就应验了闽台体育经济功能作用在两岸关系演进中的稳显规律,在两岸关系演进过程中,闽台体育的潜稳功能——体育的经济功能的逐步显现,对两岸关系的发展有如下三个推动作用。

一、推动两岸体育产业的发展

体育产业是体育及相关产业的总称,它是以体育健身休闲、体育竞赛表演和体育用品制造与销售为主业,同时对旅游、商业、会展建筑、通信、新闻出版、广播电视、游戏动漫、网络等产品有显著拉动和辐射作用的综合产业链。[①] 台

---

① 鲍明晓.福建省体育产业发展规划研究报告[R].福州:海峡书局,2010:5。

湾于2001年和2004年分别拟订颁布了《"国内"旅游发展方案》，提升体育休闲健身旅游业为台湾策略性的重要产业，台湾的运动休闲俱乐部已建成稳定的体制机制。在体育竞赛表演方面，与大陆相比，台湾区域小、人口少，但2005年台湾体育竞赛表演整体营业收入已达19.08亿美元。台湾体育用品业目前已成为世界体育用品重要输出地之一，并已在大陆20多个城市投资建厂制造和销售体育用品。台企西进大陆之初，在闽工商局注册的台资与体育直接有关的企业、公司已达252家。在1992—2004年的两岸接触之初，投资达6.5亿人民币，缓解了福建省体育设施不足之急。台湾民俗文化村在厦门安营扎寨多年，发展有序；福建拥有许多台湾民间投资的山地和内陆岛屿的体育休闲度假村；台资运动鞋厂、运动服装厂、高尔夫球场、体育器材厂持续铺开；等等。台湾体育产业西进大陆，对海峡西岸体育产业的起步、发展有积极的推动作用。台湾是华人社会，民间社会环境、人文行为准则与大陆有着千丝万缕的联系，台湾在体育产业上所取得的成果、经验与教训，祖国大陆体育产业的发展都可以引用、借鉴。与台湾一水之隔的福建，其体育产业起步较晚，但几年来，以福建省与台湾民间交往最为密切的城市——泉州为主要基地的体育用品制造销售业产值总量及销量已跃至祖国大陆的前列，福建各地体育休闲健身和体育竞赛表演也得到快速的发展，这不但是福建省各级政府及体育部门对体育产业推动的绩效，而且与闽台口岸的开启，闽台体育产业专家、学者、企业家的交流合作，体育产业理论与实践的推进密不可分。

二、推动两岸人流、物流互动

2006年两岸奥委会就两岸的互访首次作了一次有组织、有计划的推进。中国奥委会方面：中国奥委会领导人赴台参加"第十届两岸体育交流座谈会"；组织省市体育工作者交流团访台；组织亚、奥运项目金牌教练交流团访台；组织青少年体育交流团访台；组织体育协会领导人访问团访台；组织艺术体操、技巧团访台。中国台北奥委会方面：组团考察北京2008年奥运会筹备情形；组团赴中国考察非奥运项目发展情形；组织体育工作者访问团访问中国；组团考察中国训练基地及体育场馆；组团考察大陆运动休闲服务业发展情况；组团赴大陆参访。以上的活动对当时两岸谨慎的接触给予肯定，并为今后互访事务的处理作出了示范。另外的统计也表明，仅2006年4月间，从台湾经金门通过"小三通"登陆厦门再进入内地的台湾大型民俗体育文化"进香"团体就有30多个,人数达4 000多人。体育传播友谊,释解善意,在两岸人民的交往中发挥了重要作用。"有82%的受访民众认为需要体育活动交流,高于文艺活动的75%,以及宗教活动的50%。显见体育活动因其有单纯、公平、友谊、和谐的特质,是促进了解、改善关系的润滑剂,藉以达到两岸交流的互惠互利,是两岸人民的共同愿望。"[1]两岸体育的交流与合作促成了两岸民众的往来,催生民意所向,敦促台湾管理层调整相应政策。20多年来,体育在两岸间所扮演的"和平使者"的重要角色、所起的重要作用,掀起台湾民众沛然难阻的"大陆热"、持续的"回乡潮",福建全省累计已接待了含各种团体和个人的近600万台湾同胞;累计批准台资企业7 000多家、吸引台资100多亿美元。[2] 当今,两岸关系的缓和,人为阻力的化解,两岸体育团队和民间社团的交流、参访、互动更是催生了人流旺、物流涌的局面,两岸体育交流趋势不可逆转。

三、推动两岸社会各领域的交流

海峡两岸体育领域的交流不但叩开了台湾对大陆的紧封的门户,还为两岸社会的交流合作搭建了平台。"奥运协议签定后其影响也扩至非体育的相关领域。政府与民间团体,包括非体育组织在内,在参加国际活动与中国(指大陆,本书注)发生名称或旗帜问题争执时,各国际组织也援用两岸奥委会会籍之方法来解决两岸之间的冲突,例如:APEC、亚洲银行等","并广为国际社会所采用"。[3] 台湾一些政治要员也曾经通过体育的路径而至大陆,如"连宋二人在正式决定参访大陆之前,就曾透过台湾到大陆来的各阶层的人士,向大陆传达对两岸关系的看法立场"。其中不乏体育人士。"亲民党与大陆的联系管道,据了解,有一活跃于两岸的台湾商人,同时也是体育界的重量级人士,因为与大陆某高层关系非比平常,一直是在打理相关的沟通工作。"[4] "体育搭

---

[1] 许义雄.海峡两岸体育交流之展望[J].两岸文教交流简讯,1998(9):6~7。

[2] 王凡凡.福建专题研讨"和平统一、一国两制"的理论与实践[J].www.xinhua.org,2004-08-20。

[3] 王同茂.两岸暨国际关系与体育[R].(台)"行政院体育委员会",2006:47。

[4] 德宝.连宋访大陆背后铺路[C].澳港台画报.澳门:澳门国际名家出版社,2005(3):120。

台,两岸对话"已是两岸社会交流合作"乐观其成"的一种默契和友善往来。"闽台体育交流已形成了一定的规模,氛围热烈,常规化逐步形成,是处于海峡两岸关键时期的社会交流的重要通道。"[①]如"厦门—金门横渡论坛","金门两岸水域运动休闲游憩学术研讨会","海峡两岸高校赛艇论坛","海峡两岸龙舟赛论坛","海峡两岸帼国联谊赛论坛","集美大学海峡两岸体育事务论坛","台南县龙狮艺阵论坛","金门马拉松论坛","厦门马拉松市长论坛","漳州海峡两岸中华武术大家练论坛","海峡两岸体育用品博览论坛","海峡两岸体育产业论坛","海峡两岸帆船暨游艇产业开发论坛","海峡两岸国术与养生论坛","海峡两岸论坛"等,以及社会各界以体育社团为组织形式的互访等等不胜枚举。

第四节　闽台体育的可拓展功能

"拓展"的含义,指开展、开辟、开创。闽台体育的可拓展功能,我们可以把它理解成为海峡两岸社会交往过程中,闽台体育已有的或尚可开创的、有必要进一步拓展的、预期能对两岸体育文化交流、合作、发展和对两岸时局发展施予积极影响的功能。

本章阐述了闽台体育的一般功能在两岸社会自然发展的情形和在两岸交流合作中所发挥的作用,阐明了闽台体育特殊功能在两岸关系发展转变过程中的特殊作用,阐释了闽台体育潜稳功能随着两岸关系的进展的由"潜"到"显"的过程,体育所具有的各种功能在闽台社会交往中或得到自然的释放,或得到两岸政界、体育界同仁的驾驭,起着推进两岸社会交往的"桥梁"、"润滑剂"、"催化剂"、"枢纽"、"平台"等积极作用。

2008年4月29日,中共中央总书记胡锦涛在北京钓鱼台国宾馆会见中国国民党荣誉主席连战时,针对当时台湾局势发生了积极变化,两岸关系呈现出良好发展势头,提出了"建立互信、搁置争议、求同存异、共创双赢"十六字箴言,这是开启两岸关系新篇章极为重要的方针。为两岸同胞谋福祉、为台海地区谋和平是海峡两岸中华儿女的共同愿望。行将上任的台湾省领导人马英九

---

① 陈少坚等.闽台体育文化交流新思路及实证研究[J].北京体育大学学报,2006(11):1459。

也给予积极回应。

　　这十六字方针寓意深刻，呈现出善意的、包容的、可行的等特点，建立互信已不限于国共两党，而是指两岸行政管理层面。"搁置争议"就是避虚就实，意识形态的分歧暂放一边。"求同存异"就朝着最主要目标迈进，对有利于振兴中华民族的共同的理念、目标、方法等加以巩固、发现、发展。"共创双赢"就是取长补短，加强合作共同发展。这十六个字也明确了今后两岸关系从民间到官方全面发展的指导方针。台湾新的行政团队萧万长代表台湾方面在"博鳌论坛"上也提出"正视现实、开创未来、搁置争议、追求双赢"的思路。

　　2008年台湾政党二次轮替，两岸社会交流合作的步伐开始加快，产生了质的飞跃，各类社会活动形式的交流合作逐渐常态化。迄今，在持续进展、日新月异的形势下，体育如何在两岸关系的演进中再创佳绩，发挥应有的作用，这是两岸体育界同仁共同面临的研究议题。

　　体育在两岸社会关系发展的不同时期有"一般"、"特殊"和"潜稳"的功能作用之分，在两岸政治对立、军事对峙关系得到缓和，持续推进的现阶段，潜稳功能的显现，特殊功能的常规运行和一般功能的深化，为体育在两岸关系演进中的功能拓展、开发利用提供了更为广阔的空间。"体育的功能并不是静止和封闭的。随着体育自身的发展及社会的进步，体育的功能也将不断地变化与拓展。"[①]当然，这些"变化和拓展"必须根据一定的自然和社会环境条件的变化而加以开发利用。换言之，对于体育的各种功能，有的可以与市场接轨，使其按市场价值规律、供求规律、竞争规律来运行推进。有的目前仍必须由政府主导，持续有目的、有组织、有计划地加以推动。

一、两岸可归入常态化交流合作的体育若干功能拓展

　　海峡两岸社会的交流合作现状，除政治、军事及意识形态领域方面以外，均已步入常态化。同理，体育的功能除涉及政治、军事和意识形态外，都可以视为两岸交流合作常态化的一部分。从社会活动形式分类上看，体育的健身功能、娱乐功能、促进个体社会化功能、社会情感功能、教育功能、经济功能等已经是海峡两岸常态化社会交流合作的形式、渠道和内容之一，诸多的交往屏障已被突破。因两岸的社会制度不同，两岸体育的交流合作或许并不必依靠

---

　　① 叶加宝,苏连勇主编.体育概论[M].北京:北京体育大学出版社,2005:75。

行政管理方式的长期介入来持续进行,而更应该寻找两岸均可以接受的方式方法,从这一思路考虑,两岸遵守市场管理规律,按市场的"价值规律、供求规律、竞争规律"来运行是符合两岸互利双赢、共谋福祉的初衷。按市场规律运行调节并不是否定了人的因素,市场机制的建立和运行调节仍离不开人的因素。市场机制与行政机制的区别是,前者是按市场规律来反馈调整,而后者是按计划来执行,比较两者,后者的调节周期会滞后一些。光阴似箭,一寸光阴一寸金,促使闽台体育与市场的接轨来拓展闽台体育的健身功能、娱乐功能、促进个体社会化功能、社会情感功能、教育功能、经济功能等若干功能作用,是海峡两岸社会发展"互利双赢"的最佳选择。

(一)闽台体育健身功能与娱乐功能拓展

体育的健身功能是指体育运动能改善和提高中枢神经系统的工作能力,使人头脑清醒,思维敏捷;能促进有机体的生长发育,提高运动能力;能促使人体内脏器官构造的改善和机能的提高;能调节人的心理,使人朝气蓬勃,充满活力;能提高人体的适应能力;能防病治病,延缓衰老,延年益寿。经常参加体育活动能使青少年生长发育健全,体型健美,姿态端正,动作矫健;中年人身体健康,精力旺盛;老年人延缓老化过程,健康长寿。[①] 健身运动是一个系统工程,对健身价值的认识是健身运动的动机所在,对健身目标的设立是对个人健身运动水平发展前景的预测,对健身方法的选择是个人体育运动基础——终身体育能力的体现,对健身结果的评价是对个人阶段努力成效的回顾。健身的方式方法有多样,海峡两岸公众喜闻乐见、简便易行的健身活动有传统武术、舞龙舞狮、民俗艺阵、健身气功、健身器材的使用、健身操(舞)、太极拳(剑)、游泳、骑车、登山、路跑、跳绳、踢毽、门球、扯铃、陀螺等等,还有竞技性强、普及面广的体育运动项目,如田径、游泳、乒乓球、羽毛球、足球、篮球、排球、网球和近年兴起的高尔夫球等。科学的健身锻炼要注意技能与运动量的控制,循序渐进,由易到难、由简到繁;体育锻炼形式内容要丰富多样,使机体得到全面发展;要根据个人的年龄、性别、爱好、习惯、身体条件、职业特点、环境因素等区别对待;要注意避免出现伤害和事故;还要根据健身目的和季节特点,科学拟定周期性体育锻炼计划和每次锻炼的安排。

---

① 全国体育学院教材委员会审定.体育概论[M].北京:人民体育出版社,2002:108~109。

体育的娱乐功能是指体育运动由于它技术的高难性、惊险性、造型的艺术性,配合的默契性和易于接受的朴素性,使它成了人们余暇生活的一个重要组成部分,能起到丰富社会文化生活,满足人们精神需要的作用。[①] 体育的娱乐功能可通过观赏和亲身参与两个途径来实现。一方面通过观赏各类比赛,或是能振奋民族精神的高层次比赛,或是有所关注的球星参加的比赛,或是能体现地域特点的常规比赛,或是有亲友参与的赛事活动,都可以使人们由于工作、学习和劳动所带来的紧绷的神经、疲劳的大脑和紊乱的思绪得到积极有益的调节,不仅有助于身心的恢复,而且也是精神上的外因介入的自然调节放松。另一方面,若亲自参加体育运动(锻炼),运动(锻炼)过程持续获得各种愉快情绪,成功的喜悦和挫折的考验,得到了非运动所难于达到的身心的满足感。现代奥运会创始人皮埃尔·德·顾拜旦在他的名作《体育颂》中留下的感言是对体育娱乐功能最好的诠释,他写道:"啊! 体育,你就是乐趣! 想起你,内心充满欢喜,血液循环加剧,思路更加开阔,条理更加清晰。你可使忧伤的人散心解闷,你可使快乐的人生活更加甜蜜。"

闽台体育的健身功能与娱乐功能拓展实质是对闽台体育健身与娱乐功能的整合和提升在两岸体育健身与娱乐的适用范围。具体地讲,两岸口岸开启后,就闽台体育的健身与娱乐功能而言,需要整合的因素众多,比如台湾"体适能"与大陆"体质健康"各项标准的统一;"全民健身"与"运动休闲"理念、目标和措施的融合;健身与娱乐方式方法的创新;政府推展与市场调节角色的变化;等等。逐步建立起闽台共同确认的体育健身与娱乐功能体系,是闽台体育健身功能与娱乐功能拓展的阶段目标。

(二)闽台体育促进个体社会化与社会情感功能拓展

个体社会化就是人的社会化,它是指由生物的人转变成社会的人的过程。体育通过传授人的基本生活技能、人的身体健康和体育运动知识,教导人的社会行为规范和在社会中扮演的角色所必须履行的职责,承担的义务,设立的目标,采取的方法,经过的途径等来促进个体社会化。

体育比赛过程具有激烈的对抗性,比赛结果的不确定性和胜负瞬息万变的特点,比赛的规模和层次决定了其受到社会的关注程度。通过体育比赛来影响人的社会心理平衡,维持或调整人的心理稳定性来发挥其社会情感功能。

---

① 全国体育学院教材委员会审定.体育概论[M].北京:人民体育出版社,2002:110。

另一方面,人们也在亲自参加体育锻炼、比赛过程中体验和享受运动所带来的快乐,克服运动中的困难,以赛会友,保持着对社会的热爱和对社会交往的热情的稳定情感。

闽台体育在促进个体社会化与社会情感功能拓展方面可开展的工作,其一是可通过学术上的交流,针对两岸社会发展现况,对体育在促进个体社会化过程的功能作用加以厘清,如对体育所能传授的基本知识、技能、能力的共识;对体育在建立人的社会规范的职责、义务的共识;对体育在促进个体社会化的可拓展途径的共识;对体育在两岸社会关系演进中,扮演着促进个体社会化职能的"求同化异"功能的共识等。其二是加深对中华民族的认同,加强对一个中国的共识,加强祖国和平统一的步伐,对海峡两岸参加的国际体育比赛给予重视,对海峡两岸举办的国际比赛给予支持,使两岸公众能在体育赛事上不分彼此,把"两岸兄弟一家亲"在体育赛事中首先得到体现。其三,要加大两岸体育社团的交流互动,增进了解,建立感情,在新的时局下,持续发挥体育的社会情感功能作用。

(三)闽台体育在教育与文化传承功能拓展

1. 闽台体育的教育功能拓展

体育是教育的重要组成部分,体育运动的竞赛具有群众性、国际性、技艺性和礼仪性特点,使它成了传播价值观的理想载体,它能激发人们的爱国热情,振奋民族精神,教育人们保持与社会的一致。[①] 在和平年代,国际间的体育竞赛相当于没有硝烟的战争,各国都力争在国际比赛中取得优异成绩,以检验综合国力和提升民族的威望,教育国民热爱培育他的国土,去振兴祖国的其他事业。体育在对整个社会各阶层群体的教育中的应用非常广泛,意义深远。体育的教育功能不仅仅局限于体育赛事的教育作用,在学校体育、社会体育中,体育活动能增进人们的了解,增进友谊,培养个人的意志品质,培养团结协作的集体主义精神,教育人们尊重同伴、对手、裁判和观众,遵守体育法则,遵纪守法。

体育是教育的组成部分,是两岸的基本共识,但在重视程度上显然存在着区别。第一,在祖国大陆,德、智、体全面发展是教育义不容辞的大政方针之一,并有完善的配套政策法规,强有力的措施保障;而在台湾,各级行政对体育

---

① 全国体育学院教材委员会审定.体育概论[M].北京:人民体育出版社,2002:118。

的重视程度,社会公众对体育的关注程度和受教育群体对体育的认识程度并没把其放在与德、智等同等的地位。比如,台湾地区最高行政机构颁发的相关体育法规,还必须由各地(市、县)层层释义,同一法规经常有不同版本的释义。第二,学校体育教育的实施存在着诸多弹性之处。第三,"体适能"标准要求一直处于较低水平。第四,体育未能起到展示一个地区发展标志的窗口。第五,台湾地区运动员在世界性的比赛中,所取得的成绩与同类地区水平比较并不理想,运动竞技较不为人所重视,难于从中获得因世界大赛所带来的自豪、自信的情感。总之,在台湾教育中,体育还难成为较独立的支持体系,对体育的重视程度还不如祖国大陆。在对体育重视程度不同的情况下,两岸社会是难以施展体育相同的教育功能的。这一问题凸显两岸教育理念存在的差异。胡锦涛在2012年的中国共产党第十八次全国代表大会上的报告中要求各行业进一步推进两岸的交流合作,指出:"要扩大文化交流,增强民族认同。密切人民往来,融洽同胞感情。促进平等协商,加强制度建设。希望双方共同努力,探讨国家尚未统一特殊情况下的两岸政治关系,作出合情合理安排。"[①]祖国大陆希望两岸可以开始"探讨国家尚未统一特殊情况下的两岸政治关系",这是对两岸各行业交流合作提出的新要求,那么,两岸教育中的体育也可以在此背景下展开进一步的交流合作,如两岸教育中体育的职能;体育在两岸教育中的地位;两岸体育教育的内容、方法、途径;两岸体育教育功能作用比较,相互借鉴等等。这是闽台体育的教育功能拓展的前提。

  体育的教育功能更显示塑造社会人的功能。体育教育与一代人的价值观、道德观、世界观的形成有关。两岸教育体制的不同,存在诸多与制度、观念等相关的敏感问题,使两岸的体育教育交流合作尚不如其他领域,可以说这是海峡两岸体育教育交流合作的一个空白点,也是今后发展的一个新的空间。体育教育的主要表现形式是学校体育,如何共同来研讨在两岸各自教育体系中的体育教育理论知识,体育教育的历史、本质、目的、对象、载体、管理等和学校体育的地位作用、目标内容、评价绩效以及体育教学、训练、锻炼的要求、形式、效果,学生体质健康(体适能)的现况与对策等,并达成一定共识,需要两岸体育界、教育界与时俱进,加强沟通,使体育的教育功能在海峡两岸社会的互动中作为中华民族综合素质培养的一种机理,得到新的拓展。

  2.闽台体育的文化传承功能拓展

  体育文化是中华文化传承的重要组成部分。文化是人类社会的物质、精

---

① 胡锦涛.坚定不移沿着中国特色社会主义道路前进为全面建成小康社会而奋斗[N].人民日报(第2版),2012-11-09。

神生活和创造的历史积淀,受到当时的政治、经济和社会形态的制约。体育是一种文化,从以下三方面可进一步求证。

第一,体育是人类创造出来的一种社会活动,是社会生活的缩影、社会的焦点、社会的折射。如一位美国社会学家所说的,"体育渗透当今社会的各个层次,它触及并深深影响着各种风马牛不相及的社会因素,如价值观念、种族关系、商业生活、汽车设计、服装款式、英雄主义、语言文字和道德伦理等"。[①]可见体育像一面巨大的折射镜,把社会上形形色色的事物,都应有尽有地折射出来,成为人们了解社会、认识社会、度量社会的一种有效工具。体育和家庭、宗教、政治、经济这些传统研究领域一样,也是社会中的一种普遍性的存在方式,是现代社会中最重要的文化领域之一。

第二,体育具备了文化的各种特性,即文化的继承性、时代性、民族性、世界性、阶级性等都能在体育运动中清晰地看到。如体育作为文化形态之一,呈现出文化的民族性。构成民族四大要素中的"共同语言、共同地域、共同经济生活、共同心理素质"都是文化。一个民族都有共同的历史渊源,承传着一致的文化积淀。中华民族的多元一体格局,使得中华民族在其形成与发展进程中所孕育的中华民族传统体育文化,也是多元一体的体育文化。中国传统体育是中华各族儿女创造出来的一种社会活动,并表现出中国文化的多种特质,即统一性、连续性、乡土情谊等。

第三,体育运动不仅有它外在的身体活动形式以及设施、器材等物态体系,而且有内在的价值观念、意识形态、行为规范等。将体育纳入文化的范畴,其意义就在于:能把体育运动当作一种文化现象看待和研究,研究体育活动的文化背景,观察体育运动与文化的关系;考察体育运动的文化意义,确定体育在人类文化大系统中的地位;研究如何自觉地塑造具有独立形态价值的体育文化;等等。

闽台体育文化是中国体育文化的一部分,也是中华文化的组成部分。台湾无论沦入日本的殖民统治,还是两岸对峙的政治纠葛之中,都是作为祖国不可分割的一部分而存在。台湾社会和祖国大陆一样,都是在中华文化的基础上发展的。共同的文化,是一股潜稳的,巨大的力量,无论过去、现在,还是将来,都是台湾与祖国密不可分的精神支柱。台湾与祖国的文化亲缘关系,最先、最直接的体现为台湾与福建的关系。这是由历史决定的。"福建和台湾,

---

① 卢元镇.体育人文社会科学概论高级教程[M].北京:高等教育出版社,2003(8):39.

都是以中原南徙的移民为主体而建构起来的社会。"[①]其文化的延播,也随同移民一起,从中原经由福建的本土化发展,再度播入台湾。因此,闽台社会都先后经历过一个共同的内地化、文治化,实质也就是中原化的过程。传承中华传统文化,加深民族的认同感。与祖国大陆比较,虽然传统文化在台湾的发展蜿蜒曲折,但仍显示出极强的生命力,她经历着传统的传承、外来文化的兼容、本土文化的演进等。如今,两岸学界可以就中华传统文化在海峡两岸的发展作共同的研究,哪些传统里面的精华已根深叶茂;哪些传统里面的糟粕是墙上芦苇;当今,祖国大陆与祖国宝岛的中华传统文化要如何对接与互补;等等。通过对中华武术、中华民族体育和中华民俗体育在台湾的传承和外来体育文化与之结合的研究,取其精华,去其糟粕,将使中华传统体育文化显现出强大的再生能力和亲和力,凸显在国家的和平统一大业上,文化要先行的理念。

(四)闽台体育的经济与产业功能拓展

体育作为一个新兴的产业门类拉动着经济增长。当前,全球体育产业增加值已超过8 000亿美元,西方主要发达国家体育产业增加值一般都占本国GDP的1‰～3‰。[②]在经济社会的转型阶段,中国出现了经济的高速发展,迎来了消费增长且可能是爆发式的增长的时期,已成为一个贸易大国、投资大国。此外,中国的创新能力和人才储备能力的增加,中国的城市化进程的继续推进,工业化特别是先进制造业的发展,人民币的国际化等都为经济的转型奠定了强大的基础。各类产业的发展迎来了机遇和挑战。值此之际,面对发展滞后的中国体育产业,国务院颁发的《国务院办公厅关于加快发展体育产业的指导意见》(国办发〔2010〕22号)和《关于支持福建省加快建设海峡西岸经济区建设的若干意见》(2009年5月),国家体育总局制定并印发的《体育产业"十二五"规划》(2011年5月),福建省体育局在全省组织的初步调研并出版的《福建省体育产业发展战略研究》(2010年12月)的指导性研究文献,福建省颁发的《福建省人民政府关于加快发展体育产业的实施意见》(2011年4月)等文件,均说明了我国各级政府和体育相关行政部门对体育产业的高度重视;同时也标志着我国体育产业已进入一个发展的最佳时期。

体育的经济功能主要体现在海峡两岸体育产业的开发合作和对海峡西岸

---

① 刘登翰.中华文化与闽台社会[J].福州:福建人民出版社,2002(1)。
② 鲍明晓.福建省体育产业发展规划研究报告[R].福建省体育产业发展战略研究.海峡书局,2010(12):5。

经济提升的辐射。随着两岸关系的缓和,经济的整合已是重中之重。其一,可借鉴台湾多年来体育产业在开发上的较成熟的管理经验。其二,以福建为先行区域,做大体育旅游专项,与台湾双向对接,共同推进主要旅游景区对接合作和两岸水域水上运动休闲、表演项目的开发,将闽台体育运动休闲旅游区建成全国体育旅游合作示范区。其三,把大陆拥有的竞技水平、协会机构、技术、市场和消费群体上的优势和台湾在营销和管理上所取得的成果有机结合起来,两岸携手来打造中国创立的世界体育用品品牌。其四,利用海峡水域开展两岸体育竞赛表演业合作也是两岸互利双赢的重要内容。

二、两岸务须由行政管理层主导的若干体育功能的拓展

体育的多元功能在海峡两岸关系演进各阶段中为两岸社会化解歧见,聚敛共识发挥了恰到好处的作用。迄今,海峡两岸的社会关系是明确建立在"九二共识"的基础上的,两岸交流合作的社会环境得到了改良,进入了新的发展阶段,体育在海峡两岸的关系上、海峡两岸的社会发展上的功能作用,仍是学界研究的重要议题。"体育的功能并不是静止的、封闭的。随着体育自身的发展及社会的进步,体育的功能也将不断地变化与拓展。"体育功能的拓展,有的可归入两岸社会常态化交流合作的一部分,有的仍然需要行政管理层的推动,如体育的政治功能和体育的军事功能。

(一)体育的政治功能拓展

"奥运模式"的创建催生了海峡两岸第一个合作协议的签定,"奥运模式"的构想,是邓小平同志"一国两制"和平统一祖国战略决策思想在体育事业上的具体运用,它是体育改革开放的重大突破和成功创举。台湾社会也多有共识。但仍有些团体曲解祖国大陆的善意,多次利用祖国大陆支持的在台湾举办的国际性赛事来争取与赛事不相符的所谓"台湾发展空间",这是在新的环境下出现的新的问题。坚持"奥运模式",协商扩展台湾合理的体育发展空间,建立海峡两岸的体育交流合作协约,推进祖国和平统一大业,是体育的功能在政治领域上的持续与拓展。

(二)体育的军事功能拓展

现阶段,谈海峡两岸的军事交流合作似乎还为时过早,对两岸来说,"军事"仍是一个忌讳之词,正是由于军事的对峙形成了海峡两岸一时的楚河汉

界。但是,我们要深刻地理解胡锦涛总书记对台工作的指示:"现阶段,我党对台工作的思路是建立互信、搁置争议、求同存异、共创双赢。"在"九二共识"基础上加强两岸各个领域的协商,创造性地工作。两岸若以和平统一为主导,那么,体育在军事上大有可为,强身御敌、磨炼意志、格斗擒拿、负重泅渡等军事体育项目水平的提升,是体育特有功能的展现。海峡两岸军队体育文化的交流则是化干戈为玉帛,建立互信的渠道,两岸军事互信的提高将有利于中华民族共同守疆护域。

第七章　闽台关系与两岸体育

第一节　闽台在两岸中的特殊地位

闽台一水相连。数百年来,福建是内地迁徙至台湾的最后中转口岸。统计表明,当今台湾的总人口中仍"有73%以上是福建闽籍人及其后裔"。[①] 闽台在海峡两岸军事对峙、政治对立时期,是受两岸政策变化影响冲击最大的、最为敏感的、首当其冲的动荡区域。闽台所有相连接的水域曾是军事禁地。金门、马祖滩涂雷区密布,锯马围堰环绕海峡西岸。岸上坑道交错、山体掏空、炮口相迎、剑拔弩张。但是,福建同时也是众多台湾民众的宗亲祖籍,自然存在着"打断骨头还连着筋,同胞之间、手足之情,没有解不开的结",[②]是民众情感缓冲区域,起着维系闽台血浓于水的骨肉之情的桥梁和纽带作用。福建与台湾的历史渊源和文化的交汇,使闽台自然成为了海峡两岸关系发展的重要窗口,使闽台必然成为海峡两岸关系演进持续发展的先行先试区域。下面,就闽台在海峡两岸关系演进中的特殊地位的构成作进一步阐述。

一、闽台海峡情缘是两岸关系互动的磐石

(一)五缘之亲的由来

闽台两地深情之缘源远流长,在人类发展的历史长河中,人与人之间所发生联系的机遇,如缘分、人缘、血缘,均能在闽台人丛中觅及。为了能更集中地

---

① 黄玉斋.台湾年鉴[M].中国台湾:海峡学术出版社,2001:106~108.
② 李克强.谈两岸关系(答台湾《联合报》记者)同胞之间没有解不开的结[W].http://news.qq.com/a/20130317/000898.htm.

反映闽台"缘"的承启和发展,1989年,林其锬、吕良弼在所著的《五缘文化概论》中,提出以亲缘、地缘、神缘、业缘和物缘为五缘文化的基本内涵。① 五缘文化理论提出后,在海峡两岸学术界进行了深入的研讨,得到了认可。"随着研究的深入,学术界把五缘文化的研究重点放在海峡两岸五缘文化关系上,把五缘作为推动祖国统一的重要力量。"② 五缘文化的传播、传承逐步成为国家对台和对全球华人的文化工作主线,五缘文化研究所形成的重要观点和五缘文化研究专家学者们的建言献策成为党和国家制定对台和对华侨社会政策的依据之一。2005年5月17日,福建省委书记卢展工从政府工作视角上提出闽台"五缘六求"的工作思路。"五缘"具体指闽台间的五种关系,即地缘相近、血缘相亲、文缘相承、商缘相连、法缘相循。"六求"为求紧密经贸联系、求两岸直接"三通"、求旅游双向对接、求农业全面合作、求文化深入交流、求载体平台建设。值此,五缘文化的理论研究成果已在两岸社会互动中得到体现。

(二)五缘情缘的含义

由五缘文化引申联袂而至的闽台地缘、血缘、文缘、商缘和法缘的五缘情缘,是以闽台之间源远流长、血浓于水的密切关系为依据,关注的重点仍然是"缘",即人与人、人与事物彼此之间的关系和联系。

1. 地缘相近

海洋地质工作者探明,福建省东山岛以南,有一条命名为"东山陆桥"的长形浅滩西起东山岛,东经澎湖浅滩,与台湾岛相连结。这一"东山陆桥"全程有四分之三的海域,水深不足60米,最深也不超过100米。中国著名地质学家赵希涛指出:"在16 000~15 000年前的晚玉木极盛时期,海面下降至最低深度-150~-160米。"③ 显然,当时的台湾是与大陆相连和突出于广阔的陆架平原上的一片山地和丘陵。只是到了后来,"中全新世中期,发生了世界范围的大海侵,台湾海峡也不例外。在海峡西岸,这次海侵淹没了闽江、九龙江、涵江等几条河流的河口与海湾,使一系列基岩石、丘陵成为与大陆隔离的岛屿……其形成年代距今6 000至5 000年间"。④ 在以后的历史长河中,台湾海

---

① 林其锬,吕良弼.五缘文化概论[M].福州:福建人民出版社,2003:1。
② 林国平.五缘文化·闽台五缘文化·闽台五缘文化软实力[C].五缘文化与两岸关系.上海:同济大学出版社,2010:2。
③ 赵希涛.中国海岸演变研究[M].福州:福建科学技术出版社,1984:30。
④ 赵希涛.中国海岸演变研究[M].福州:福建科学技术出版社,1984:57。

峡时而被海水淹没,时而露出为陆地,这个陆桥必然成为内陆从东山通往台湾的途径。台湾更新世地层中发现的同属大陆的东方剑齿象、中国犀、水鹿、斑鹿、水牛和野马等化石进一步验证了这一地质现象。

迄今,福建仍是距台湾最近的大陆省份,最窄处的福建平潭岛与台湾新竹市相距仅130公里。从厦门港至高雄港,直航距离仅165海里,一天可达彼岸。厦门与金门最近处2 310米,肉眼可及;小嶝岛距大金门最近处甚至不到100米。这种地缘优势,使福建成为连接两岸关系的纽带,成为两岸交流与合作的便捷通道。① 如今,厦门—金门跨海大桥的计划也在两岸相关单位的酝酿之中。

2. 血缘相亲

台湾自古与大陆就有着悠久的历史渊源,考古发掘和文献记载证明,其土著居民高山族人同大陆古越族有浓厚的血缘关系和相同习俗。大陆居民从三国东吴黄龙二年(230)开始入居台湾及澎湖岛以来,从此代不乏人且日益频繁。元至元年(1864)间,始设专门政权机构澎湖巡检司,隶属福建省晋江县,至清代统一台湾。其间,郑芝龙、郑成功经营台湾和设立台湾府,促成大陆移民台湾的三次高潮。历史证明台湾的大陆居民同属炎黄子孙、华夏儿女。② 在这些众多的汉族移民中,据《台湾府志》所记,福建闽南人占了绝大多数,约占全岛汉族人数的83.1%,其中泉州为44.8%,漳州为35.1%,汀州、福州、龙岩等地为3.2%;粤籍移民次之;来自嘉应、惠州、潮州的约占汉族人口的15.6%;来自中国内地其他省份的约占1.3%。③ 血缘相亲的闽台两岸同根同祖,有着极强的向心力和凝聚力。从人际吸引心理学视角看,在闽台民众交往中易于"互择",即双方对于对方都具有相当吸引力,彼此都把对方选择为心理趋向对象这种两厢情意的互择,服从于"人际吸引律"。从两岸体育的交流也可以说明"血缘相亲"的推动效应。1979年在两岸政策面默许下,两岸交流形式从异地——台湾单向——两岸双向全面扩展。交流意向从试探性——试用性——合作性逐步深入。在台湾,这种建交在两岸血缘之亲的民意的推动已

---

① 郭更新.试论福建在两岸关系中的地位与作用[J].科学社会主义,2000(1):71~71。

② 许正文.历史时期大陆向台湾的移民与往来[C].地缘·根源·家园(闽台地缘关系论文集).北京:中国文联出版社,2008:295。

③ 许正文.历史时期大陆向台湾的移民与往来[C].地缘·根源·家园(闽台地缘关系论文集).北京:中国文联出版社,2008:300。

成为台湾当局两岸政策改良的主导力量之源。台湾学界调研研究结果明确地说明了这一点,"民意既已臻此,台湾开放体育交流已如箭在弦上,不得不发"。此后,"中国积极邀请台湾团队前往比赛,又示意台湾的各运动单项协会邀请中国的运动员与教练来台,并欢迎台湾出资在两岸举办比赛。由于有关法规均尚未经'行政院'核定,政府均不予同意,而造成政府与协会或民众间的龃龉",台湾保守势力也惊叹:"台湾体坛个个争拔头筹,再入'以民逼官'陷阱,成促通主力。"①可见,血缘相亲奠定了两岸双方互信的共同心理基础,彰显两岸双方都时刻主动关注着对方的不解之缘。

3. 文缘相承

中国传统文化博大精深、源远流长、兼容并蓄、和而不同,维系中华民族这个大家庭并推动我们社会不断向前发展。中国传统文化是中华民族几千年文明的结晶,除了儒家文化这个核心内容外,还包含其他文化形态,如道家文化、佛教文化。中国传统文化主要体现在三个方面:一是凝聚之学,中国传统文化是内部凝聚力的文化,这种文化的基本精神是注重和谐,把个人与他人、个人与群体、人与自然有机地联系起来,形成一种文化关系;二是兼容之学,中国传统文化并不是一个封闭的系统,尽管在中国古代对外交往受到限制,但还是以开放的姿态实现了对外来佛学的兼容;三是经世致用之学,文化的本质特征是促进自然、社会的人文之化,中国传统文化突出儒家经世致用的学风,它以究天人之际为出发点,落脚点是修身、治国、平天下,力求在现实社会中实现其价值,经世致用是文化科学的基本精神。②

百年来,台湾屡遭列强的侵袭与割据,在17世纪上半叶,荷兰及西班牙分别占领台湾南部及北部进行殖民统治。1662年2月,荷兰在民族英雄郑成功征伐下签字投降。1683年,郑氏后人又率众归顺清政府。1895年,由于中日甲午战争的爆发和《马关条约》的签订,台湾被迫割让给日本。第二次世界大战结束后,日本战败,台湾为中华民国政府所接收。在这期间,台湾虽经多元文化的冲击,但中华传统文化一直是台湾地域的主流文化。

在台湾社会各界的共同努力下,台湾人民在对祖国大陆文化认同上取得了丰硕的成果,表现在如下几方面。其一,在20世纪60年代就成立了"中华文化复兴运动推行委员会"专事中华文化专项工作。每年都进行"祭孔"和遥

---

① 苏瑞阳.两岸政治互动与体育交流—非开放期(1981-03—1988-12)[J].中国台湾:大专体育学刊,2004,6(2):24~28。

② 中华传统文化.http://baike.baidu.com/view/40254.htm。

祭黄帝陵活动,以示传承中华文化精血。其二,重视在中小学开展中华传统文化教育。国学在岛内已成为常态化、制度化的学习内容。其三,重视城市企业等社会文化建设。中华传统文化向社区、向企业等社会领域延伸。其四,民间信仰,也就是神灵信仰的传承增强了闽台两地同胞的认同感和向心力。这些信仰与崇拜成为与海峡西岸同质性的制约力量,维系了海峡两岸的沟通和交流,乃至处世价值观。"台湾同胞百分之七八十都是福建移民过去的,所以,台湾的百分之七八十的神灵都是福建传去的。"① 分香至台湾建立分庙后,与福建的祖庙确立了源与流的特殊关系,福建的祖庙一直接受台湾分庙定期的乞火、进香、祭奠,接受信徒的顶礼膜拜。王爷、妈祖、观音、关帝、保生大帝、清水祖师等上祖源于福建的神灵在台湾的分庙数已达2 261座。② 对于台湾传统文化现状的评述与期许,我们在这里可援引胡锦涛总书记在纪念《告台湾同胞书》30周年的讲话加以展现和鞭策。"中华文化源远流长,瑰丽灿烂,是两岸同胞共同的宝贵财富,是维系两岸同胞民族感情的重要纽带,中华文化在台湾根深叶茂,台湾文化丰富了中华文化的内涵,台湾同胞爱乡爱土的台湾意识不等于'台独'意识,两岸同胞要共同继承和弘扬中华文化优秀传统,开展各种形式的合作交流,使中华文化薪火相传,发扬光大,以增强民族意识,凝聚共同意志,形成共谋中华民族伟大复兴的精神力量。尤其要加强两岸青少年交流,不断为两岸关系和平发展增添蓬勃活力,我们将继续采取积极措施,包括愿意协商两岸文化教育交流协议,推动两岸文化教育交流合作,迈上范围更广、层次更高的新台阶。"③

4.商缘相连

"福建省与台湾垢区商缘相连,早在商、周时期,两地就已开展了广泛的人员交流和生产技术推广活动,经过千年的历史发展和社会积淀,闽台两地逐步形成了相似的社会生产方式和社会交往方式。"④ 清代乾隆年间的《海东札记》一书详细记载:"台地多用宋钱。如太平、元祐、天禧、至道等年号,钱质小簿,

---

① 林国平.福建民间信仰的现状和特点[C].东南周末讲坛选粹.福州:海峡文艺出版社,2009:128。

② 吕良弼.五缘文化力研究[C].福州:海峡文艺出版社,2002:166。

③ 胡锦涛在纪念《告台湾同胞书》30周年的讲话.中国新闻网(北京). http://news.163.com/08/1231/13/4UGC0VOO0001124J.html,2008-12-31.13:18:15。

④ 何燊,许斗斗.新形势下五缘文化的功能诉求[C].五缘文化与两岸关系.上海:同济大学出版社,2010:61。

千钱贯之,长不盈尺。""近一二百年来,宋钱仍不断在台湾出土,数量可观,品相大多优良。这么多宋钱进入台湾从一个侧面反映出台湾与祖国大陆的密切关系。"①即使在元、明、清等朝代实施闭关锁国的海禁制度,严格限制和禁止对外交往和贸易的时期,也阻挡不了闽台民间的商业往来。显然,闽台商缘的相连与闽台地缘相近、血缘相亲也有着密切的关系。南宋时,泉州就有"东方第一大港"之称。明清时期,厦门、福州、漳州以及台湾的安平、淡水等地成为两岸贸易的主要港口。1979年以来,随着两岸交往的逐步深入,闽台各具发展经济优势条件,在资源配置、产业分工、商品构成以及信息交流等方面有着很强的互补性。2004年两岸贸易总额达783亿美元,2005年达935亿美元,2006年突破1 000亿美元。2007年9月底,两岸累计贸易总额已达到期6 933美元,大陆批准台商投资项目74 327项,台商实际投资450亿美元。② 闽台正从经济上的互补走向经济上的融合。

5. 法缘相循

福建与台湾政治法律关系渊源深厚。不仅福建的移民及后裔构成了在台湾人口的主要部分,构筑了闽台两地难解难分的社会关系;而且,自宋朝在台湾设立行政机构,"官方的行政区和行政区的设置加深了这种关系。台湾在建省之前隶属'福建台湾府'。台湾在建省后仍然与福建保留了若干行政上的关系"。③ 1949年新中国成立以来,两岸社会制度的差异尚一时无法通过法律的形式得以消弥,其法缘相循的脉络更多的可以从历史的视角上加以实证。"两岸之间的法缘关系,自古以来就密切联系。台湾现存的碑碣已经能证实明清时期台湾与大陆之间的法缘关系。"④闽台悠久的历史积淀不仅使闽台民众有着诸多共同的神灵信仰,而且在辨别是非、认识大体的基本的为人处世的法理上也有着诸多的相似之处,有着人际交往过程中的精神关系、物质关系、社会(狭义)关系三个层次基本相同的价值观。"闽台之间延续近千年的法律关系为两岸的社会控制和管理提供了制度性基础。因为,法律的意义在于,以立法

---

① 林利本.从宋钱看闽台关系[C].福建省钱币学会成立十周年学术研讨会论文集,1996:54。

② 陈育芳.商缘文化视野下的区域经济合作研究[C].五缘文化与两岸关系.上海:同济大学出版社,2010:143~145。

③ 汪毅夫.从"福建台湾府"到"福建台湾省"[J].福建论坛(文史哲版),2000(1):26。

④ 林安民.两岸之间的法缘及洗钱犯罪立法比较[C].五缘文化与两岸关系.上海:同济大学出版社,2010:423。

和契约的形式,从制度层面规制社会部门、群体乃至个人的权利和义务,为互动的行动单元设定预期化的行事准则,从而为整个社会剔除异质性的因素。"①

(三)五缘文化的发展

2001年,学者游小波就率先提出"五缘文化力"的概念,认为五缘文化具有亲和力、凝聚力、塑模力和协同力。② 学界对五缘文化的研究已从其现象的描述发展至对内涵的挖掘和在两岸社会关系发展中的开发利用。近几年来,学术界有从五缘文化的潜质来提炼其在两岸社会各领域的交流合作,推进祖国和平统一中的软实力,如《五缘文化·闽台五缘文化·闽台五缘文化软实力》(林国平,2010);《五缘文化与中国和平崛起及两岸关系》(武心波,2010);《五缘文化与文化软实力》(施忠连,2010);《论妈祖信俗与文化软实力》(蒋涞,2010);《新形势下的五缘功能诉求》(何燊、许斗斗,2010)。有把五缘文化与两岸社会的对口行业的发展联系起来,如《商缘文化视野下的区域经济合作研究》(陈育芳,2010);《台闽地缘关系对台商投资的影响》(李孟洲,2008);《闽台地缘关系与海洋交通研究》(孙英龙,2008);《闽台地缘与茶缘研究》(严利人,2008);《两岸之间的法缘及洗钱犯罪立法比较》(林安民,2010);《大陆台商社会适应研究的三个理论视角》(严志兰,2010)。以上列举的研究成果说明:关于五缘文化的研究,不仅仅是描述闽台五缘文化现存的事实,更重要的是以五缘文化为海峡两岸社会关系互动发展的磐石,不断拓展五缘文化的功能作用,以中华民族的复兴和祖国最终统一为奋斗目标,提炼、锻造、发挥五缘文化的亲和力、凝聚力、和谐力、创新力和文化经济发展力。

二、闽台"海峡水暖"是彰显两岸关系的晴雨表

曾任金门县领导人的李炷烽先生,对每年一届的"厦门—金门迎新春、盼统一"的大型公开水域的冬泳活动和近年开展的厦门—金门横渡活动都给予了关注,赠送了多幅荡人心腑的字幅,"海峡水暖、金厦先知"(2004年)、"金厦

---

① 何燊,许斗斗.新形势下五缘文化的功能诉求[C].五缘文化与两岸关系.上海:同济大学出版社,2010:65。

② 吕良弼.五缘文化研究[M].福州:海峡文艺出版社,2002:18~20。

海峡水暖、两岸乡亲同心"(2005年)、"金厦一脉、两门同心"(2006年)、"金厦海泳成功、两岸共臻大同"(2006年)、"泳渡金厦泳渡和平、两岸和谐盛世中华"(2009年)。2009年,时任台湾地区领导人的马英九先生也专门为首届厦门—金门的横渡活动提词:"游进台海、泳出和平。"数百年来,台湾海峡就是一条不平静的海峡。外房入侵至血沃中华大地,台湾海峡记载着两岸人民的抗争历程。割地卖国,台湾沦为日本帝国殖民地50年,台湾海峡记载着腐败政权的耻辱。1958年两岸隆隆的炮声再次向世界表明台湾是中国领土的不可分割的重要组成部分,台湾海峡记载着旧政权的褪变和新政权的建立。1979年1月1日由中华人民共和国全国人民代表大会常务委员会发表的《告台湾同胞书》,其内容主要为商讨结束两岸军事对峙状态,并提出两岸"三通"、扩大两岸的交流,台湾海峡记载着两岸敌对氛围的逐渐缓解,两岸交往的重启。2008年,台湾执政党团二次轮替,以"九二共识"为先决条件的两岸交流合作得到了全面推进,台湾海峡见证着两岸互利共赢的累累硕果。李炷烽先生"海峡水暖、金厦先知"的赠言,反映了台湾社会充分理解大陆对台工作的最大善意和有着"晴雨表"之称的闽台关系在两岸关系发展中的重要位置。

三、闽台海峡通途在促进两岸关系可持续发展中的优势和作用

闽台便捷的水域,使千百年来闽台两地舟楫往返,福建—澎湖—台湾海上交通不断得到修缮,烙着先辈航海的足迹,铭记着闽台源远流长的水上通途交流合作历史。在全国人大《告台湾同胞书》发表之前的1977年,大陆已试验性地在福建的福州、厦门、漳州、泉州四市和东山县铜陵、平潭县东澳、惠安县崇武、霞浦县三沙先后建立了10多个针对直航来大陆的台湾同胞及渔民的渔船轮船停泊点,并有小额贸易的交流。"这些站、点的开设,都热情地接待台湾渔船轮船前来避风、补充生产生活资料,进行小额贸易,宗教交流,极大方便和推动闽台的通航通商。同时,台湾各界人士来福建及全国各地探亲访友、旅游观光、洽谈贸易、投资建厂、办企业和进行文化学术交流日益增多。"[①]这些交往也体现两岸互动,闽台自然成为先行先试区域的常理,是实现海峡两岸"三通"和朝着全面通行的基础。

---

① 孙英龙.闽台地缘关系与海洋交通研究[C].地缘·根源·家园.北京:中国文联出版社,2008:99。

(一)闽台海峡通途"三通"履历

通商的开启:1994年1月由中国大陆单方面地实施《关于对台湾地区小额贸易的管理办法》,指定福建、浙江、江苏、上海、山东等东南沿海口岸,由台湾居民和大陆对台小额贸易公司进行"小额贸易","小额贸易"并不等于一般性的进出口业务。官方将这种小额贸易定性为非官方的直接贸易和经济交流,是海峡两岸"小三通"的开始。

通航的开启:1994年6月由金马爱乡联盟提出《金马与大陆"小三通"说帖》,表达希望能以"单向通航"、"定点直航"或"先海后空"、"先货后客"等方式,渐渐进行"小三通"。1997年4月19日,两岸开始进行高雄与福州、厦门间的"不通关、不入境"的境外通航。及至2000年3月21日,在台湾民众的推动下,台湾"行政院"根据《离岛建设条例》通过《试办金门马祖与大陆地区通航实施办法》,以作为"小三通"的管理依据,并于2001年1月1日开始实施。

近年来,随着两岸关系出现重大积极变化,"小三通"客运量也迅速攀升。"小三通"海上航线用了7年多时间,于2008年上半年客运量达到300万人次。而后2年多时间,"小三通"客运量就翻了一番,达到600万人次。到2008年12月15日两岸"大三通"开启前,"小三通"海上航线已开通厦门和平码头至金门、厦门五通码头至金门、泉州石井码头至金门、福州马尾至马祖航线,除因海上不可预测恶劣气象停航以外,每日均有定时航班。

2008年12月15日,海峡两岸直接"三通"("大三通")终于基本实现,这是两岸关系发展史上具有里程碑意义的大事。福建省的福州、厦门是主要对台空运直航的航点。福建省的福州、厦门、漳州、泉州是对台海运直航的主要港口。福建省的福州、厦门是对台直接通邮的大陆邮件封发局。

(二)闽台海峡通途在促进两岸关系可持续发展的优势

海峡西岸是以福建为主体,包括福建周边粤东、赣州东南和浙南一带,具有特殊地缘经济和政治涵义的小型经济版块。依托着经济特区、经济技术开发区、台商投资区、经济中心城市,对台发挥海运、空运便捷优势和内陆物流发散优势,至今已扩展至纵深——福建的山区腹地,并持续向周边省份伸延。

闽台海峡通途的构成,福建的区位优势是不言而喻的。福建由于特定的历史、人文和地理条件,不可置疑地处于两岸关系中的前沿位置,福建与台湾同属中亚热带过渡带季风性气候,自然生态条件十分接近,宜于开展两岸农业合作。海峡西岸也是台商投资的重要聚集地,这些投资从制造业开始,逐步向其他行业全面渗透。福建、台湾之间咫尺海峡,海上通道便捷,可密集覆盖东、西岸全境。福建、台湾人缘、亲缘深厚而密切,是深化对台交流合作的人文基础。从大陆和台湾行政管理职能部门近年互动上看,其政策导向的优势显而易见。海峡西岸是全国开放度最高、政策最优惠、功能最齐全的地区之一。①在厦门经济特区创立以前的1977年,福建已建立了10多个台湾渔船轮船停泊点,并有对台小额贸易的交流。在厦门经济特区创立以后,又创下多个对台交往"第一"的记录,如首批次面向海峡东岸的"经济特区"(1981年厦门),首设"台资落脚点"(1981年厦门),首家"台资落户"(1983年厦门),首建"台商投资区"(1989年厦门);首设"台资集中地"(1989年厦门);首办台胞"落地办证"、"落地签注"(1994年福建省);首试台胞行程和"一票到底"、"行李直挂"(1994年福建省)、"一机到底"的"换班不换机"的空中试探性直航(1996年厦门);首开"对台商品交易会"(1997年厦门、福州),闽台"试点直航"(1997年厦门、福州);首次得到两岸默许,突破了两岸人员不能直接往来的限制(2001年厦门—金门);首办"福建省居民赴金门旅游"(2004年福建省);"包机直航"率先常态化(2006年福建省);首建"台湾水果及农产品集散中心"(2008年厦门)等。这些突破和所带来的成就,充分说明了海峡西岸在对台经贸交往与两岸关系中的重要地位和可持续发展的基础优势所在。

(三)闽台海峡通途在促进两岸关系可持续发展的作用

闽台海峡通途是两岸沟通的"桥梁",亲历了两岸从对峙到恢复交往的过程。2008年台湾执政团队轮替后,台湾重新回到以"九二共识"为前提的两岸互动基础上,两岸各种僵局正持续得到破解,两岸经济上的合作被正式推至前台,经济对政治的能动作用也正在逐步显现。党的十八大报告明确提出:"我们要持续推进两岸交流合作。深化经济合作,厚植共同利益。""推动两岸关系实现重大转折,实现两岸全面直接双向'三通',签署实施两岸经济合作框架协议,形成两岸全方位交往格局,开创两岸关系和平发展新局面。""巩固和深化两岸关系和平发展的政治、经济、文化、社会基础。"②厦门大学台湾研究院专家李非教授,在总结历年来经济在拉动对台关系的作用一文中指出:"尽管曾几何时两岸政治关系持续冷淡,暗礁险峻,但是,两岸经济关系却始终热潮涌动,两岸经济上的共同利益,最终驱散了政治上的雾霭,迎来了'雨过天晴'的

---

① 李非.海峡西岸经济区先行先试,深化对台合作研究[C].地缘·根源·家园.北京:中国文联出版社,2008:24~26。

② 胡锦涛.坚定不移沿着中国特色社会主义道路前进为全面建成小康社会而奋斗[N].来源:人民网—人民日报.2012-11-09T05-21。

星空。"①台湾政治大学教授黄智超先生在《海峡两岸经济区建设对台闽关系的影响》一文中也提及:"虽说两岸关系在过去八年中(陈水扁的八年,本书注),是处于较为冷淡的状态。但是,借由海峡西岸经济区的发展,多少在冷淡的两岸关系中,为台闽的交往提供了一些良好的渠道。"②说明台湾学术界也高度评价海峡西岸经济区建设在闽台关系发展中的重要作用。闽台海峡通途在对台交往中所起的作用是全方位的。在这里我们可以从最引人瞩目的两岸经济发展互利和两岸关系良性互动的视角加以阐述。

1. 闽台海峡通途是两岸经济对接先行先试区域

闽台的经济合作受益在两岸。台资企业以工业为主,是福建工业的主要支柱之一和出口创汇的主要来源。台资涌入福建和按计划的成长,已成为福建涉外税收的增长点。台资企业精明的投资理念和缜密的管理方式,影响着福建企业管理方式的改进。台资在福建省的成功发展也吸引了台资的持续涌入,台资投入日益扩大。有一则报导:"2008年1月至8月台湾核准对大陆投资案件若以投资地区分,福建省的5亿427万美元(占8.23%)位居第四位。2008年1至8月投资金额与2007年同期相较下,以福建的94.61%成长率位居各省市成长的第一位。"③至2011年,"截至2011年底,全省共有台资企业3884家,居大陆第三位。台湾百大企业在闽投资数目已增至50多家,多次出现上百家台湾机械、电子、食品等企业按行业整体迁移海西的情形"。④ 仅在漳州就有台塑、统一、泰山、灿坤、长春化工和福贞六大上市企业集团在园区内发展。2012年新增的泉州台商投资区、漳州台商投资区和福州台商投资区又相继获批,台商投资福建将有更广阔的平台。

福建省国民经济和社会发展第十二个五年规划纲要总结了"十一五"时期福建省国民经济社会发展取得新的成就,显示在2006—2010年期间,"闽台经贸合作不断加强,五年累计吸引台资71.3亿美元,农业利用台资居全国首位,对台贸易额超过372.6亿美元。我省已有20家企业入岛投资,投资额列大陆

---

① 李非.海峡西岸经济区先行先试,深化对台合作研究[C].地缘·根源·家园.北京:中国文联出版社,2008:30。

② 黄智超.海峡两岸经济区建设对台闽关系的影响[C].地缘·根源·家园.北京:中国文联出版社,2008:57。

③ 黄智超.海峡两岸经济区建设对台闽关系的影响[C].地缘·根源·家园.北京:中国文联出版社,2008:54。

④ 王丕志.台湾百大企业过半来闽投资福建成台胞投资兴业热土.http://www.fjtv.net/news/folder84/2012/03/2012-03-2790621.html。

各省份之首。"①新"十二五"规划提出:"建设两岸交流合作先行区是加快转变、跨越发展的战略要求。以两岸签署和实施经济合作框架协议(ECFA)为契机,着力先行先试,争取闽台更多合作项目列入 ECFA 后续商谈及补充协议,大力推进两岸经贸合作、文化交流和人员往来,努力构建吸引力更强、功能更完备的两岸交流合作前沿平台。"②从以上福建省规划纲要中可以看出,台资的注入促进了福建省的经济发展。当然,台资的投入也获得了应有的回报。两岸经济对接先行区域的试验、实践,说明了政策可信,措施可行。

2. 闽台海峡通途是两岸关系良性互动先行先试区域

台湾地区社会党团派系对民族的认同问题,对国家的统一的认识问题,看上去是意识形态的、较为抽象的政治问题,但是,倘若盘根问底,我们可能发现两岸的关系着陆点还是经济问题。两岸口岸双向开启以来,台湾地区依靠大陆经济的快速增长和系列惠台政策,解决了台湾经济低迷的诸多问题。在 2003 年,就有题目为《新年台湾经济将需依赖大陆渡过难关》的一则报导展现台湾经济发展的诉求。文章谈及"台湾工商界、有识之士及外商皆一致认为,台湾经济的关键在于搞好两岸关系,只有尽快开放'三通',台湾经济才摆脱困境,否则,将丧失商机和对外竞争性","尽管台湾经济内部困难重重,但大陆经济快速稳步成长,令台湾依赖大陆市场和两岸经贸,渡过一道又一道难关,已取得千百亿美元的贸易顺差。估计台湾经济今年对大陆市场依存度将再升高,这是台湾不致于崩盘的关键"。③"2008 年以来,大陆开始准许居民赴台旅游……瑞士银行估计,今年(2009 年)将有 230 万名大陆游客访台,远高于 2008 年的 30 万人。巴克莱资本经济学家梁伟豪说,大陆游客正在给予台湾经济急需的拉动。""台湾失业率目前(2009 年)正处于近 4 年来的低点,零售和旅游相关行业创造了大量就业机会。今年上半年 7.76 万个新增就业岗位中,有近一半来自酒店、餐馆和商店。"④"综合'中广新闻网'等媒体报道,大陆和香港取代日本,已成为台湾地区农产品最大出口市场。2007 年台湾农产品

---

① 2011 年 1 月 18 日省十一届人大四次会议批准.福建省国民经济和社会发展第十二个五年规划纲要。

② 2011 年 1 月 18 日省十一届人大四次会议批准.福建省国民经济和社会发展第十二个五年规划纲要。

③ 伍源.新年台湾经济将需依赖大陆度过难关.香港《大公报》港报社论,2003 年 01 月 02 日。

④ 张郁芊.大陆游客拉动台湾经济\旅游业创造大量就业机会[N].来源:人民网.2012-09-01T10-36-00。

出口至大陆和香港占台湾出口农产品总值的25.65%;同期,出口到日本的农产品占比为24.69%,居第二位,报道相关的数据显示,加强台湾对大陆市场的农产品销售,对农民生计确实有相当大帮助。"①2008年,两岸突破了"三通"屏障,两岸经济深度合作产生了跨越式的飞跃,祖国大陆的经常性地、制度性地大幅调整有利于台湾经济发展的政策和台资加强对大陆的投入及台湾企业管理方法、方式与大陆的拟合,有效地促进了两岸关系的良性发展。

马克思主义的基本理论认为,经济决定政治,政治是经济的集中表现。首先是经济决定政治,有什么样的经济就有什么样的政治,这里体现了政治和经济的关系是辩证统一的。当然,政治对经济有反作用,经济是根源,政治为经济服务。海峡两岸关系的改良,是马克思的这一基本理论在现实社会中的又一体现。厦门大学台湾研究院李非先生的研究表明:"两岸政策互动于两岸经贸交流的实质进展,一旦经贸交流达到一定规模将表现出愈加弹性和松动。从台湾对大陆经贸政策看,每项经贸政策的调整和变化,往往是对在技术或行政上无法有效阻止的既成事实的追认,几乎都重复'禁止——默许——开放'的'三部曲',出现'法律落后于政策,政策又落后于现实'的脱节现象。"②就台湾当局针对1979年元旦全国人大常委会的《告台湾同胞书》的应答过程就可以说明台湾当局的这一政策滞后于现实、"政府"受迫于民间的基本规律。即台湾当局则在1980年宣布坚持"不接触、不谈判、不妥协"的"三不政策",但眼看着经济和社会建设上将被边缘化,且两岸民间的交流已逐步热络,因此,对台湾参加国际学术会议、体育竞赛等到两岸的曲线交流上,确定了"不规避、不退让、不畏缩"的另一个"三不政策"。1986年,闽台两地体育界人士的精心组织,排除多种干扰,使福建羽毛球队与台湾同行在即将回归的香港进行交流,是两岸体育团队曲线交流在大陆地域内的首次异地接触,体现了闽台两地共同的文化底蕴,共同的热切期望。中国台北奥委会主席郑为元为此在有关报告上批文:"今后不回避"五个字,使"不规避"成为现实。2008年,台湾开南大学人文社会学院院长黄智聪在《海峡西岸经济区建设对台闽关系的影响》一文中表明:"海峡西岸经济区建设对台闽关系的影响,主要体现在以下几点:一、进一步强化台闽贸易关系;二、厦成为福建对台湾的首要城市;三、台闽小额贸

---

① 李红.祖国大陆忆成为台湾农产品最大出口市场[N]. http://www.foodmate.net/news/guonei/2008/03/106510.html。

② 李非.海峡西岸经济区先行先试,深化对台合作研究[C].地缘·根源·家园.北京:中国文联出版社,2008:29。

易的高速增长;四、农产品成为福建对台湾的大宗;五、台湾对福建的投资日益扩大;六、更紧密的台闽人员。"①黄智聪先生的研究结果代表了台湾各界对此议题的基本看法,也表示了台湾各界对海峡西岸经济区建设的更多期待。进入福建国民经济建设的"十二五"规划期间,福建正全面实施国务院批复的《海峡西岸经济区发展规划》、《平潭综合实验区总体发展规划》和《厦门市深化两岸交流合作综合配套改革试验总体方案》,加快海西建设,推动跨越发展。到2016年,生产总值、人均生产总值、财政总收入将实现翻番。综合实力显著增强,力争成为中国新的经济增长级。福建经济实力的增强将惠及海峡东岸,持续促进两岸关系的良性发展。

第二节　体育功能与两岸关系的发展

一、体育在两岸关系受阻期间的功能呈现

根据海峡两岸关系发展变化,口岸的封闭与开始过程,把旧政权溃踞台湾和新中国成立的1949—1979年,中华人民共和国全国人民代表大会常务委员会发表的,其内容主要为商讨结束两岸军事对峙状态,并提出两岸"三通"、扩大两岸交流的《告台湾同胞书》,这一时间段设定为"体育在两岸关系受阻时期"。在此期间,两岸体育的交流合作全面受阻,但在此阶段,体育在海峡两岸持续呈现其特有功能,其一是中华民俗体育在中华文化在台湾的传承中扮演着重要角色;其二是体育成为新中国取代旧政权,登上国际舞台的重要推手。

(一)民俗体育在中华民族血脉、民族文化传承中的功能呈现

闽台民俗体育是中华民俗文化的重要组成部分,民俗体育活动内容渗透着民间信仰的色彩以及民间信仰观念,在民间信仰活动中,包含着许多民俗体育的内容。闽台民间体育文化的交融与变迁始终与宗教相影随,且以宗教信仰为其基本动因。"宗教是一定历史阶段形成的精神现象。由于人们的生活

---

① 黄智超.海峡两岸经济区建设对台闽关系的影响[C].地缘·根源·家园.北京:中国文联出版社,2008:50。

需要,这种精神现象逐步衍生出相应的社会实体,并且形成了巨大的影响力。"①"闽台民间宗教信仰属于下层民众对超验鬼神世界的一种信仰,这种信仰直接影响着民众的价值观念、思维方式及心理定势。""一大批具有闽台特色的神灵被创造出来,像妈祖、保生大帝、定光古佛、清水祖师等等。这些具有突出道教特征的民间宗教,在闽人对台湾的开发过程中传入,在娱神慰神悦神的仪式中产生身体运动文化,如宋江阵、杀狮阵、跳鼓阵、八家阵、牛犁阵、车鼓阵、布马阵等,成为闽台民俗体育文化形成、交融合流的突出特征。"②

1949—1979年,两岸被人为地隔绝,政治对立、军事对峙、通道阻塞、社会屏蔽,但是,底蕴雄厚的中华文化在台湾的传承并未因此受到影响,同样,中华民俗体育在台湾也得到快速发展。"中华文化在台湾根深叶茂,台湾文化丰富了中华文化的内涵","使中华文化薪火相传,发扬光大"。中华文化在台湾的传承逐步摒除了日治时期台湾总督府为推动皇民化运动,强迫台湾人"说日语、穿和服、住日式房子、放弃台湾民间信仰和祖先牌位、改信日本神道教"③的社会文化陋俗。这期间,台湾确立了诸多"乡土体育"的内容:舞龙、舞狮、太极拳、客家花鼓、扯铃、跳鼓阵、宋江阵、踩高跷、踢毽子、武术、跳绳、气功、陀螺、龙舟等50多种传统体育项目,无一不是从中原经福建而根植于台湾土壤的。此阶段的中华民俗体育,在中华民族血脉、民族文化传承中显示了其强大的功能,即闽台民俗体育文化对台湾地区有着强大的辐射作用;对台湾同胞有着强大的吸引作用;对海峡两岸关系发展有着强大的推动作用;加深两岸同胞血脉亲情;是广泛团结台湾同胞的重要桥梁;是弘扬中华优秀文化的重要组成部分;是做好台湾人民工作的有效手段,也是反对"文化台独",实现"和平统一、一国两制"的重要内容。

1949—1979年间,在闽台民间信仰强大向心力的驱动下,台湾民众冒着"死罪"之险通过第三地、书信、可利用的通话渠道保持与大陆联系,从沿海单向赴大陆交流的形式等等,保持着与福建祖庙的源与流的特殊关系,福建的祖庙一直接受台湾民众不期而会的乞火、进香、祭奠、王爷、妈祖、观音、关帝、保生大帝、清水祖师等上祖源于福建的神灵在台湾的分庙与福建祖庙一直是藕断丝不断。

该阶段闽台两地体育文化交流是通过非政府的民间渠道进行民俗文化的

---

① 詹石窗.闽南宗教[M].福州:福建人民出版社,2007:1。
② 谢军.闽台民俗体育与民间信仰[J].体育科学研究.2010,14(3):11。
③ 百度百科.台湾日治时期.http://baike.baidu.com/view/379961.htm。

交往,而民俗文化含有民俗体育内容。特别是台湾同胞冒着生命危险直返内陆,主要目的是寻找失散的亲人,登陆后,通过谒祖膜拜,完成回归和再离别过程的成套的含有民族体育、民间体育内容的民俗礼仪。在这一过程中,民俗文化得到充分体现,两岸人员思想、感受、共识直接的交流也就融在其中。民俗信仰的一个重要特征,是有一套祭祀的礼规仪式。明清之际,漳州、泉州人把原乡的祭祀仪礼,基本上原封不动地照搬到台湾。透过这些祭仪,将有助于我们从细微处了解漳泉台民俗文化传承的广泛性和深刻性。主要祭祀仪礼含祭品、走尪、演戏、禁忌、割香五大部分,其中走尪、演戏含有丰富多彩的民间、民俗体育内容。特别是走尪,即用仪仗、鼓乐、艺阵等迎神出庙。艺阵可分为艺阁与阵头。艺阁多为静态之扮演,如杨戬收妖、纺车轮、八仙过海、哪吒闹海、董汉寻母、八仙栅、唐明皇游月宫、太子龙、八美图、七鹤、郭子仪大战乌凤仙等。阵头则多为动态之表演,如蜈蚣阵、龙阵、狮阵、鼓花阵、斗牛阵、牛犁阵、高跷阵、宋江阵、车鼓阵、跳鼓阵、大鼓阵、开路阵、八音阵、八家将、北管阵以及诵经团、乐队、采茶舞、山地舞、布袋戏、素兰出嫁、桃过渡、五虎平西等。① 再如膜拜妈祖的过程就是一个比较大型的民间、民俗体育活动过程。"组织彩旗队、轿班队、哨角队、仪仗队、太子团、汽车队等","沿途三十多个天后宫,来回徒步八天七夜。还规定参加进香的妈祖信徒要步行,沿途搭棚露宿,脚底不起水泡不得搭车,否则就是对妈祖为'不虔诚'。""另有手执各种武器的三十六位神兵神将。""在朝天宫前,弄狮阵、宋江阵、锣鼓阵、八家将等分别演出。""子夜,妈祖神舆境归来,举行'犁轿'仪式,即神舆行至庙前五十米处,轿班抬着神舆庙门冲刺,到了庙门又急速回转,连续三次,第四次才冲入庙门。""进香日期来回共达八珍之久,行程二百八十多公里厅可谓盛况空前。"② 闽台类似的、完全相同的、大大小小的的祭仪还很多,由于篇幅有限,不一一列举。

通过民间渠道明来暗往,染有浓厚民俗体育色彩的漳泉台民俗民风并未因两岸进出境口岸的封闭而受到影响,相反,因在这一特殊时期,海峡两重天的现状存在,人们历尽艰险寻根谒祖的旅历,跨过天堑与亲人会面的感触,人与人之间的心灵所向,短暂回归所伴随的礼规仪式,寺庙之间的联系传承,等等,这些都有助于人们知根识源,联亲结谊,弘扬传统,继往开来。其意义诚如台湾清华大学人类学教授李亦园所云:"传统的民间信仰与传承是民族文化的重要成分,其对民间生活规范所产生潜移默化之功,以及对整个民族意识之肯

---

① 刘子民.漳州过台湾[M].福州:海风出版社,1995:290~294。
② 陈光荣.寻根扰胜兴化府[M].福州:海风出版社,2000:106~109。

定,实有至为重要的地位。"特别是在本省,经过半世纪的异族殖民统治之后,仍然保存着极坚强的中国文化传统,推其原因,民间信仰与传承习俗是功不可没的。在这内聚力驱动下,台湾人民(已不仅仅是渔民阶层)跨海与内陆交流的活动愈演愈烈,至70年代初,发展到有固定的航线,固定的内陆停泊地点、补给站,有内陆政府专门机构的服务接待,数支船队、数百团队,昼夜穿梭于两岸间,民间的交流已势不可挡,使台湾政体意识到了民间交流现实的存在。民间的交流对1979年两岸政治经济体制政策的调整起着重要的促进作用,功不可没。

(二)体育在维护"一个中国",反对分裂斗争中的功能呈现

1949年至1979年期间,海峡两岸直接的体育交流被迫停止。但在外部的交流,更确切地讲,在国际上的交锋却从未间断。在中国参加奥运会和亚运会的问题上,谁是中国的"合法代表",两岸围绕着这一"代表权"的问题的斗争是激烈的。从现象上看,两岸势不两立,不可调和。从另一个视角上看,两岸显然也存有其一致性,也就是从认同"一个中国"的理念上看,两岸对"一个中国"的固有认识均未因两岸暂时处于未统一的状态而改变。从两岸对体育关系的调理这一侧面看,我们可以发现,这也是从两岸体育事务处理中体现了"九二共识"的先兆。如下的过程可以进一步了解体育在维护"一个中国",反对分裂斗争中的功能呈现。

1952年6月,中华人民共和国的全国性体育组织"中华全国体育总会"(即中国国家奥委会,本书注)成立,简称"体总"。它向世界宣告,已取代南京政府的"体协",成为中国的国家奥委会,准备组织运动员参加行将在赫尔辛基举行的第15届奥运会。然而,台湾的"体协"也报名参加了第15届奥运会。海峡两岸出现了同一个国家的两个奥委会,国际奥委会最终作"例外"决议,对于"中国国家奥委会问题"待后讨论,允许北京与台湾同时参加这届奥运会。我"体总"发表声明,强调只有中华人民共和国的"体总",才是中国唯一合法的国家奥委会,才有资格选派运动员参加奥运会。随即迅速组团赴赫尔辛基参赛。台湾当局得悉奥运会组委会邀请了新中国运动员参赛后宣布,台湾不参加第15届奥运会。从以后的"九二共识"起始点上看,这是两岸在"一个中国"理念上的共性。

1954年在雅典举行的国际奥委会第49次会议上,以23票赞成21票反对通过决议,承认中华人民共和国的"体总"为国家奥委会。台湾"体协"宣布退出了国际奥委会。新任主席布伦代奇利用职权操纵国际奥委会,竟然将台

湾当局的"体协"以"中华民国"的名义,列作了国际奥委会承认的国家奥委会。就这样,国际奥委会中同时出现了两个中国国家奥委会。1955年6月,国际奥委会第50次会议在巴黎举行,我"体总"代表荣高棠、张联华、董守义与会,就"中国国家奥委会问题"展开了激烈斗争。国际奥委会允许台湾在该组织中拥有合法地位,是在搞"两个中国",是违反奥林匹克宪章的。但是,台湾的"体协"继续留在了国际奥委会里。

第16届奥运会定于1956年11月22日在澳大利亚的墨尔本开幕,我"体总"与台湾的"体协"又同时接到了参赛邀请。"体总"招集全国的优秀运动员集训选拔,并先于9月上旬致信台湾省的运动员前来参加选拔赛,以组建统一的奥运代表团代表中国参赛。台湾"体协"拒绝了邀请,还向国际奥委会提出了所谓的抗议。台湾方面先于10月下旬到了墨尔本,29日抢先在奥运村里升起了青天白日旗帜,还以"福摩萨(即台湾)中国"的名义,在奥运会组委会注册登记。"体总"遂于6日发表严正声明,宣布由于国际奥委会蓄谋制造"两个中国",坚持邀请台湾单独派运动员参加第16届奥运会,中国运动员在这一问题没有得到合理解决之前,不能参加本届奥运会。已在广州整装待发的运动员们,只得解散各回本部。

布伦代奇把持的国际奥委会我行我素,在给中国委员董守义的《奥林匹克公报》中,不断出现"北京中国"、"福摩萨中国"字样。董守义愤然辞职。董守义与"体总"领导人看法一致,"布伦代奇把持国际奥委会为美帝国主义卖命到底,和这种丧心病狂的帝国主义分子当然不可能继续在国际奥委会里合作下去了"。为了反对国际社会敌对势力制造"两个中国",为了维护祖国的统一和尊严,"体总"于20日在北京举行记者招待会,发布了与国际奥委会断绝关系的声明书:正式宣布不承认国际奥委会,断绝同它的一切关系,并且退出国际游泳、田径、举重、射击、摔跤、篮球、自行车联合会及亚洲乒乓球联合会等8个国际体育组织。

声明昭告世界:中国人民反对制造"两个中国"的立场是坚定不移的。世界上只有一个中国,那就是中华人民共和国,中国人民绝对不容许在任何国际组织、国际会议和国际活动中造成"两个中国"的局面。

1979年5月,在乌拉圭蒙得维的亚召开国际奥委会全会,恢复中国在国际奥委会的合法席位问题被列入全会议程。魏纪中回忆说,双方都在争夺国际奥委会委员们的支持,希望他们能"仗义执言",至少要投票支持,最坏也是弃权式地不响应对方。8月31日下午,国际自联会议进行到这一议程时,展开了激烈争论,最终提案以一票的微弱优势获得通过。为此,"奥运模式"首先以香港提案的形式在国际自行车联合会代表大会上通过。该年10月,国际奥委会执委会通过恢复中国奥委会合法席位的决议,确认中国奥委会是代表全中国的唯一合法奥委会,允许在台湾的奥委会在改旗改歌的条件下,以"中国台北奥委会"的名义保留其在国际奥委会的会籍。之后,国际奥委会全体委员以通讯投票的方式通过了这一决议。萨马兰奇感言:"国际奥委会没有中国,还算什么国际奥委会?"

中华人民共和国重新加入国际奥委会后,积极参加国际奥委会的各项工作,在组织团队参赛,承办奥运会和各单项比赛,传播奥林匹克精神等诸方面都获得了重大突破,也为体育在国际社会间的功能拓展作出了重大贡献。同时,"奥运模式"也为海峡两岸的交流合作开辟了先河。

二、体育在两岸关系转折期间的功能呈现

根据两岸关系演进过程的"冷与热"的阶段变化,把1979年全国人大常务委员会发表的《告台湾同胞书》至2008年台湾执政党二次轮替,国民党团队重新登台执政这一时间段设定为"体育在两岸关系转折时期"。在此期间,两岸关系虽然曲折蜿蜒,但两岸的接触、了解、交流、合作也逐步展开,体育在这两岸关系转折期间发挥了应有的功能作用。根据这一思路,把该阶段分为常规异地交流期(1979—1987年);常规台湾单向交流期(1988—1992年);口岸开启时试用性交流期,即常规双向交流开放期(1993—2000年);口岸开放时交流合作期(2001—2008年)和两岸重新回到"九二共识"基点上的两岸关系快速发展期。

(一)两岸常规异地交流期(1979—1987年)体育功能的呈现

虽然1979年元旦全国人大常委会发表了《告台湾同胞书》,但台湾当局并未马上进行积极地响应,反而持续打压台湾民间迫切与大陆进行交往的热情。因此,两岸的初始交流不可能直接在海峡两岸发生,只能寻求其他两岸都可接受的方式,异地(也称第三地,下同)就成了两岸交流的首选。由于对交流结果的判断也存在有诸多的不确定性。因此,两岸在异地的交流开始虽然是充满着期望,但是一切都是低调的、隐蔽的、不公开的、试探性的和小心翼翼的。异地的接触一旦被台湾当局认为有悖于当局对台湾的掌控的言行,其交流随时都可能被台湾方面利用各种借口加以终止。其间,"奥运模式"的建立和福建羽毛球队与台湾同行在即将回归的香港进行交流,使异地的交流成为两岸共

同默许的交流形式,为两岸的进一步交流接触奠定了基础。

(二)两岸常规台湾单向交流期(1988—1992年)体育功能的呈现

1987年11月2日,台湾当局开放台湾单向赴大陆探亲①之后,海峡两岸交流时机进一步具备。1988年3月15日,台湾"中国时报"调研显示有七成受访者赞成台湾当局主张开放两岸体育交流,台湾《联合报》调研显示,3月19日,有58%的受访者赞成参加1990年的北京亚运会。民意的趋向促使台湾当局于7月20日通过"现阶段大陆政策",同意以奥运协议方式参加大陆承办的比赛。② 1988年5月1日,中国台北奥委会成立研究和评估台湾与大陆体育交流各种问题的"大陆体育研究小组";接着,闽台两地武术界在闽交流,是在大陆地域上的海峡两岸的首次交流。③ 6月15日,台湾民间人士王容南驾驶简易滑翔翼飞越北京慕田峪长城获得成功;7月12日,台湾奥委会张丰绪宣布"中华民国"将派代表团参加1990年北京的亚运会;8月20日,台湾实业家应昌期创办,中国围棋协会承办的"应氏杯"围棋赛在北京举行;12月1日,台湾奥委会负责人宣布,可以审查通过各单项运动协会,明年赴大陆参加国际体育组织举办的申请。④ 1989年4月6日,中国奥委会主席何振梁和中国台北奥运会秘书长李庆华在香港代表双方签订海峡两岸体育文化交流的第一个协议书,两岸单向直接体育交流正式开始。⑤ 1989年11月,台湾青年体操代表团一行28人成为两岸开启体育交流后的第一支合法赴大陆的队伍,⑥台湾单向交流日趋频繁,在1990年台湾派团参加北京第11届亚运会时达到一个高潮。以1991年为例,台湾访问大陆的体育团队和个人有95批次,共1 853人次。⑦其中,为考察闽台两地田径运动均擅长的短跑、跳远、跨栏、全能专长项目,台湾体坛颇有影响的田径协会理事长纪政偕夫婿张博夫首度跨过海峡,于1991年2月,参访了福州、泉州、厦门。6月底,中国奥委会副主席何振梁与中国台北奥委会主席张丰绪在北京会面,张丰绪邀请大陆的亚运会金牌选取手和其他运动员及奥委会官员年底到台湾进行访问表演,何振梁愉快地接

---

① 詹德基.两岸体育交流的历史进程[J].(台北)国民体育季刊,1999(1):4。
② 詹德基.两岸体育交流的历史进程[J].(台北)国民体育季刊,1999(1):53。
③ 陈如桦.闽体育交流合作回顾与现状分析[J].中国体育科技,2000(3):46~48。
④ 萧真美.两岸体育交流的回顾与展望[J].台湾:中国大陆研究,1996(9):76~77。
⑤ 李俊杰.海峡两岸体育交流协议签订之考察[J].(台北)台中技术学报,2004(5):257。
⑥ 两岸体育交流,展开史历新页.中国时报(第1版),1989-04-01。
⑦ 萧真美.两岸体育交流的回顾与展望[J].台北:中国大陆研究,1996(9):75。

受并如期兑现。从此,两岸体育双向交流的新局面进一步开启。从表 7-2-1 可以得知,台湾单向交流的规模、密度在逐步扩展。

表 7-2-1　海峡两岸重要体育交流活动一览表(1989—1992 年)

时间	地点	活动名称	重要事项
1989.4.21—23	北京	1989 年亚洲青年体操锦标赛	台湾首次派队赴大陆参加国际性比赛
1989.5.12—14	北京	国际柔道总会裁判考试	台湾首次派员赴大陆参加国承裁判讲习
1989.9.12	秦皇岛	亚洲帆船协会会员大会	台湾首次派员赴大陆参加国际运动会议
1990.3.29—4.1	北京	中国台北奥委会主席张丰绪赴大陆参访	台湾首次派员赴大陆体育参访,双方奥委会主席首次在大陆见面
1990.4.27—29	北京	中国国际体操赛	台湾首次派队赴大陆参加国际性邀请赛
1990.9.16—20	北京	棒球教练员讲习班	大陆首次邀请台湾体育专业人士担任讲习会讲师
1990.9.16—20	北京	第 11 届亚运运动科学会议	台湾首次派员赴大陆参加国际体育学术会议
1990.9.22—10.7	北京	第 11 届亚运动会	台湾首次派团参加国际性综合运动会
1991.7	北京	韵律体操队移地训练	台湾首次同意运动团体赴大陆移地训练

资料来源:节录自《詹德基两岸体育交流回顾与前瞻》,"两岸文化交流十年回顾前瞻研讨会",1997:2~5。

(三)两岸口岸开启时试用性交流期——常规双向交流期(1992—2001 年)体育功能的呈现

随着台湾当局政策的逐步调整,如同意大陆体育人士或团体人员到台湾参访;开放实际从事训练、竞赛的体育官员来台从事体育交流;对在台湾举办的国际体育组织会议的"旗"、"歌"问题按"奥运模式"处理,[①]两岸正式的体育双向交流从 1992 年 5 月 10—23 日的"台北—上海—北京接力长跑"开始。在此前的郭跃华成功访台[②],构筑了两岸正式体育双向交流路径人员往来的一条信道。在闽台沟通上,其间,台湾到大陆的交流持续进行,与福建的交流也

---

① 白少华.两岸体育交流的回顾与展望[J].国民体育学刊,1995(2):89。
② 萧真美.两岸体育交流的回顾与展望[J].台北:中国大陆研究,1996(9):83。

在其中,1992 年 12 月 12 日,大陆首次邀请台湾教练指导在厦门集训的中国国家棒球队训练;1993 年,中国台北奥委会主席张丰绪于 5 月 16 日到福建长乐县参加兴建台方投资两亿美元的"海峡两岸奥林匹克城"大型体育设施签字仪式,①这是台湾首次在大陆投资大型体育场所。表 7-2-2 记录了大陆往台湾体育交流在开始五年内的重要事件。交流的规模、密度同样在逐步扩展。

表 7-2-2 海峡两岸重要体育交流活动一览表(1992—1997 年)

时间	地点	活动名称	重要事项
1992.5.10—23	台北	台北—上海—北京接力长跑	两岸首次合办跨海体育交流活动
1992.10.28	台北	大陆篮球选手王立彬加盟台湾泰瑞队	大陆选手首次加盟台湾运动团队
1993.2.26—3.8	台湾	大陆辽宁男篮及河北女篮到台湾访问比赛	大陆运动团队首次到期台湾访问比赛
1993.4.3—9.2	宜兰	大陆划船教练陈士麟来教练	大陆首次同意教练来台指导国家队训练
1993.5.27—6.1	台北	第 16 届国际总会垒球队会员大会	大陆首次派员到台参加国际运动会议
1993.8.24	台北	亚洲奥林匹克理事会议执行委员会议	大陆奥委会主席及秘书长首次到台
1993.9.25—26	台北	亚洲女子桌球明星巡回赛	大陆首次派队到期台参加国际性比赛
1994.5.26—28	台北	1994 年海峡两岸学校体育学术研讨会	大陆首次派员到台参加体育学术会议
1995.3.6—25	桃园	体总国家信运动教练讲习会	大陆首次派体育专业人士到台任讲习会讲师
1995.3.23—24	高雄	亚洲奥林匹克理事会秘书长议	台湾首次在国际体育活动场合悬挂大陆五星红旗
1996.1.9—14	台北	1996 台北羽毛球公开赛	大陆首次派国家队到台参加国际邀请赛
1997.1.5	北京	第 1 届奥委会交流座谈会	双方奥委会首次举办交流座谈沟通交流衍生问题
1997.3.15—22	台湾	大陆国家体委主任伍绍祖及金牌选手到台参访	大陆正部级官员首次到台访
1997.5.25—6.1	台北	1997 年亚洲棒球队锦标赛	大陆首次派国家队到参加国际正式锦标赛

资料来源:节录自《詹德基两岸体育交流回顾与前瞻》,"两岸文化交流十年回顾前瞻研讨会",1997:2~5。

---

① 白少华.两岸体育交流回顾与展望纲要[J].台北:国民体育学刊,1993(2):93。

双向体育交流迈向双方合作是两岸人民的意愿,2001年7月3日北京申奥成功,中国奥委会主席何振梁对台湾省吴经国先生的支持给予了感谢和高度的评价。① 台湾当局从"不反对"到"乐观其成"的表态可视为两岸从双向体育交流到对待重大体育事件(申奥)的一种合作的开始。

(四)两岸口岸开放时交流合作期(2001—2008年)体育功能的呈现

2001年至今,两岸体育界的合作有了较大的进展。台湾政策面顺应民意,进行了较大的调整。如台湾"体委会"中程(2001—2004年度)施政计划中第三部分中程发展目标策略的中程发展目标中提及:"促进两岸体育交流合作,加强两岸体育人士交流,加强两岸体育团体及体育学术交流、人员互访,办理两岸体育院系所学术研究交流,加强两岸体育运动产业交流。迄2004年度,我前往大陆体育交流人数达2万人次,大陆来台人数达1 300人次","建立两岸体育交流规范;建立消弥两岸障碍之体育交流沟通式;运行体育法规及相关远东,辅导体育团体、学校办理两岸体育交流活动"以及"推动两岸运动科研与体育人才交流,提升运动竞技及相关科学研究水平;举办两岸体育学术研讨会;办理两岸体育院系所交流合作;邀请扩大大陆优秀运动科研人才及教练来台协助选取手培训工作;辅导两岸体育信息交流、合作研究"。② 台湾"体委会"2001年017408号文《推动国际体育交流活动办法》中,进一步明确有大陆团队到台参加的国际体育交流活动,队名、旗、歌、肖像等,按"奥运模式"处理以及从经费上补助到大陆参加国际体育学术会议的台湾学者。③ 台湾"行政院体育委员会"2003年、2004年度部会列管作业计划对两岸体育交流与合作有了更进一步的具体规划。

2001年至2008年,两岸体育文化交流的成效不断冲击着台湾政体决策层,促使台湾决策层不断调整敌对、阻隔、自闭的政策,闽台两地的体育交流与合作逐步展开。这一发展趋向是两岸人民所期望的。

据不完全统计,截止至2005年12月初,大陆赴台参加各类体育交流活动的团组达到66批、712人次,双方还就进一步推动两岸体育交流、北京2008

---

① 中国台北国际奥委会委员吴经国:天津成为奥运城市. www. enorth. com. cn. 2001-07-13。
② 台湾"体委会"中程(2001—2004年度)施政计划,2004:6~11。
③ 台湾"体委会"017408号文. 推动国际体育交流活动办法,2001:41~54。

年奥运会等共同关心的问题坦诚交换了意见,均表示要共同努力,继续促进与维护两岸体育交流与合作,为实现两岸体育交流健康发展作出努力。[①]

现阶段,两岸体育交流与合作已由民间的交流发展成为固定有每年一次的高层会议;合作的方式已由零碎的接触发展成为重大合作协议的签署;体育高层官员由不接触到相互频繁地邀约;体育方面合作可随时往来洽谈并得到管理层的特殊政策鼓励和保障;两岸运动团队的交流已不受时间、地点所限制等等。发展是喜人的,但是,两岸的体育交流、合作路程还很遥远,正如中国奥委会主席刘鹏7月27日在参访台北所谈的:"两岸体育运动应该多交流、多合作。"

值此,海峡两岸学者对该阶段两岸体育交流合作的成果作了评价,概括有如下八个方面的特点,即传承和谐文化,开启交互管道,建立两制雏形,产生政治互动,推动两岸经贸,缓解对立氛围,互补两岸体育,构筑交流平台[②]等。

三、体育在两岸关系持续演进中的功能呈现

本书从体育功能在海峡两岸体育交往过程中的变化规律来推论海峡两岸体育功能拓展的愿景。把闽台体育可发展性功能定义为"海峡两岸社会交往过程中,闽台体育已有的或尚可开创的,有必要进一步拓展的,预期能对两岸体育文化交流、合作、发展和对两岸时局发展施予积极影响的功能"。其一,论述了"两岸可归入常态化交流合作的体育若干功能拓展",涉及闽台体育健身功能与娱乐功能拓展,闽台体育促进个体社会化与社会情感功能拓展,闽台体育在教育与文化传承功能拓展,闽台体育经济与产业功能拓展。其二,论述了"两岸务须由行政管理层主导的若干体育功能的拓展",涉及体育的政治功能拓展,体育的军事功能拓展等。这是对海峡两岸关系发展过程中体育功能拓展的一个推断,也是一个中、远期发展目标所在。那么,在目前两岸的时局下,体育功能的拓展有没有更为具体的目标呢?下面就来回答这一议题。

2008年3月22日,顽固坚持"台独"路线、腐败无能、不得人心的民进党在台湾地区领导人选举中遭到惨败,国民党重新夺回执政权,两岸人民的反"台独"斗争取得重大进展。马英九随后于5月20日就任台湾地区新领导人,

---

① 曲晓阳.中国体育报.2005-12-07。
② 陈少坚.闽台两地体育文化及其交流现状和发展前瞻[J].体育科学,2006,26(7):27。

两岸关系翻开了新的一页。2008年5月以来,两岸关系逐渐走上和平发展轨道具有重大的战略意义,台海两岸转趋明显缓和,有效地减少了大陆此前受到的战略压力,有利于祖国大陆集中主要精力于自身的现代化事业。有如下三个重大变化。

其一,两岸积极呼应,建立互信。"3·22"大选后,面对台湾地区领导人选举之后的新形势,大陆方面不断释出善意,祖国大陆中央总书记胡锦涛先后会见候任台湾地区副领导人萧万长、中国国民党荣誉主席连战、国民党主席吴伯雄,并表示:"对于两岸关系发展面临的一些历史遗留问题和今天出现的新情况、新问题,只要双方以两岸同胞福祉为念、以两岸关系和平发展大局为重,建立互信、搁置争议、求同存异、共创双赢,就一定能够找到解决问题的办法,两岸关系和平发展的道路就一定会越走越宽广。"[①]5月20日,台湾地区当选领导人马英九发表就职演说,对胡总书记上述的讲话予以积极回应。马英九在就职演说中重新肯定了作为两岸良性互动政治基础的"九二共识",接受"一个中国"的原则,并强调"两岸人民同属中华民族,应各尽所能,齐头并进",呼吁两岸"和解休兵",重申将在"九二共识"的基础上尽量恢复两岸协商,认为"经贸往来与文化交流全面正常化"是"两岸走向双赢的起点",宣称将以最符合台湾主流民意的"不统、不独、不武"理念,维持台湾海峡现状,期盼"海峡两岸能抓住当前难得的历史机遇,共同开启和平共荣的历史新页"。[②]尤其值得一提的是,马英九就大陆四川不幸发生的"5·12"大地震表达了善意,包括台湾同胞在内的全体中华儿女在抗震救灾过程中体现出血浓于水的同胞之爱、手足之情。马亲自做义工,号召各界慷慨解囊,捐资捐物,凝聚了浓浓的民族情怀,为两岸和平发展格局奠定了坚实的情感基础。

其二,两岸重启"两会",签订"通途"。2008年6月11日至14日,应大陆海协会邀请,台湾海基会董事长江丙坤率团访问北京,海协会会长陈云林与江丙坤举行了会谈。这是两会领导人10年来的首次会谈,标志着中断9年的两会制度化协商正式恢复。双方就两岸周末包机和大陆居民赴台旅游两项议题达成协议并签署《海峡两岸包机会谈纪要》和《海峡两岸关于大陆居民赴台湾旅游协议》两份重要文件。周末包机直航使得两岸交通大大便捷,不但方便了两岸民众的交通往返,节省了旅客的时间和精力,而且具有更深层次的意义——对台商扩大在大陆的投资,两岸人员往来的加强、两岸民众情感交流的

---

① 翻开历史新篇章[N].文汇报/要闻/A1,2009-04-30。
② 马英九就职演说[N].参考消息报/台海要闻/A1,2008-05-21。

增进都具有重要意义。美国《纽约时报》题为《航班开始从大陆直飞台湾》的文章指出,这是马英九就职台湾地区领导人后,两岸关系迅速升温的最新突破,标志着两岸人民密切互动的巨大进步。大陆居民赴台旅游首发团于7月4日正式启动。首发团到达台湾后,被安排在专门通道办理出关手续,并受到舞龙舞狮和"原住民"歌舞的热烈欢迎。

其三,"三通"启动,往来频繁。2008年11月3日至7日,大陆海协会会长陈云林率海协会协商代表团对台湾展开了历史性的访问。海协会会长陈云林与海基会董事长江丙坤于11月4日下午在台北签署了《海峡两岸空运协议》、《海峡两岸海运协议》、《海峡两岸邮政协议》和《海峡两岸食品安全协议》等4项协议,宣告两岸同胞盼望已久的两岸直接通航、通邮变成现实。

2008年12月15日,堪称中华民族历史上浓墨重彩的一页,两岸"大三通"正式启动:上海飞行情报区与台北飞行情报区完成历史性的直接交接,两岸空运直航由此启动,台湾媒体早就提出的"两岸一日生活圈"概念成为现实。两岸"大三通"正式启航,不但缩短民众前往两岸的时间,使得大批的台商往返大陆与台湾也越加便利;两岸间的海上直接运输投入营运,大陆63个港口与台湾11个港口间构建起一条繁忙的"黄金海路"、一条联结两岸的"心路"如彩虹般跨越海峡,两岸全面直接通邮成为现实。

2009年4月26日,两岸双方签署了《海峡两岸空运补充协议》、《海峡两岸金融合作协议》、《海峡两岸共同打击犯罪及司法互助协议》等3项协议。双方还一致认为,应秉持优势互补、互利双赢的原则,积极鼓励并推动大陆企业赴台湾考察、投资。

2009年4月25至29日,"海峡论坛"在厦门隆重举行。台湾大多数的县、市长到会与大陆的县、市长就县、市对接、发展等议题举行了高峰会谈。

2009年7月15日,在湖南举行了两岸"海峡文化论坛"。中国文化部、中国新闻出版署、中国教育部等分别出台了有利于实施一系列以中华传统文化为主题的两岸文化交流、合作的政策,并加大了两岸文化交流的支持力度来共同与台湾同胞一起弘扬中华文化。

可见,与以往不同,2008年、2009年的"两岸热"是全方位的、持久的、富有成果的。随着两岸协商谈判进程的不断深入,直航的逐步实现,两岸经贸关系的正常化,两岸经济、社会、文化交流的全面推展与深化以及大陆惠台政策持续推动,两岸经济、文化、政治关系将进一步密切。两岸共同利益深化、手足亲情增强、共同文化根基加深,将促使"两岸命运共同体"意识逐步形成,成为建造两岸关系和平发展架构的思想意识基础。

在此阶段,两岸体育的发展正逐步进入常态化,两岸的交流合作,包括体育文化交流自然进入了一个新的阶段。海峡两岸体育的多种功能正得到进一步的、全方位的拓展,将为两岸社会发展,为祖国和平统一大业作出新的贡献。该阶段的延伸使体育功能在两岸关系演进中得到进一步开拓并赋予更多的期许。

(一)体育受两岸时局的影响持续显现其能动作用

随着两岸政策松绑,两岸的政治互信基础加强,两岸体育的发展、交流就能得到提升。2008年12月31日,胡锦涛总书记在"纪念《告台湾同胞书》发表30周年座谈会"上郑重表示,对于台湾参与国际组织活动问题,在不造成"两个中国"、"一中一台"的前提下,可以通过两岸务实协商作出合情合理安排。自2008年3月以来,两岸关系迎来了难得的历史机遇。两岸双方本着"建立互信、搁置争议、求同存异、共创双赢"的精神,共同努力,创造条件,通过务实协商,妥善解决了台湾高雄2009年7月15日举办的第8届世界运动会,大陆派出200多位运动员(不包括记者、工作人员、教练)的庞大阵容参加予以支持。这充分体现了大陆方面一贯高度重视和积极维护台湾同胞运动健康和切身利益的善意,也充分体现了大陆方面积极推动两岸体育关系和平发展的诚意。台湾"体委会"副主委陈显宗说:"现在两会互信基础良好,'陆委会'也相当尊重'体委会'的专业评估。今后,大陆选手来访将会更加宽松。"他还表示:"只要'中华奥委会'能制定出更具体的两岸体育交流活动计划,明年度(2009年度)经费就能获得更多补助。"[①]

体育作为社会要素的组成成分之一,必然受本国、本地区上层建筑的制约,也必须要为本国、本地区的上层建筑服务,否则本国、本地区的体育发展是举步维艰的。然而,体育也发挥着一定的能动性,即在搁置争议、求同存异的基础上,拟定出有益于两岸体育团队、运动选手、体育人士可交流的、可实施的方案与政策。

---

① 两岸体育交流肯定会扩大[N].台湾:中国时报/运动天地/D7版,2008-12-16。

(二)体育受民意思维的影响持续显现其民促官效应

2009年3月,台湾《远见》杂志公布的"台湾民心指数"调查显示,2009年4月的"两岸关系缓和指数"为61.9%,分值高于同项调查中各指数,表明多数台湾民众看好两岸关系走向。由此可见,两岸关系发展已经成为台湾民众的人心所向。

本课题组自2009年1月1日至6月30日止,对大陆和台湾的体育团体、人士相互来往、闽台进行体育交流合作的人次的统计数据与2008年的同期时间进行比较,无论是团队,还是人次及交流的目的认识上都是显著的。研究发现,2009年往来闽台体育交流主要是受两岸良好的政策环境影响,而2008年往来闽台体育交流主要是受2008年北京举办奥运会的影响。由此也可证明:两岸的体育交往热络程度受两岸政治、经济的影响与制约;同时,民意取向两岸体育交流,在一定的程度上反作用于两岸关系。如2008年1月至6月,正是台湾领导人选举白热化的时期,但受2008北京奥运会即将举行的影响,仍然有众多的台湾民众来大陆参访,为两岸关系发展、为国民党重新获得台湾地区的执政权有一定的促进作用。

再如,2009年7月16日在台湾高雄举办的第八届世界运动会。2009高雄世运会,大陆是否支持和组队参加,台湾是否到大陆进行宣传、营销,这对于台湾高雄组委会而言事关重大。为此,台湾的三大报纸("中国时报"、《自由时报》、《工商时报》)都分别作了调查。"中国时报"调查数据表明:"65%的民众认为很有必要,12%的民众认为取决于组委会的认知,23%的民众认为没有必要。"①《自由时报》调查数据表明:"72%的民众认为一定要去营销,15%的民众认为大陆队不来不利于运动会举办,13%的民众认为没有必要营销。"②《工商时报》的调查数据表明:"61%的受访者认为值得营销;25%的受访者认为双方要增强互信指数,高雄组委会应向各国运动选手表明立场,推销高雄;14%的受访者认为推销台湾高雄不一定要去大陆,可以到其他国家营销。"③根据民意,加之大陆所释放出的诚意:大陆方面同意陈菊以"高雄市长"身份,并且

---

① 世运会高雄大陆行[N].(台北)"中国时报"/运动天地/D7版,2009-03-15。
② 世运会要去大陆营销吗?[N].(台北)自由时报/要闻/A2版,2009-03-05。
③ 高雄世运打大陆牌[N].(台北)工商时报/综合要闻/A4版,2009-04-02。

比照APEC国际礼遇通关;并同时在北京王府井大街挂上"世运在高雄"广告牌,这项突破为陈菊2009年5月21日至24日来大陆营销世运、营销高雄市奠定了基础。可见,民意思维仍然是持续推动两岸体育交流合作的动力所在。

本研究对来参加海峡两岸横渡以及参加海峡两岸冬泳的台湾同胞发放"体育的多功能性对海峡两岸关系的影响因素研究"问卷,对他们进行问卷调查,调查方法是由调查者进入活动区域,对参与者进行一对一地发放问卷。

1. 基本情况分析

台湾同胞是与我们一脉相传、骨肉相亲的同族兄弟,对他们进行问卷调查,有助于了解目前台湾民众对于体育发挥的作用的看法,这次问卷发放的对象来自台湾各界人士,一共发放调查问卷200份,有效回收190份,对有效回收的问卷结果分析得出,男女比例还是比较均衡的,男性居多,占52.8%,女性偏少,占34.4%,男性比女性高出18.4%;参与者的年龄比例呈现不均衡态势,分布在中青年的人数居多,分别占总数的27.5%和23.4%,见表7-2-3。

表7-2-3 参与调查者性别、年龄情况表

类别	组别	频数	频率(%)	有效百分比(%)	累计频率(%)
性别	男	115	52.8	60.5	60.5
	女	75	34.4	39.5	100.0
	总计	190	87.2	100.0	
年龄组	16～25	17	7.8	8.9	8.9
	26～35	41	18.8	21.6	30.5
	36～45	60	27.5	31.6	62.1
	46～55	51	23.4	26.8	88.9
	56以上	21	9.6	11.1	100.0
	总计	190	87.2	100.0	

2. 对体育团体互访与学术交流的分析

体育社团是群众体育参与运动的载体,也是全民健身事业得以延续的不竭动力,以体育社会团体为主要组织形式开展群众健身体育活动是台湾地区社团运动的特点。体育社会团体具有所涉及的体育项目多、覆盖范围广、渗透能力强等优势,是两岸体育以健身为目的的交流的重要载体。在对"海峡两岸体育团体互访与学术交流是否对海峡两岸的体育起到作用"的调查中,结果显示83%和63.3%的人认为海峡两岸的体育社团和体育学术交流能够对海峡两岸的体育起到积极的作用,见表7-2-4和表7-2-5。

表 7-2-4　对体育团体互访情况的调查表

组别	频数	百分比(%)	有效百分比(%)	累计百分比(%)
是	181	83.0	95.3	95.3
否	2	0.9	1.1	96.3
不知道	4	1.8	2.1	98.4
没感觉	3	1.4	1.6	100.0
总计	190	87.2	100.0	

表 7-2-5　对体育学术交流情况的调查表

组别	频数	百分比(%)	有效百分比(%)	累计百分比(%)
是	138	63.3	72.6	72.6
否	21	9.6	1.1	83.7
不知道	26	11.9	13.7	97.4
没感觉	5	2.3	2.6	100.0
总计	190	87.2	100.0	

在对参与两岸体育交流的形式进行调查的结果显示，比赛是海峡两岸体育交流形式中最受欢迎的，占总量的55%。体育比赛，可以作为两岸体育交流的沟通平台，也是海峡两岸同胞喜闻乐见的形式，同时，团体互访和体育旅游也占有较大比重。调查中可以看出，台湾同胞来祖国大陆的形式是多种多样的，并不拘泥于一种形式，这同时也表明两岸民众间正在逐步地深入交往，见表7-2-6。

表 7-2-6　两岸体育交流形式调查表

组别	频数	百分比(%)	有效百分比(%)	累计百分比(%)
比赛	55	25.2	28.9	28.9
团体互访	42	19.3	22.1	51.1
体育旅游	46	21.1	24.2	75.3
运动休闲	21	9.6	11.1	86.3
以上全都是	18	8.3	9.5	95.8
比赛、团体互访	3	1.4	1.6	97.4
比赛、体育旅游	1	0.5	0.5	97.9
团体互访、体育旅游	4	1.8	201	100.0
总计	190	87.2	100.0	

3. 对社会情感交流的分析

　　海峡两岸的体育交流不仅叩开了台湾对祖国大陆"闭关锁国"的大门,同时也在一定程度上为两岸社会人员的交流建筑了桥梁,为两岸人民搭建了一个互通有无的平台。社会情感交流是人与人之间交流的情感基础,闽台民间信仰对海峡两岸人民的情感交流提供了一种精神上的依托。民间信仰包含许多的民俗体育项目,使民俗体育和民间信仰相互渗透,群众性和民间性是民俗体育的特点。因此,两岸民众在相互交流的过程中从信仰上得到共识,外在表现为通过民俗体育活动的形式进行深层次的交流。因此,体育是否在两岸起到沟通情感交流作用方面作出的调查显示,有84.4%的人认为体育在社会情感促进方面有着深刻的影响,见表7-2-7。

表7-2-7　两岸社会情感交流的调查表

组别	频数	百分比(%)	有效百分比(%)	累计百分比(%)
是	184	84.4	96.8	96.8
不知道	3	1.4	1.6	98.4
没感觉	3	1.4	1.6	100.0
总计	190	87.2	100.0	

　　在"通过什么形式来大陆"的调查中,结果显示大部分人选择跟团来大陆,占总数的37.6%,同时个人自由行和购物等也同样占有相当大的比重(见表7-2-8);而且通过这个表格可以看出,台湾人民来大陆的社会交往不单单是一种形式,形式的多样性也会延伸到体育交流的全面性和多样性。

表7-2-8　对来大陆采用的形式的调查表

组别	频数	百分比(%)	有效百分比(%)	累计百分比(%)
个人自由行	39	17.9	20.5	20.5
跟团	82	37.6	43.2	63.7
探亲访友	10	4.6	5.3	68.9
购物	16	7.3	8.4	77.4
以上全都是	23	10.6	12.1	89.5
个人自由行、跟团	9	4.1	4.7	94.2
跟团、探亲访友	5	2.3	2.6	96.8
跟团、购物	3	1.4	1.6	98.4
探亲访友、购物	1	0.5	0.5	98.9
个人自由行、跟团、探亲访友	1	0.5	0.5	99.5
总计	190	87.2	100.0	

4. 对体育文化交流的分析

求木之长者,必固其根本;欲流之远者,必浚其泉源。闽台体育文化是中国体育文化的一部分,是两岸人民同根同源的映照,也是中华文化的主要分支。台湾无论是在日据时期,还是两岸对峙时期,抑或是两岸纠葛时期,都是祖国不可分割的领土。盈盈一水,殷殷相望。天然的地缘,加之从历史长河中发展起来的地缘、血缘、商缘、文缘,紧紧地将闽、台联系在一起。对体育文化交流对两岸关系影响的调查表明,有76.1%的人(见表7-2-9)认为闽台体育文化联系着两岸人民,但是还有一小部分的人对两岸体育文化之间一衣带水的情感不清楚。

表 7-2-9　对体育文化交流的调查表

组别	频数	百分比(%)	有效百分比(%)	累计百分比(%)
是	166	76.1	87.4	87.4
否	5	2.3	2.6	90.0
不知道	16	7.3	8.4	98.4
没感觉	3	1.4	1.6	100.0
总计	190	87.2	100.0	

5. 对两岸体育产业交流的分析

体育产业是21世纪充满新鲜活力的产业之一,是提供体育服务的物质产品和精神产品的综合,是拉动国民经济增长的一个重要的经济增长点。福建体育产业正处于蓬勃发展的新时期,随着闽台运动休闲的持续升温,两岸之间的商业赛事活动频繁,两岸民众参与运动休闲的风气也日益高昂。对两岸体育产业交流的调查结果显示,81.7%的人认为体育产业的交流对两岸关系的发展产生了积极的影响(见表7-2-10)。

表 7-2-10　对两岸体育产业交流的分析

组别	频数	百分比(%)	有效百分比(%)	累计百分比(%)
是	178	81.7	94.2	94.2
否	3	1.4	1.6	95.8
不知道	5	2.3	2.6	98.4
没感觉	3	1.4	1.6	100.0
总计	190	87.2	100.0	

6. 对两岸政治影响的分析

海峡两岸都属于中国的一部分,虽然社会制度不同,意识形态存在差异,但祖国统一是两岸中华民族儿女的共同心愿。基于这一共识,两岸社会的交流合作逐步得到深入,体育的功能也因此在两岸社会的交流交往中发挥了应有的作用。体育的健身功能可以说是得到了两岸民众及各界的青睐而畅行无阻,而体育的其他功能可并不都如此,对两岸关系发展历程中体育所发挥的功能作用的若干现象、案例、规律进行比较,我们可以进一步发现,体育的政治功能是两岸关系演进中体育的特殊功能所在。在体育对两岸政治影响的调查中,结果显示,72.5%的人认为体育对两岸政治起到积极的促进作用(见表7-2-11)。

表 7-2-11　对两岸政治影响的调查表

组别	频数	百分比(%)	有效百分比(%)	累计百分比(%)
是	158	72.5	83.2	83.2
否	13	6.0	6.8	90.0
不知道	12	5.5	6.3	96.3
没感觉	7	3.2	3.7	100.0
总计	190	87.2	100.0	

三、体育受体制机制兼容的影响持续互动对口对接

由于两岸政治意识形态与体制的不同,两岸的体育发展也迥然不同,这是不争的事实,也是目前和未来两岸体育关系的制约因素。那么,两岸的体育有没有结合点?为此,我们以两岸竞技运动管理模式作一比较分析。

正如台湾学者曾经批评说:"台湾体育运动之所以推展不彰,原因固然很多,但最重要的是体育行政组织不彰。大陆于1952年成立中央体育委员会;而台湾体育在'中央部级'中,根本没有体育行政组织,更谈不上设置竞技运动的管理机构,直至民国62年(1973年)才在'教育部'中设立'体育司',经体育界多年呼吁,才在民国86年(1997年)成立'行政院体育委员会',然而,好景不长,现今又对'体委会'进行裁并,体育行政机关命运多反复,严重阻碍了台湾竞技运动的发展。"[①]台湾地区由于过去竞技运动是以附属于"教育部"来管理,而实际是由"中华体育总会"和"中华台北奥委会"管理。各单项运动协会,

---

① 郭慎.纪念九九体育节谈台湾体育运动改革之道[J].(台北)台湾体育,1996(88):9~11。

是由各民间体育团体控制。

　　从各级机构相对应因素分析，中国大陆对竞技运动的管理，在中央为国家体育总局，在地方省、市地区、县均有其相对应的体育局或专属单位上下对应管理，使得推行竞技运动的指令下情上传，上下齐心合力，形成有效的管理。反观台湾，它只有"行政院体委会"，而市、县则无相对应的"体委会"机构，因此，只得依循教育行政体系，借助县、市教育局及乡、镇、区公所来推展体育事务。可见，台湾在县、市级推展竞技运动上存在着一定的障碍。

　　关于竞技运动的训练和管理，台湾地区采用的训练体制是"以业余为主，由各自为政的民间体育团体自由发展。运动员基本上是小学、初中、高中和大学中进行业余训练，也有的运动员是一边工作，一边训练"。[①] 由此比较发现以下三点不同。①台湾地区"行政院"、"体委会"、"体总"等现行的管理体系与功能未能对竞技运动的管理实施一元化的领导，不能充分发挥组织功能；而中国内地的国家体育总局、中国奥委会与中华全国体育总会三位一体，形成一元化的领导管理体制顺畅。②台湾地区"体委会"在县、市级无相应的专属机构，在推展竞技运动上有一定的阻碍；而在大陆，从中央到地方，体育机构上下对应，形成对竞技运动的有效管理。③台湾地区采用的是业余训练体制，而大陆采用的是专业训练体制。

　　上述这些自身机制的问题，使得两岸体育在竞技运动交流合作中存在以下几个方面的问题，第一，都局限于在中国奥委会与中华台北奥委会之间的"五来五往"，而且都为内部工作人员，或是单项运动协会干事部人员，至于代表队，甚至运动员则是少之又少，即不是运动选手之间的交流。双方在交流的过程中，过多地注重竞技体育领域并纠缠在意识形态上，严重地阻碍了两岸体育的交流与合作。第二，台湾地区的竞技运动水平与大陆相比，存在着巨大的差距。第三，由于中国大陆过于注重单项运动协会的发展，即各运动项目管理中心的提升，在某种程度上弱化了学校体育中的高水平运动队的发展。而在台湾地区，由于体育附属于教育机构管理，高水平运动队基本是从学校形成的，因此，台湾则比较注重学校高水平运动的发展。这也就是为什么台湾愿意与大陆进行校际之间的运动队交流，包括学术、体育教学等相互交流与合作。无需讳言，竞技运动比赛，就是双方要争胜且实力要相当，这样既能取悦于观

---

　　① 许树渊.台湾竞技运动制度的现状与发展[J].(台北)国民体育季刊,2006(1):9～15。

众,又能提升自身的运动竞技水平。因此,中国大陆许多学者指出,中国体育发展的指标,不能仅仅看竞技体育,还应注重群众体育、国家的体育政策、体育科技、学校体育、国民体质健康状况等指标。只有多项指标达到一定的水平,才能证明一个国家体育的强盛。

综上所述,两岸竞技运动管理模式存在着较大区别,两岸竞技体育管理的交流合作和磨合尚有较大空间,需要两岸体育界同仁积极互动、兼容包含,在互动中寻求管理模式的对接,在对接中寻求进一步的互动发展。

四、体育受国际奥委会的影响持续深化"九二共识"内涵

国际奥委会是国际体育解决台湾体育问题的最大外部因素,要想稳步推进两岸体育关系和平发展、并为最终实现和平统一创造条件,就要高度重视国际奥委会对台体育政策的发展演变。

国际奥委会主席——基拉宁,在退休后的著作《我的奥林匹克年代》(*My Olympic Years*)一书中表达了对中国重新加入国际奥委会所持的态度,此摘录如下:"自从我担任国际奥委会主席后的第一场记者会开始,我就一再表示要促使中国大陆参加奥运会的愿望。我觉得一个拥有全世界最多人口的国家没有参加奥运会,是一件奇怪的事。"[①]时任国际奥委会秘书长Berlioux答复记者询问何以限制台湾使用国旗、国歌时,认为:"联合国承认祖国大陆为中国之代表,目前绝大多数国家已不承认'中华民国',国际奥委会要求台湾免用国旗、国歌,是有利于台湾参加奥运。"[②]1979年6月在波多黎各圣胡安国际奥委员会和1979年10月在日本名古屋举行的国际奥委会执行委员会的谈判、协商,最终国际奥委会一致通过如下一项决议。

(1)承认北京的奥委会名称为中国奥委会(Chinese Olympic Committee, Peking),使用中华人民共和国的国旗与国歌。

(2)台北的中国奥委会名称更改为中华台北奥委会(Chinese Taipei Olympic Committee)名称下继续参赛,但须提出不同于现在使用的旗歌,并需经过执行委员会批准。

---

① M. M. Killanin(1983). *My Olympic Years*. New York:Morrow.
② M. M. Killanin(1983). *My Olympic Years*. New York:Morrow.

台湾当局也进行了自我反省:"目前我在国际间对于政府间组织之参与,由于政治因素几已趋于停顿,而民间国际组织之活动也面临若干困难,而此等组织之中较具规模而易收宣传效果者,似以'体育'一项最引人注意……"①"倘若退出国际奥委会,其他国际单项运动组织会籍,也亦随之丧失,对于年轻运动选手而言,也将失去参与国际体育竞赛的机会。所以,在孙运璿院长呈蒋主席的内容中提及:为争取我青年选手在国际间比赛之机会,破除中共孤立我方之阴谋,我仍须保留我在国际体坛之地位及席次。"②于是,于1981年3月23日就台湾加入奥运与国际奥委会在瑞士洛桑正式签订协议,协议内容如下。

　　台湾奥委会名称改为"Chinese Taipei Olympic Committee"。

　　使用中国台北奥委会的会旗、会歌。加入国际奥委会及其所属的组织。

　　国际奥委会将协助台北奥委会申请恢复其单项运动协会,在各相关国际单项运动联合会的会籍。

　　"奥运模式"的确立为海峡两岸体育交流及共同参与国际体育事务奠定了基础。比较"奥运模式"与之后的"九二共识","奥运模式"更能体现"一国两制"的思想内涵。可以这么说,在海峡两岸的体育学领域,已实现了"一国两制",这就是"奥运模式"。"奥运模式"是海峡两岸和平统一,逐步实现"一国两制"有着现实意义的模式。

---

　　① 王同茂等.两岸暨国际关系与体育[C].(台湾)"行政院体委会"编印,2006年12月.转摘蒋彦士(1980).呈奥委会问题执行小组召集人孙运璿.我在国际奥委会使用旗帜问题说帖。

　　② 王同茂等.两岸暨国际关系与体育[C].台湾:"行政院体委会"编印,2006年12月.转摘孙运璿(1981).呈蒋主席.我在国际奥委会使用旗帜问题说帖批示。

第八章　研究结论与建议

第一节　研究结论

一、体育是海峡两岸文化发展与繁荣的重要内容

体育是文化的集中表现形式之一,体育文化内涵丰厚、外延宽泛,涉及人的思想意识、道德规范、心理品质、精神面貌、行为准则、世界观、价值观等社会意识形态及反映这一形态的体育人文、体育教育、体育方式、体育活动、体育比赛、体育交流、体育科研、民族体育、民俗宗教等等。体育文化是中华文化的组成部分,中华传统文化是中华文化的根基,中华传统体育文化是中华传统文化的重要组成部分,在传承中华文化、教化子孙后代、培养中华民族认同感和弘扬中华民族精神的重要内容方面,起着重要作用。

二、体育在海峡两岸关系演进中所发挥的作用是基于体育的多功能性

对体育这一社会活动形式所积蓄的特有的效能,在海峡两岸社会交往中发挥其应有作用的研究有一定广度和深度,对体育具有多元功能的研究也见于相关报导。但对体育在海峡两岸变幻莫测局势下的体育的结构变化、功能开发及利用的研究还缺乏对其规律认知的针对性,时局把握的动态性,学科领域的交叉性,功能利用的可操性。本研究通过汲取学界对功能研究的成果,剖析体育在海峡两岸关系发展中的影响要素,博览海峡两岸体育同仁对两岸体育的评论,回顾海峡两岸体育交流合作的进程等,力求能较系统地论述体育的特有功能和体育功能在海峡两岸关系演进中的发展、变化,探索体育在海峡两

岸社会关系演进中的功能价值。以"功能价值"为视角,对体育的特有功能和这些功能在特定环境条件下所产生的变化记载和可能产生的变化以及对海峡两岸社会发展的影响的预测进行的针对性研究认为:海峡两岸体育之所以能对本身的发展和对两岸社会发展产生影响,其根本所在,是体育的多功能性随着海峡两岸关系的演进呈现动态发展变化且起着能动作用。

三、闽台体育社团的发展彰显"聚族而居"的历史印记

迄今,台湾沿袭族群"聚族而居"的特色是福建族群蜂拥而至,福建社会聚落在台湾传承、重构的结果。台湾体育社团的组建与运行也无不深深地烙上了族群的印记,有着浓厚的族群意识。体育社团与台湾社会其他形式的社团联系紧密。

四、尚武是闽台移民社会心理的一种普遍的精神现象

闽台移民尚武性格是指拼搏开拓与冒险犯难的性格。福建和台湾都是中原汉族先后南徙而建构起来的社会。移民和移民社会,是闽台特殊社会心理——尚武性格形成的重要历史背景。中国武术承载着体育文化呈现着独特的地域特色。习武在闽台有浓厚的群众基础,并成为闽台移民社会形成的性格写照,是闽台社会心理的一种普遍的精神现象,构成了闽台社会形成及其移民尚武性格的特殊经历,赋予了闽台社会人文心态与文化性格的重要特征。

五、兼容并蓄是闽台文化发展的主题

闽台文化在历史长河中,"海洋性"、"边缘性"和"多元反差性"是其主要特征。台湾地方体育是中华民族传统体育在祖国宝岛台湾的播迁和传衍,与祖国大陆的传统体育是一脉相承的。闽台民间体育是中华传统体育的一种地域形态,是中原文化在播迁闽台的过程中,因地理环境的不同、历史发展的差异和与土著文化融合所产生的变异等诸种因素,而形成的一种地域性的特点。

六、体育文化内涵与闽台体育文化区定位

从广义文化的角度来研究体育文化,应成为理清体育文化概念的主要思路。文化是描述社会有关的特殊社会现象的学问,并与人的积极活动有联系,由此可以这么认为:体育文化是广义文化的一个组成部分,是人类在社会发展过程中,积淀形成的与体育活动有关的生活、生产方式,和因此所创造的物质财富、精神财富的总和。这一概念圈定物质与精神是体育文化中的不可或缺的因素,强调体育文化的特别之处是以体育活动有关的生活、生产方式为支撑来创造物质财富、精神财富。这一概念力争能客观的定位学术界对体育文化概念表述的共识。闽台体育文化区展现闽台两地在各自体现出的地方体育上,表现同样的体育生活方式、体育习俗,具有同样的身体活动形式、运动设施、器材等物质体系,而且具有相同的内在价值观念、意识形态、行为规范等非物质体系,是同一种体育文化的特征。

七、体育的本体(本源)与非本体(非本源)领域功能是体育功能开发利用的源头

体育的本体(本源)性研究领域是生物学领域,那么,体育在生物学领域所能展现的功能就是体育的本体(本源)功能。体育的非本体(非本源)领域是生物学领域之外的领域,体育在这些领域所能展现的功能就是体育的非本源性功能。体育的本体(本源)与非本体(非本源)领域功能是体育功能开发利用,取之不尽的源头所在。

八、闽台体育功能具有一般、特殊、潜稳、可拓展等四类功能特征

闽台体育的一般功能是闽台体育呈现的普通的、常见的,且不易受时局影响,并能对两岸的体育文化交流、合作、发展施予积极的影响的功能。闽台体育的特殊功能,在结构上兼备自然和社会两大学科领域,在功能上有独特之处,在效益上得到社会的认可,对两岸的体育文化交流、合作、发展和对两岸时局变化施予积极影响并已得到显现。闽台体育的潜稳功能是闽台体育潜稳

的、尚未发掘的,且可能对两岸的体育文化交流、合作、发展和对两岸时局变化施予积极影响的功能。对于闽台体育的可拓展功能,我们可以把它理解成为海峡两岸社会交往过程中,闽台体育已有的或尚可开创的、有必要进一步拓展的、预期能对两岸体育文化交流、合作、发展和对两岸时局发展施予积极影响的功能。

九、闽台在两岸关系发展中地位特殊、作用突出

闽台一水相连。数百年来,福建是内地迁徙至台湾的最后中转口岸。闽台在海峡两岸军事对峙、政治对立时期,是受两岸政策变化影响冲击最大的、最为敏感的、首当其冲的动荡区域。闽台所有相连接的水域曾是军事禁地。金门、马祖滩涂雷区密布,锯马围堰环绕海峡西岸。岸上坑道交错、山体掏空、炮口相迎、剑拔弩张。但是,福建同时也是众多台湾民众的宗亲祖籍,是自然存在着的民众情感缓冲区域,起着维系闽台骨肉之情的桥梁和纽带作用。福建与台湾的历史渊源和文化的交汇,使闽台成为海峡两岸关系发展的重要窗口和海峡两岸关系演进持续发展的先行先试区域。闽台海峡情缘是两岸关系互动的磐石,是彰显两岸关系的晴雨表。闽台海峡通途在两岸关系可持续发展中具有极大优势和促进作用。

十、体育的功能特质贯穿于两岸关系发展的各个阶段

在两岸关系受阻时期,民俗体育在中华民族血脉、民族文化传承中发挥着重要作用;体育在维护"一个中国",反对分裂斗争中呈现出了其政治功能特质。体育在两岸关系转折期间,对体育功能作用可概括为:传承和谐文化,开启交互管道,建立两制雏形,产生政治互动,推动两岸经贸,缓解对立氛围,互补两岸体育,构筑交流平台等八个方面。体育在两岸起着"桥梁"、"润滑剂"、"纽带"等功能作用。体育在两岸关系持续演进期间,闽台体育的"一般"、"特殊"、"潜稳"、"可拓展"均应朝着两岸关系的常态方向拓展。近期的体育功能拓展将受两岸时局的影响持续显现其能动作用,受民意思维的影响持续显现其民促官效应,受体制机制兼容的影响持续互动对口对接,受国际奥委会的影响持续深化"九二共识"内涵。

第二节 研究建议

一、要注意到体育与相关学科相互渗透所产生的功能价值

随着现代社会的发展,体育已渗入所有学科领域,从概念、内容、目的、方法、途径和所产生的功能作用上看,研究体育不能只限于体育学领域,不能就体育论体育,也不能仅与几类主要的社会活动联系在一起。与体育相关的,可深入研究的领域有:哲学、伦理学、经济学、政治学、社会学、文化学、教育学、心理学、宗教学、民族学、历史学、美学、法学、统计学、语言学、图书情报学等。

二、要注意到闽台体育多功能性在两岸时局变化中的角色变化

受海峡两岸时局的钳制,闽台(也指海峡两岸)体育出现了一般功能、特殊功能、潜稳功能和可拓展功能之分。要注意到一般功能是体育的功能基础,其自然属性也视海峡两岸社会需求而发展壮大。对闽台体育功能的研究,其侧重点是对闽台体育的特殊功能的开发利用,对闽台体育潜稳功能显现的时机推断与实证和对闽台社会逐渐步入常态化时期的所有体育功能的拓展研究。

三、要注意到对若干学科领域功能的驾驭

从社会和谐视阈上观测闽台体育功能的积极的、正面的效用,可以从体育在单一学科领域功能的呈现中发现,即民俗体育功能是两岸体育功能的核心,起着维系中华民族血脉的纽带作用,要注意持续挖掘并发挥其功能作用;体育的政治功能是两岸关系演进的标志之一,起着能动作用;体育的经济功能是两岸现阶段的重要合作领域,要注意两岸经济发展上的双赢互惠,共造福祉;竞技体育的功能能使两岸为祛除"东亚病夫"而感到自豪,但要注意在海峡两岸共同参与的竞技体育比赛中,在台湾恪守"奥运模式"的国际相关法则的前提下,对台湾地区若干项目的竞技水平要注意加以扶持。

四、要注意到海峡两岸关系的阶段推进体育功能作用的规律变化

在两岸关系极度对立的情况下,体育与两岸亲情一样,是难于割舍的,是联系两岸的社会活动形态之一。体育的交流促进了两岸的了解,是两岸交往的"桥梁"、"润滑剂"。两岸体育产业的合作是两岸经济发展的重要内容之一。体育在海峡两岸关系的阶段推进呈现的规律性变化,是我们把握体育内涵,开发海峡两岸体育功能作用的重要依据。

图书在版编目(CIP)数据

体育在海峡两岸关系演进中的多功能研究/陈少坚著.—厦门:厦门大学出版社,2014.12
ISBN 978-7-5615-5300-8

Ⅰ.①体… Ⅱ.①陈… Ⅲ.①海峡两岸-体育文化-研究 Ⅳ.①G812

中国版本图书馆CIP数据核字(2014)第276362号

官方合作网络销售商:

厦门大学出版社出版发行

(地址:厦门市软件园二期望海路39号 邮编:361008)
总编办电话:0592-2182177   传真:0592-2181253
营销中心电话:0592-2184458   传真:0592-2181365
网址:http://www.xmupress.com
邮箱:xmup@xmupress.com

厦门市明亮彩印有限公司印刷

2014年12月第1版 2014年12月第1次印刷
开本:720×970 1/16 印张:13.75 插页:10
字数:252千字
定价:32.00元

本书如有印装质量问题请直接寄承印厂调换

附　两岸体育交流与合作理论与实践图片

国家体育总局政策法规司司长谢琼桓教授（右三）和台湾体育史学会副会长台湾知名学者王建台教授（左三）莅临集美大学讲学，作者（右二）

主办两岸体育交流学术会议，原台湾体育大学校长邱金松教授（左六）、台湾体育大学体育科学研究所所长黄东治教授（左三）等莅临集美大学与会

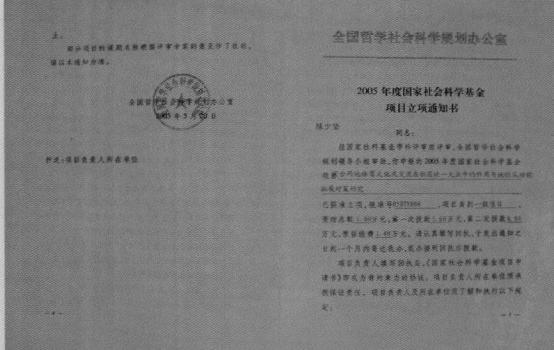

主持和完成国家社科基金项目"闽台两地体育文化及交流在祖国统一大业中的作用和地位及功能拓展对策研究"（05BTY006）

结项证书（20070170）

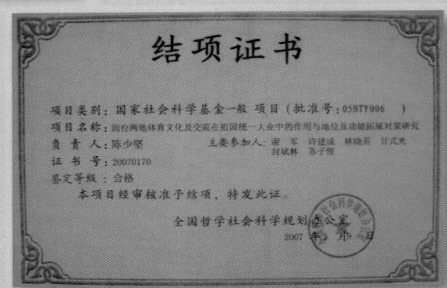

主持和完成国家社科基金项目"海峡两岸在处理体育事务中的经验、问题与对策研究"（08BTY011）

结项证书（20101127）

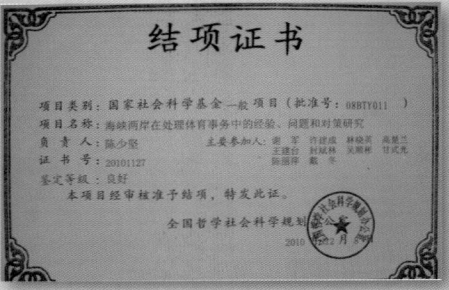

2013年应邀赴金门大学主持两岸体育交流学术研讨会（前右一）

2009年应邀赴金门大学主持两岸体育交流学术研讨会（左三）

金门大学校长李金振授予主持人"感谢状"

与台湾长荣大学教务长黄泰远教授(左一)签订校院体育教育专业交流合作协议

2009年组织集美大学与台湾长荣大学首届闽台高校体育学硕士研究生的交流活动

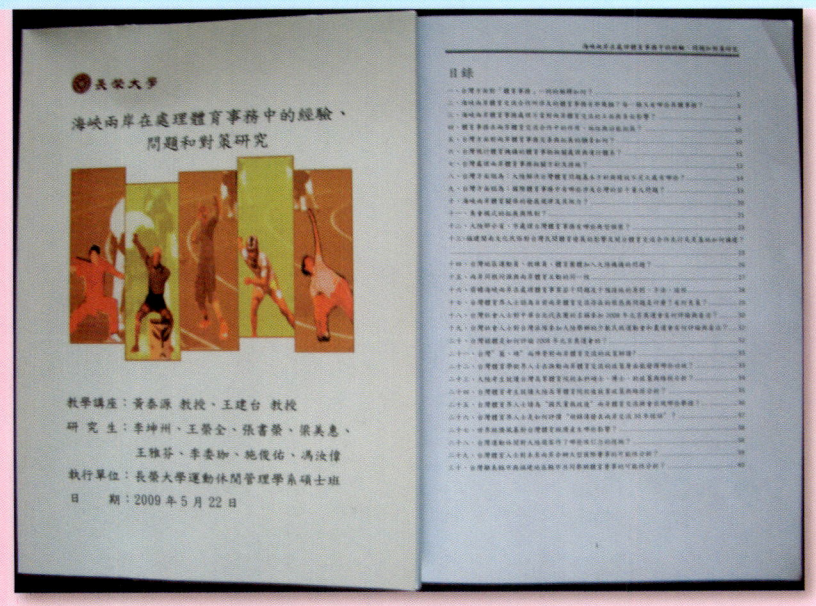

台湾长荣大学师生协助完成部分两岸体育事务处理涉台内容的调研

与金门县秘书长卢志辉（左四）、金门教育局局长李再杭（右二）、金门体育局局长许焕生（二排左三）、金门大学管理学院院长董燊教授（二排左四）等研讨合影

2006年，与台湾中华成人游泳协会会长郑水清先生（左五）一行研讨厦金横渡可行性

与前来参加集美大学两岸民俗体育文化学术交流的台湾武术协会一行留影

与台湾知名学者王建台(左二)、吴腾达(中)等促膝交谈

赴台了解民俗体育文化在台湾社会的传承与发展

带团赴台与台南南鲲鯓代天府平安盐祭组委交流合影

组队参加海峡两岸高校赛艇挑战赛

蝉联冠军

在集美大学与应邀来访的金门县篮球协会交流合影

在友谊赛中

在厦门市政府举办的两岸体育交流活动团拜会上（左一）

与两岸学者欢聚一堂

首届金海峡横渡活动合影留念

两岸官员、嘉宾、组委、专家、裁判员、领队、教练员、运动员、救生人员合影,作者二排右十六

时任金门领导人李炷烽赋词

主持厦金横渡策划、组织、实施、发展的学术研讨会（左五）

在金门首届厦金横渡颁奖会上与集美大学体育学院参加且完成厦金横渡活动的运动员合影

组队参加金门抢滩料罗湾大型长泳活动

现场场景

代表获奖者出席2007年"第七届福建省哲学社会科学优秀成果表彰大会"（前右四）

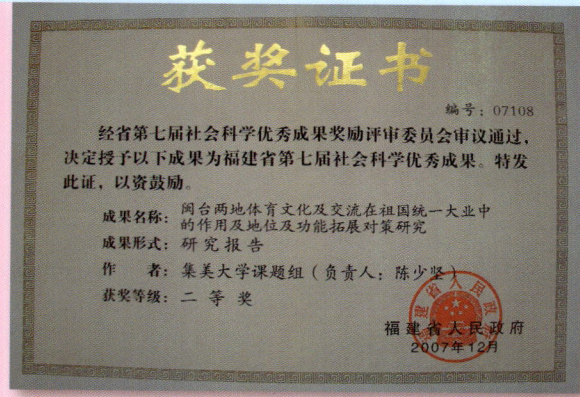

两岸体育交流合作研究成果的社会评价1

两岸体育交流合作研究成果的社会评价2

两岸体育交流合作研究成果的社会评价3

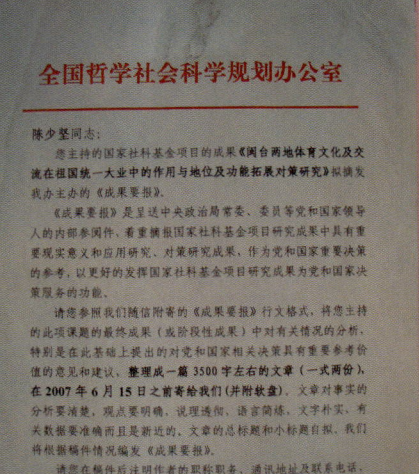
两岸体育交流合作研究成果的社会评价4

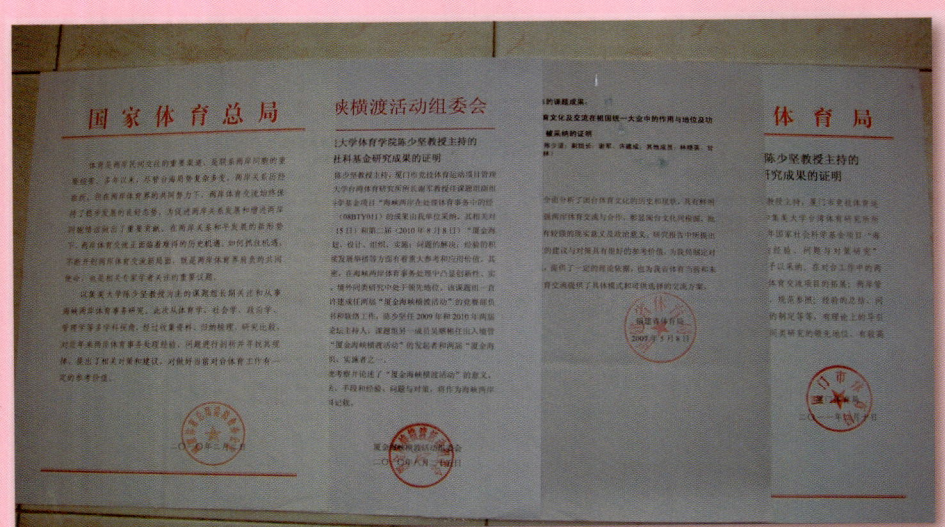
海峡两岸体育交流合作研究系列成果曾被国家体育总局港澳台办、厦金横渡活动组委会、福建省体育局、厦门市体育局等采纳